Ludwig J. Oppenheimer

Austriaca

Betrachtungen und Streiflichter

Ludwig J. Oppenheimer

Austriaca
Betrachtungen und Streiflichter

ISBN/EAN: 9783744694698

Hergestellt in Europa, USA, Kanada, Australien, Japan

Cover: Foto ©ninafisch / pixelio.de

Weitere Bücher finden Sie auf **www.hansebooks.com**

Austriaca.

Betrachtungen und Streiflichter.

Leipzig,

Verlag von Duncker & Humblot.

1882.

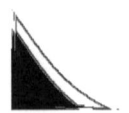

Inhalt.

Die auswärtige Politik.

Die auswärtige Politik der österreichisch = ungarischen Monarchie basirt auf der Allianz mit dem deutschen Reich, auf einer Allianz, die erst in der jüngsten Zeit sich stark und kräftig genug erwies, Oesterreich = Ungarn den Frieden zu erhalten, wie sie überhaupt für Europa eine Bürgschaft des Friedens ist.

Fünfzehn Jahre nach Königgrätz die deutsch = österreichische Allianz — scheinbar ein Widerspruch kaum glaublicher Art, in Wahrheit eine natürliche Consequenz jener Ereignisse, die den Streit um die Herrschaft in Deutschland entschieden, die nach der gewaltsamen Lösung einer unhaltbaren Verbindung in der jetzigen Vereinigung die zuverlässigste Grundlage der aus = wärtigen Politik des habsburgischen Kaiserstaates geschaffen.

Wer die Geschicke von 1866 richtig beurtheilen will, darf sie nur als den End = und Ausgangspunkt eines Kampfes betrachten, der mehr als ein Jahrhundert lang zwischen Oesterreich und dem aufstrebenden protestantischen Preußen bald offen, bald verborgen gefochten ward, nur unterbrochen durch Momente gemeinsamer auswärtiger Gefahr, aber nie ruhend, nie endigend bis zu dem Augenblick, in dem die Entscheidung über die Herrschaft in Deutschland erfolgt.

1 *

Vielleicht seit der Reformation, gewiß aber seit dem dreißigjährigen Kriege lassen sich die Gegensätze erkennen, die bei Königgrätz ihre letzte Lösung gefunden; sobald eine protestantische Macht in Deutschland erstand, mächtig genug der habsburgischen Dynastie die Spitze zu bieten, war ein Gegengewicht gegen Oesterreich vorhanden, mußte diese Macht über kurz oder lang zum Rivalen um den Vorrang in Deutschland werden; sobald an die Spitze dieser protestantischen Macht ein Staatsmann trat, der die Kraft dieses Staates erkannte und sie zu benützen verstand, sobald die Fehler und Schwächen seines Gegners ihm seine Aufgabe erleichterten, mußte dieser Wettstreit zum Austrag kommen, der nur siegreich für Preußen endigen konnte.

Die Position von Oesterreich im deutschen Reich als tonangebende und herrschende Macht war auf einer unhaltbaren Basis begründet, und mehr als zwei Jahrhunderte lang hat das Wiener Cabinet Alles gethan, sie noch unhaltbarer werden zu lassen. Als Oesterreichs brave und heldenmüthige Armee bei Königgrätz unterlag, siegte nicht nur das stärkere über das schwächere Heer, nicht nur des Marschall Moltke genialer Feldherrnblick über das geringere Talent seines unglücklichen Gegners Benedek, der ein treuer Diener seines Kaisers und Herrn eine Schuld sühnen mußte, die nicht die seinige war, da vollzog sich vor Allem ein welthistorischer Proceß, da rächten sich die Fehler Oesterreichs seit der Zeit des dreißigjährigen Krieges, da ging eine Position verloren, die nur so lange zu behaupten war, bis der Rivale seine Kraft erkannt und diese Kraft zur Geltung kam.

Seit den Freiheitskriegen und seit dem Wiener Congreß

hat Oesterreich nur durch eine Reihe glücklicher Momente, vor Allem aber durch die Schwächen und Fehler der preußischen Staatsmänner seine tonangebende Stellung in Deutschland erhalten. Als die Leitung der auswärtigen preußischen Politik in die Hände des größten Staatsmannes dieses Jahrhunderts kam, war das Schicksal der österreichischen Position in Deutschland besiegelt und eine Frage spruchreif geworden, deren Lösung Generationen vorbereitet hatten.

Der Mann, der dazu erkoren war, einen geschichtlichen Proceß zu beenden und endgültig Preußen an Deutschlands Spitze zu stellen, der Oesterreich aus Deutschland verdrängt und das deutsche Reich in seiner gegenwärtigen Gestalt begründet, Fürst Bismarck ist zugleich der Schöpfer der deutsch-österreichischen Allianz, die in ihm ihren besten Hort, ihre stärkste Stütze besitzt. Es unterliegt keinem Zweifel, das beweist unwiderleglich die Haltung des Fürsten Bismarck während der Friedensverhandlungen Oesterreich gegenüber, der Verzicht auf jeden territorialen Erwerb auf Kosten der österreichischen Monarchie, daß bereits nach den Ereignissen von 1866 dem deutschen Reichskanzler eine Annäherung an Oesterreich vor Augen geschwebt, daß er die Lösung der unnatürlichen Verhältnisse in Deutschland, das Ausscheiden Oesterreichs für unausweichlich erachtet, daß er aber einem späteren Bündniß, der Einigung auf einer gesunden und gegebenen Grundlage nicht präjudiciren, sondern derselben vorarbeiten wollte.

Es war weder ein leichtes Ding, die Stimmung im deutschen Reich und speciell in Norddeutschland, noch die Bevölkerung der österreichisch-ungarischen Monarchie für die deutsch-österreichische Allianz zu gewinnen, und es bedurfte

im deutschen Reich der vollen Autorität des Fürsten Bismarck,
um die öffentliche Meinung nach und nach aus der Ehe
mit Rußland in das Bündniß mit Oesterreich hinüberzu=
leiten. Wenn auch der siegreiche Gegner leicht im Stande
war die Hand darzureichen, die der Besiegte, dessen frische
Wunden noch bluteten, nicht ohne Ueberwindung annehmen
konnte, so hatte doch andererseits die nie erschütterte Freund=
schaft mit Rußland, die eine Ehe zu nennen war, dem neu=
gegründeten deutschen Reich so großen Vortheil gebracht
und ihm in so schwerer Lage den Rücken gedeckt, daß Nie=
mand außer Fürst Bismarck, der selbst von seinen politischen
Gegnern in Fragen der auswärtigen Politik als „unfehlbar"
betrachtet wird, die Macht besaß und das Vertrauen genoß,
um dem deutschen Volk begreiflich zu machen, daß die Zeit
der russisch=deutschen Allianz vorüber, daß an Stelle der=
selben eine andere Combination treten müsse.

Die Traditionen der heiligen Allianz, der Nimbus, der
Kaiser Nikolaus, den Hort der conservativen Interessen, der
lange Zeit als Schutzherr von Preußen gegolten, umgeben,
dessen imponirende Individualität noch in Aller Erinnerung
war, die unwandelbar treue Sympathie des greisen deutschen
Monarchen für seinen kaiserlichen Neffen, die ruhmreiche
Waffenbrüderschaft zwischen der preußischen und russischen
Armee, tausend Bande und persönliche Beziehungen wirkten
zusammen die Allianz mit Rußland als prädestinirt, als
eine Nothwendigkeit für Deutschland erscheinen zu lassen,
während man daran gewöhnt war, Oesterreich als den natür=
lichen Gegner von Preußen und im Fall einer Annäherung
als unzuverlässigen Bundesgenossen zu betrachten. Daß auch
Rußland den größten Vortheil von Preußen gehabt, daß

daß Rußland während der letzten Lebenszeit Alexanders II.
nicht mehr das nikolaitische Rußland war, daß die Be=
ziehungen zu Oesterreich sich vollkommen verändert hatten,
daß der Krieg von 1866 kein Krieg wie andere Kriege,
sondern der definitive Abschluß einer hundertjährigen Periode
voll blutigen Ringens und Kampfes war, das trat erst den
erleuchteteren Geistern klar zu Tage und drang erst langsam
in die Massen hinein.

Durch die deutsche Intervention ward die Annäherung
zwischen Oesterreich=Ungarn und Rußland zu Stande ge=
bracht; die deutsch=russische Allianz wandelte sich in das
Drei=Kaiserbündniß um und die isolirte österreichische Mo=
narchie fand an dem neugegründeten deutschen Reich einen
mächtigen Halt, ohne daß der Anschluß Oesterreichs an
Deutschland eine Rußland feindliche Tendenz als Spitze
hatte; im Gegentheil verlieh er der Solidarität der Interessen
der drei Kaisermächte Ausdruck.

So ward unter den Auspizien des Fürsten Bismarck
durch den Hinzutritt von Oesterreich=Ungarn der Drei=Kaiser=
bund errichtet, und die öffentliche Meinung in Deutschland,
gewöhnt sich der Autorität des großen Staatsmannes zu
beugen, acceptirte willig den neuen Bundesgenossen als
gleichberechtigt mit dem Alliirten, der dem deutschen Reich
bei seiner Gründung zur Seite gestanden und begann mit
der Thatsache zu rechnen, daß im Fall der Nothwendigkeit
zwischen den beiden befreundeten Staaten zu wählen, man
sich für den Gegner von ehedem, für die österreichisch=
ungarische Monarchie entscheiden müsse.

Aber auch in Oesterreich=Ungarn hat sich erst nach und
nach ein Umschwung vollzogen, der den unschätzbaren Werth

der Allianz mit dem deutschen Reich zur klaren Erkenntniß
der leitenden Kreise und der Bevölkerung gebracht. War auch
das seltene Pflichtgefühl des Monarchen stark genug, um jede
persönliche Empfindung der Staatsraison unterzuordnen, so
war doch erklärlicherweise ein tiefer Schmerz über den Ver=
lust einer Stellung zurückgeblieben, die Jahrhunderte lang
unter aller Noth der Zeiten mit den größten Opfern be=
hauptet worden; der Souverain, der die Krone, die seine
Ahnen getragen, dem Hause Hohenzollern zu Theil werden
sah, der oberste Kriegsherr, dessen Heer unterlag, Alles
wirkte zusammen, um doppelt schwer Oesterreichs Kaiser das
Unglück fühlen zu lassen, das sein Reich und seine Armee,
das seine Dynastie getroffen, unter deren Regenten gerade
er ausersehen war, der am wenigsten dazu gethan,
Oesterreichs Stellung in Deutschland zu untergraben, alle
Consequenzen der Fehler früherer Perioden zu tragen.
Erwägungen ähnlicher Art waren zweifelsohne stärker oder
minder stark bei allen Gliedern des kaiserlichen Hauses vor=
handen, und die aristokratischen Kreise, die dem Hof nahe=
standen, von Jugend auf in der Anschauung erzogen,
Preußen als den traditionellen Erbfeind zu betrachten,
brachten einem Bündniß mit dem unter preußischer Führung
geeinigten deutschen Reich geringe Sympathie entgegen und
konnten sich nicht mit dem Gedanken befreunden, in Zukunft
sich eng dem Staate anzuschließen, der noch vor wenig
Jahren auf dem Schlachtfeld als Gegner von Oesterreich
erschienen war.

Aber auch unter den verschiedenen Nationen der viel=
sprachigen österreichischen Monarchie fand die Allianz mit
dem deutschen Reiche mehr Gegner als Freunde; Polen und

Tschechen sahen in Deutschland und seinem mächtigen
Kanzler die größte Gefahr ihrer nationalen Aspirationen;
ihre Wünsche während des Krieges 1870 standen nicht auf
deutscher, sondern auf französischer Seite, und auch die
Magyaren schlossen sich dieser Haltung an, wenngleich der
ihnen eigene, klare politische Blick sie instinctiv erkennen ließ,
daß nach dem Kriege von 1870 das Rechnen mit anderen
Allianzen vorüber, daß die Führerschaft in Zukunft dem
deutschen Reiche gehöre.

Selbst auf deutscher Seite fand in Oesterreich das
Bündniß mit Deutschland in seinem Beginn nur kühle
Aufnahme, weil man nach den Mißerfolgen der öster=
reichischen Diplomatie die Befürchtung nicht bannen konnte,
daß das Drei=Kaiserbündniß, das für Rußland und Oester=
reich eigentlich nie etwas anderes, als ein Zwei=Kaiserbündniß,
als eine Allianz jedes der beiden Kaiserreiche mit Deutsch=
land war, dazu führen könne, daß in einem gegebenen
Moment Oesterreich=Ungarn die Kosten dieser Allianz bezahle,
weil man an die Ehrlichkeit der Absichten nicht glauben wollte,
und das Mißtrauen in die Leitung der auswärtigen Politik
nach dem schleswig=holsteinischen Feldzug und dem Kriege
von 1866 in so hohem Grade gesteigert war, daß man
unter allen Verhältnissen die Voraussetzung eines Miß=
erfolges für Oesterreich nach den gemachten Erfahrungen für
berechtigt hielt. Unklar und unbestimmt blieb lange Zeit
hindurch in allen Kreisen der österreichischen Bevölkerung die
Stimmung in Betreff der deutschen Allianz, weniger deßhalb,
weil sie speciell den Slaven in Oesterreich minder sympathisch
war, als aus dem Grunde, weil man in ihr in letzter Linie
eine Enttäuschung, eine Gefahr für Oesterreich erblicken

wollte, da man noch immer nicht deutlich genug erkannt, daß eine historische Periode voll Kampf und Wettstreit vorüber und eine andere voll gemeinsamer Interessen begonnen.

Der orientalische Krieg gab Deutschland Gelegenheit, Rußland die letzte Schuld für jene Dienste zu zahlen, die der dem deutschen Reich so wohlgesinnte Czar Alexander II. dem aufstrebenden Preußen erwiesen, aber der Abschluß desselben zeigte auch klar die Gefahren, die der verhängnißvolle russische Staatsmann heraufbeschwor, der als Botschafter in Constantinopel den Krieg mit der Türkei provocirt, der gegenwärtig zur Leitung der inneren Politik des russischen Reiches berufen ist. Graf Ignatiew hatte entgegen den innersten Wünschen seines kaiserlichen Herrn eine Lage geschaffen, in deren Consequenz Rußland den Krieg gegen die Pforte zu führen genöthigt ward; der Frieden von San Stefano zwang Europa zur Correctur desselben durch den Berliner Congreß, der wenigstens einen vorläufigen Abschluß der Kämpfe auf der Balkanhalbinsel zur Folge hatte.

Der russisch-türkische Krieg hatte aber auch einen Einblick in die innere Lage des russischen Reiches gestattet, der die treibenden Kräfte desselben erkennen ließ. Das Bündniß des Grafen Ignatiew mit den Moskauer Panslavisten, die allüberall wachgerufene panslavistische Bewegung hatten Rußland auf Bahnen gedrängt, aus denen ein Einlenken kaum zu erwarten, die schroff den friedlichen Zielen entgegenstanden, für deren Erreichen Deutschland und Oesterreich-Ungarn ihre Kraft verwandten. Neben der panslavistischen trat die nihilistische Agitation mit ihrer furchtbaren Propaganda zu Tage, und als der Kaisermord vollbracht, als der Monarch gefallen, der Millionen russischer Unter-

thanen befreit, ging ein Schrei des Entsetzens durch ganz
Europa, fühlte man instinctiv, daß Rußland den festen Pol,
das sichere Steuer verloren, daß die russische Politik unbe=
rechenbar geworden und die Lage im Inneren, maßgebend
für die Entschlüsse in Betreff der auswärtigen Politik, sehr
leicht kriegerische Conflicte hervorrufen könne. Das zur Er=
haltung des Friedens begründete Drei=Kaiserbündniß, in dem
sich nach und nach eine Schwenkung in der Art vollzogen,
daß Deutschland stets mehr und mehr von Rußland abge=
drängt, sich enger mit Oesterreich=Ungarn verband, ward zu
einer deutsch=österreichischen Allianz, und weit entfernt eine
feindliche Tendenz gegen Rußland zu hegen, im Gegentheil
bemüht, das Czarenreich dem alten Verband zu erhalten,
trieb doch die Ungewißheit über die Ziele der russischen
Politik Deutschland und Oesterreich von selbst dazu, vor
Allem die eigene Sicherheit vor Augen zu haben und zur
Wahrung des Friedens so eng wie möglich sich zu liiren.

Der Aufstand in Süddalmatien und der Herzegowina
öffnete der panslavistischen Agitation Thür und Thor und
die gesammte Constellation in Europa war nicht darnach
angethan, die Lage der österreichisch=ungarischen Monarchie
zu erleichtern. In Rußland eine mächtige und zahlreiche
Partei, an ihrer Spitze der Mann, der die Parole ausge=
geben, daß die orientalische Frage nicht in Constantinopel,
sondern in Wien gelöst werden müsse, eine Partei, welche die
einzige Rettung vor den inneren Wirren in einem populären
Krieg, in dem Krieg gegen Oesterreich, in dem Aufhissen der
panslavistischen Fahne sieht; in England als Leiter der
Regierung ein unklarer Idealist, der das heutige Oesterreich
weder kennt noch versteht und in demselben nur den Hort

der Reaction, den Unterdrücker fremder Völker erblickt, und
in Frankreich beim Ausbruch der Bewegung ein Minister=
präsident, der, um seinem maßlosen Ehrgeiz zu fröhnen, vor
keinem Mittel zurückscheuen würde, das europäische Ver=
wickelungen und dadurch für ihn den ersehnten Anlaß einer
Revanche und hiermit die Dictatur herbeiführen könnte.
Italien, wenn auch durch die persönliche Initiative seines
Monarchen und durch die Haltung Frankreichs zu Oester=
reich=Ungarn und Deutschland gedrängt, konnte im günstigsten
Fall bei einem Krieg, der an den Ufern des adriatischen
Meeres entbrannt, ein passiver Zuschauer bleiben, wenn seine
Regierung überhaupt stark genug war, abenteuerliche Gelüste
im Zaume zu halten, die wahre Gefahr aber lag in den
kleinen Staaten, in Serbien und Montenegro, in Bulgarien
und Ostrumelien, die mehr oder minder als russische Satra=
pien zu betrachten, weniger noch in ihren Regierungen dem
officiellen russischen Einfluß als in ihrer Bevölkerung der
panslavistischen russischen Agitation zugänglich sind, während
die Türkei nicht geneigt schien, im Interesse der österreichisch=
ungarischen Monarchie, die ihr Bosnien und die Herze=
gowina genommen, diese Staaten niederzuhalten und zu
bewachen.

　　In diesem unendlich schweren Moment, wo über Nacht
und unerwartet aus dem so unbedeutenden Aufstand in
Süddalmatien und der Herzegowina ein Weltbrand entstehen
konnte, hatte Oesterreich=Ungarn nur einen Verbündeten, das
deutsche Reich, allerdings einen Alliirten, mit dessen Hülfe
es allen Ereignissen die Spitze bieten konnte, dessen mora=
lische und militärische Kraft so groß, daß die Erkenntniß
seiner Unterstützung allein genügte die offenen und ver=

borgenen Gegner der Monarchie vor jedem Angriff zu warnen und Oesterreich=Ungarn die Möglichkeit zu gewähren, den Auf= stand als eine interne Angelegenheit zu betrachten und zu bekämpfen. Dieser unendlich schwere Moment zeigte aber nicht nur die Macht des deutschen Reichs, nicht nur den Werth der deutsch=österreichischen Allianz, er zeigte vor Allem die Bedeutung, die der gewaltige Mann, der Deutschland geschaffen, für dieses Reich, für Oesterreich=Ungarn, für den Frieden von ganz Europa besitzt.

Wenn es je einen autoritativen Staatsmann gegeben, der wie kein zweiter diese Autorität verdient, so ist dies Fürst Bismarck, und selbst seine enragirten Gegner werden kaum den Versuch wagen, oder auch nur den Willen besitzen, diese seine Autorität speciell auf dem Felde der auswärtigen Politik in Zweifel zu ziehen.

Um aber den Fürsten Bismarck richtig zu erfassen, um die Zuverlässigkeit seiner Parteinahme für Oesterreich zu er= kennen, um zu verstehen, daß diese nicht nur einen politischen Coup des Augenblicks sondern eine dauernde und feste Allianz bedeutet, wenn Oesterreich nicht selbst dieselbe zer= stört, muß man den großen deutschen Staatsmann in den Verhältnissen betrachten, wie er sie gebildet und wie sie in einer Wechselwirkung auch auf ihn ihren Einfluß zur Geltung bringen.

Wie Napoleon I. der Sohn, der Testamentsvollstrecker der Revolution, so ist Fürst Bismarck der Sohn jenes Preußen, das seine Regenten vom großen Kurfürsten bis zu dem jetzigen Kaiser unter klarer Erkenntniß der Principien, auf denen ihr Staat beruht und in klarer Erkenntniß ihrer Mission geschaffen und zur Weltmacht erhoben. Fürst

Bismarck ist aber auch der echte Sohn einer Kaste, die aufs
innigste verbunden mit dem ganzen preußischen Staatswesen,
mit der gesammten Entwickelung des preußischen Staates
ist, ein echter Sohn jenes preußischen Adels, dessen Fühlen
und Denken, dessen Vergangenheit und Zukunft eng verknüpft mit dem preußischen Königthum, mit dem Preußen
der Hohenzollern ist. Unvergleichlich in seiner Begabung,
die natürlich den Maßstab seiner Standesgenossen nicht verträgt, ist Fürst Bismarck doch ein Typus des Adels, der
dem preußischen Staat den Kern seines Officiercorps und
seiner Beamten gegeben, der, eine Specialität von Preußen
weder der reichen englischen Aristokratie noch dem österreichischen Hochadel zu vergleichen ist.

Das preußische Königthum ist die Schranke, vor der
sich diese gigantische Natur in Ehrfurcht beugt: aller Trotz
und alle Energie des stahlhart erzogenen preußischen Junkers
concentrirt sich in der Vertheidigung der Interessen des
Königs, dessen geheiligte Person ihm die edelste Verkörperung
der preußischen Staatsidee, der preußischen Zukunft ist. In
schwerer Stunde tritt er in alter Vasallentreue zu seinem
königlichen Herrn, auf ihn vereint sich der Angriff der gesammten Opposition und mit seiner Person deckt er, unbekümmert um sich selbst, den Thron; als die Mittel gefunden, als der Erfolg gesichert, beginnt er den Kampf für
das hohenzollernsche Königshaus und für sein Land und
rastet nicht eher bis er sein Ziel erreicht, bis Deutschland
geeint und er seinem Herrn die deutsche Kaiserkrone als Preis
des Sieges errungen.

Und neben all' den großen, den erhabenen Seiten, die
der Charakter des deutschen Reichskanzlers zeigt, documentiren

sich mehr oder minder erkennbar auch die Vorurtheile, die eine Eigenschaft des preußischen Junkers sind, Vorurtheile ohne die dieser Adel kaum gedacht werden kann, der straff und sparsam erzogen, seinen politischen Ehrgeiz und seinen socialen Glanz in dem Dienst des Thrones und seines Landes sucht, der diesen Dienst als sein Privileg betrachtet und eifersüchtig dies Privileg bewacht, der mißtrauisch Alles zurückweist, wovon nach seiner Ansicht eine Veränderung des Bestehenden zu fürchten ist.

Eine Mission ist es, die für sein Königshaus und sein Land Fürst Bismarck erfüllt; was Generationen geträumt und gehofft, was bald laut, bald leise die öffentliche Meinung durchdrang, wofür die edelsten Geister in Deutschland gestrebt, das hat Fürst Bismarck herausgefühlt, dafür hat er die beste Kraft der deutschen Nation zu verwerthen gewußt, und wenn das Wort Hegels in seiner Rechtsphilosophie irgend Anwendung finden kann, es würde am Besten auf diesen Staatsmann der Ausspruch passen:

„In der öffentlichen Meinung ist Alles falsch und wahr, aber das Wahre in ihr zu finden, das ist die Sache des großen Mannes. Wer, was seine Zeit will und ausspricht, ihr sagt und vollbringt, das ist der große Mann der Zeit“.

Das innerste Fühlen und Denken seines Volkes, die wahrsten und innigsten Wünsche, die ganze Kraft desselben hat Fürst Bismarck erkannt, aber gewiß ist es keine Verminderung seines Ruhms die Behauptung zu wagen, daß, was er vollbracht, nur unter den gegebenen Verhältnissen erreichbar, daß so sehr er die Begeisterung seiner Nation wachzurufen und zu verwerthen verstand, sein großes Verdienst vor Allem in dem Erkennen und in dem Benützen der vorhandenen Kräfte lag, daß die Action, die er unternahm, Decennien hindurch in Erziehung und Bildung vorbereitet war.

Es ist ein in allen Schichten militärisch erzogenes pflichttreues und opferfähiges Volk, das in unbedingter Ergebenheit an seine Dynastie und sein Land auf eine große Geschichte voll kriegerischer Erfolge zurückblicken darf, dessen greiser Souverain eine feste, unerschütterlich treue Stütze seiner Diener, die Basis des Staates unverändert erhalten hat, wie sie dieselbe geblieben seit der Zeit des großen Kurfürsten und Friedrichs des Großen, unter den Unglücksfällen von Jena und Auerstädt, wie nach den Siegen der Jahre 1866 und 1870; aus der kleinen und armen Mark Brandenburg, die nur durch harte Arbeit bebaut werden konnte, entwickelte sich nach und nach das Königreich Preußen, entstand zuletzt das mächtige deutsche Reich, und wenn die Entstehungsgeschichte irgend eines Staates auf dem Zusammengehen von König und Volk, auf strenger Ordnung und fester Disciplin im Inneren, auf der militärischen Tüchtigkeit seines Volkes und Heeres beruht, so ist dies in dem Preußen der Hohenzollern der Fall.

Gegenüber diesem fest geeinten und geschlossenen relativ kleinen Staatswesen mit seiner Uniformität in Sprache und Sitte, mit seiner centralisirten und concentrirten Kraft stand die große vielsprachige und vielgliedrige österreichische Monarchie mit ihren Interessen in Deutschland, in Italien und im Orient, fortwährend genöthigt ihre Macht zu zersplittern und gezwungen zur Wahrung ihrer Stellung unausgesetzt Opfer zu bringen, die ihre materielle Fähigkeit

weit überstiegen. Auch die militärische Tüchtigkeit ihrer
Völker ist unübertroffen und unerschütterlich ihre Treue an
die Dynastie und das Reich, aber das einigende Band der
Sprache fehlt, und die Möglichkeit, alle Kräfte in einer Richtung
für eine bestimmte Idee zu concentriren, und nur ein Bruch=
theil derselben kann, so lange die Stellung in Deutschland,
Italien und im Orient erhalten werden soll, zur Verwendung
im rechten Momente gelangen.

Daß der Wettstreit zwischen der polyglotten österreichi=
schen Monarchie und dem rein deutschen Preußen um die
Führerschaft in Deutschland nicht im Wege gütlicher Ver=
handlungen sondern nur durch das Schwert gelöst werden
konnte, daß Oesterreich die Führerrolle nicht freiwillig cediren
würde, daß die Entwickelung Preußens solange unmöglich,
als es nicht den Vorrang in Deutschland besaß, das konnte dem
politischen Blick des Fürsten Bismarck nicht lange verborgen
bleiben; so traurig aber die Ereignisse von 1866 gewesen, so
sehr sie gegenwärtig noch in Oesterreich empfunden werden, daß
sie aus einem Jahrhunderte alten Verband gedrängt, sie waren
eine furchtbar schwere, eine unabweisbare Nothwendigkeit,
wie der Krieg von 1870 eine solche für Deutschland war.
Indem Fürst Bismarck die Consequenzen dieser Nothwendig=
keit zog, hat er die Pflichten gegen sein Land erfüllt, und
wenn er in deren Durchführung Oesterreich geschädigt, so
galt sein Kampf dem Nebenbuhler von Preußen in Deutsch=
land, aber gewiß nicht der österreichisch=ungarischen Monarchie
wie sie heute besteht. Fürst Bismarck fand Deutschland
in einer Lage, die ihn als preußischen Minister zum Kriege
zwang, als Kanzler des neugebildeten deutschen Reichs muß
er Oesterreich erhalten, da jede Schwächung der österreichisch=

ungarischen Monarchie in ihrer jetzigen Gestalt auch einen
Fortschritt der Gegner des deutschen Reiches bedeutet.

Sobald das deutsche Reich begründet und die Einigung
zwischen dem Norden und dem Süden vollbracht, mußte es
die erste Sorge des Fürsten Bismarck werden, sein Werk
nach Innen und Außen zu consolidiren und die Bürgschaften
zu finden, die seine Schöpfung gegen alle Gefahren zu sichern
vermochten. Unter diesen Bürgschaften stand obenan die
Allianz mit der österreichisch=ungarischen Monarchie, die auf
einer wahren Interessengemeinschaft basirt, durch diese Ge=
meinsamkeit auch zugleich die Sicherheit ihrer Dauer und
ihrer Verläßlichkeit bietet. Es ist nicht anzunehmen, daß
die Kämpfe, die Deutschland für seine Einigung und seine
Stellung zu führen gezwungen war, bereits ihren definitiven
Abschluß gefunden, so wenig aggressiv auch der Charakter der
Politik des deutschen Reiches ist, so sehr dasselbe vermeiden
wird den Anlaß zu einem Kriege zu geben. Das nach
langem und hartem Kampf niedergeworfene Frankreich wird
kaum die Gelegenheit vorbeigehen lassen, die die Möglichkeit
der Revanche bringt, und wenn auch die öffentliche Meinung
gegenwärtig in Frankreich einem Kriege mit Deutschland
widerstrebt, wenn auch die Leiden noch unvergessen, die der
letzte Krieg im Gefolge gehabt, so ist nicht zu verkennen, daß
die Stimmung des französischen Volkes leicht erregt und
leicht influenzirt, unerwartet zu einer kriegerischen Action
sich hinneigen kann.

Vielleicht gehörte gerade Napoleon III. zu jenen Fran=
zosen, die hohe Achtung vor der militärischen Macht von
Deutschland besaßen und dennoch ward er zum Kriege ge=
drängt, der für ihn die einzige Aussicht bot der Revolution

zu entgehen. So wenig Frankreich jetzt unter dem Präsi=
denten Grévy, unter dem Ministerium Freycinet kriegerisch
gesinnt, so schnell kann unter einer veränderten Constellation
ein Wechsel eintreten, der den Krieg als ultima ratio bringt.
In dieser Beziehung ist der phrasenreiche Exdictator von
Tours, der vom armen republikanischen Deputirten zum
Millionär gewordene Leon Gambetta eine unausgesetzte
und drohende Gefahr, und wenn die epicuräischen Nei=
gungen, die diesen ehrgeizigen Streber so sehr beeinflussen,
auch nur im Frieden gedeihen, immerhin ist zu fürchten, daß
er den Kampf gegen Deutschland versucht, sobald eine mäch=
tige Allianz ihm dies gestattet, sobald seine Macht groß
genug um Frankreich in kriegerische Abenteuer zu stürzen.
Der Beweis wäre wohl zu erbringen, daß Leon Gambetta
sein Vaterland mehr als Napoleon III. geschädigt, den
weniger der eigene Wille als der französische Chauvinismus
zum Kriege geführt, da beim Ausbruch desselben Niemand
in Deutschland an die Eroberung von Elsaß und Lothringen
zu denken gewagt und erst die Ereignisse diese gezeitigt haben.
Als der Dictator von Tours, in vollkommener Unkenntniß
des Wesens und der Stärke der deutschen Armee, ungeübte
Massen derselben entgegenwarf, als er Tausenden französischer
Familien ihre Ernährer und ihre Kinder entriß, um sie
nutzlos für eine verlorene Sache zu opfern, als auch die
deutschen Verluste eine ungeahnte und furchtbare Höhe er=
reicht, da verlangte die öffentliche Meinung in Deutschland
nach einer Sühne für das geflossene Blut, da erhob sich der
Ruf nach Elsaß und Lothringen, da forderte das deutsche
Volk sein altes Reichsland zurück.

Dies kann keine Anklage gegen Gambetta sein, denn

2*

wie wenig sympathisch man ihn auch beurtheilen mag, seine
damalige Haltung war von patriotischen Motiven bestimmt
und von dem Gedanken beherrscht, wenigstens die Ehre des
französischen Namens zu retten; sein Wille war der beste,
seine Energie bewundernswerth, wenn auch die Kraft, die er
seinem Lande zwecklos entriß, einen unersetzbaren Verlust
für dieses bedeutet und eine weise Politik in diesem Moment
Frankreich wahrscheinlich zwei Provinzen, ganz gewiß aber
Tausende seiner Söhne erhalten hätte.

Man kann kaum annehmen, daß ein französischer Macht=
haber und auch gewiß nicht der heißblütige Gambetta so un=
klug sein wird, Frankreich ohne Allianzen in einen Krieg mit
dem deutschen Reiche zu stürzen, der durch den Besitz von
Straßburg und Metz für Deutschland zu einem Defensivkrieg
geworden ist, und seinen Gegner zwingt ungeheuere Massen
zu entfalten, um sich nur dieser Festungen zu bemächtigen,
die unter dem deutschen Regime fast uneinnehmbar geworden
sind. Aber eine Constellation scheint nicht ausgeschlossen, die
Frankreich die Möglichkeit einer Allianz verspricht, die in
einem gegebenen Moment das französische Volk, vielleicht
sogar wider seinen Willen, zum Kriege treibt.

Das absolutistische Rußland, das unberechenbar ge=
wordene Zarenreich kann über kurz oder lang der Bundes=
genosse der französischen Republik, der Anlaß des Krieges
gegen Deutschland sein; das Rußland, das Decennien lang
als der Hort der conservativen Interessen gegolten, dessen
stolzer Zar Nikolaus Napoleon III. die Gleichberechtigung
versagt, kann zum Verbündeten des Dictators von Tours,
des republikanischen Frankreich gegen Deutschland werden,
mit dem seine Freundschaft traditionell, mit dem es unlösbar

verbunden schien; das Rußland, das Oesterreich in Ungarn
zu Hülfe geeilt, kann den Krieg gegen Oesterreich beginnen,
wenn es den Rathschlägen der Männer folgt, die in der
panslavistischen Mission das Heil für Rußland, die Rettung
vor den inneren Wirren erblicken. In der Gefahr, die
Deutschland von Frankreich und einem mit Frankreich ver=
bündeten Rußland droht, in der furchtbaren Gefahr, die
für Oesterreich=Ungarn vorhanden, wenn Rußland den Pan=
slavismus auf seine Fahne schreibt und eine kriegerische
Action zu dessen Gunsten beginnt, liegt die Nothwendigkeit
der engen Allianz zwischen Oesterreich=Ungarn und dem
deutschen Reiche; in dem unabweisbaren Gebot der Selbst=
erhaltung liegt das gemeinsame Interesse, das die Gegner
von 1866 als treue Alliirte zusammenführt.

Eine gewaltige kaum glaubliche Wandlung hat sich
in Rußland vollzogen, die vollkommen unberechenbar, sehr
gefährliche Consequenzen hervorbringen kann. Noch ist die
zarische Macht unendlich stark; trotz nihilistischer und pan=
slavistischer Agitation steht die große Masse des russischen
Volkes in unbedingter Ergebenheit zu seinem kaiserlichen
Herrn: aber der Nimbus, der den Zaren umgab, und
dessen jede Dynastie, ganz besonders aber die des absoluten
Staates bedarf, droht zu erblassen. Nicht mehr wie ehe=
dem herrscht uneingeschränkt der Wille des Trägers der
Krone; daß auch er gezwungen mit der wohl oder übel ge=
leiteten öffentlichen Meinung zu rechnen, daß er sich deren
Strömung nicht zu entziehen vermag, dafür bietet der letzte
russisch=türkische Krieg den besten Beweis, den Kaiser Ale=
xander II. nur widerwillig und gezwungen unternahm.

Wohin die politische und sociale Agitation den Zaren

noch treiben wird, welche Ueberraschungen der Welt be=
vorstehen, ist ebenso schwer als der Gang der Geschichte
vorauszusehen; einen großen Irrthum aber dürften Jene be=
gehen, die da glauben, daß mit der Einführung einer con=
stitutionellen Schablone der Ernst der Lage in Rußland be=
seitigt, ein Remedium der Krankheit gefunden sei; wahr=
scheinlich dürfte gerade die umgekehrte Wirkung eintreten,
daß die gegenwärtig mehr oder weniger latente panslavistische
Agitation, offenen vielleicht sehr heftigen Ausdruck erhält,
ganz abgesehen davon, daß eine nicht gewöhnliche Naivetät
dazu gehört, zu glauben, daß das nihilistische Programm
selbst durch die liberalste Verfassung auch nur theilweise Be=
friedigung finden kann. Vor Allem fehlen in Rußland die
Factoren, die ein gedeihliches Wirken einer Verfassung er=
möglichen, und wenn man nicht das Chaos hervorrufen,
wenn man nicht der Agitation Thür und Thor öffnen will,
so kann der Uebergang aus dem absoluten in den con=
stitutionellen Staat sich nur sehr langsam vollziehen und
muß mit äußerster Vorsicht durchgeführt werden. Ob die
Bedingungen dazu, ob zu diesem Uebergang die rechte Er=
kenntniß und noch genügende Zeit vorhanden, kann nur die
Zukunft lehren; faktisch liegt gegenwärtig nicht in der Ein=
führung constitutioneller Institutionen sondern in der Stär=
kung der zarischen Macht, in der Person des Zaren die
größte, vielleicht die einzige Garantie für den Frieden, dessen
ganz Europa und unter allen Staaten kaum ein zweites
Reich so dringend wie Rußland bedarf.

Es ist ein gemeinsames Interesse aller Dynastien ge=
worden für die Erhaltung des Friedens zu wirken; die
sociale Bewegung hat eine gewaltige Macht erlangt und

jeder Krieg bringt schwere sociale Erschütterungen hervor; nicht überall sind die Dynastien vor republikanischen Tendenzen geschützt, und jeder unglückliche Krieg kann für das monarchische Princip in dem einen wie in dem andern Staat von den ernstesten Folgen begleitet sein. Das aber, was wie ein rother Faden die russische Politik des letzten Decenniums durchzieht, das, was ihr zum Leitstern geworden ist, die panslavistische Mission und in ihrer Consequenz die panslavistische Agitation, eine Agitation, für die nicht das officielle Rußland, aber gewiß das officiöse vielfach verantwortlich ist, muß das Zarenreich in unabsehbare Complicationen verwickeln, kann unerwartet den Weltkrieg entzünden.

Eine eigenthümliche Erfahrung lehrt, daß fast in allen Ländern die Majorität der Bevölkerung dem Kriege abgeneigt, meist von einer Minorität zum Kriege getrieben wird, und sicher ist auch in Rußland die große Masse friedlich und jeder kriegerischen Action abhold, insolange der Zar den Einflüssen widersteht, die ihn für die panslavistische Mission und in deren Folge für den Krieg gegen Oesterreich=Ungarn zu engagiren versuchen. Aber die Erregung der intelligenten Minorität scheint in Rußland zu einem Grade gediehen, der Pessimismus so allgemein, das Vertrauen so tief erschüttert, daß eine Explosion im Innern oder eine Diversion nach Außen eintreten kann, wenn das Steuer der festen Hand entbehrt, die es allein zu lenken vermag. Graf Ignatiew ist wissentlich oder unwissentlich der Alliirte Gambettas und seine innere Politik kann dazu führen, daß sie die äußere zum Kriege treibt, und ehe nicht der gegenwärtige Minister des Innern in Rußland entfernt, ehe nicht der unheilvolle

Anstifter des letzten russisch=türkischen Krieges gestürzt, eher ist trotz aller guten und ehrlichen Absichten des Monarchen eine Lage nicht ausgeschlossen, die den Zar und Rußland zum Kriege drängend und wenn der allmächtige Zar im letzten Augenblick die Gefahr erkennt und sie vermeiden will, ist es vielleicht „zu spät" und seine Allmacht vorüber.

In der Gefahr, die Deutschland von einem französisch= russischen Bündniß droht, in der Nothwendigkeit sich gegen diese Eventualität zu schützen liegt die Grundbedingung der Annäherung von Deutschland an die österreichisch=ungarische Monarchie, welcher der erste Vorstoß der panslavistischen Be= wegung gilt, deren Zerstörung gleichbedeutend mit einem Vordringen der slavischen Welt bis an die Grenzen des deutschen Reichs, das nach dem Zerfall des habsburgischen Kaiserstaates oder nach der Slavisirung desselben auf allen Seiten von feindlichen Elementen, von Slaven und Romanen umgeben wäre, und wenn Fürst Bismarck sein gewaltiges Werk gegen jeden Angriff von Außen zu sichern gewollt, blieb dem Staatsmann, der um Deutschland zu schaffen, den Krieg gegen Oesterreich beginnen mußte, nichts Anderes übrig als sich der österreichisch=ungarischen Monarchie zu nähern und jede Schwächung derselben hintanzuhalten.

Die Lage von Oesterreich=Ungarn gegenüber der sla= vischen Mission, die Rußland in naher oder ferner Zukunft, wenn nicht alle Voraussetzungen trügen, als die seinige be= trachten wird, ist unendlich ernst, wenn nicht das deutsche Reich im wohlverstandenen eigenen Interesse in jeder Be= ziehung den Kaiserstaat stützt und mit seiner militärischen Macht ihm zur Seite steht.

Unter den mehr als 37 Millionen Einwohnern der

österreichisch-ungarischen Monarchie gehören mehr als 17 Millionen der slavischen Nationalität an. Wenn auch gar kein Zweifel darüber zulässig ist, daß die slavischen Soldaten der österreichischen Armee mit derselben Hingebung gegen einen slavischen Staat zu Felde ziehen werden, mit der ihre deutschen Waffenbrüder 1866 wider den deutschen Gegner gekämpft, so bleibt doch immerhin ein Krieg gegen ein Reich, mit dem ein großer Theil der eigenen Armee gleicher Abstammung ist, ein Unternehmen, das von Beginn an größere Schwierigkeiten bietet als ein Krieg gegen einen Feind, dem jeder Berührungspunkt mit den eigenen Ländern fehlt. Von diesen 17 Millionen Slaven sind freilich mehr als 3 Millionen, die Polen, so entagirte Gegner des Zarenreichs, daß sie einen Krieg gegen Rußland, der in ihrem Calcul stets eine Rolle spielt, mit Freuden begrüßen werden, und auch die anderen Slaven der österreichischen Monarchie sind bis auf einen sehr geringen Bruchtheil, der zur griechisch-orientalischen Kirche gehört, durch das römisch-katholische und das griechisch-katholische Bekenntniß von Rußland getrennt, ein Moment, dem gewiß volle Beachtung gebührt. Auch die Sprache scheidet die Slaven des österreichischen Kaiserstaates von den russischen Slaven und so bevorzugt auch jene Staaten sind, die ein einheitliches Volk besitzen, so ist doch kein Grund zur Sorge dazu vorhanden, daß die Attraction des Slavenreiches so stark, um für die Schlagfähigkeit der kaiserlichen Armee oder für die Haltung der slavischen Bevölkerung in Oesterreich zu fürchten.

Dagegen hat Rußland vorgeschobene Posten in den neugebildeten Staaten von Ostrumelien und Bulgarien, das auf einen Theil der Donau fast einen beherrschenden Einfluß

ausüben kann, vor Allem aber in Montenegro und Serbien,
von denen speciell das letztere Königreich im Stande ist,
auch innerhalb des österreichischen Ländergebiets durch die
vielfachen Beziehungen, welche zwischen der serbischen Be=
völkerung hüben und drüben bestehen, eine gewisse Auf=
regung oder Beunruhigung hervorzurufen, die hindernd auf
die Kraftentfaltung der kaiserlichen Armee zu wirken vermag.
Die Lage ist eben in der Art verändert, daß mit den neu
entstandenen oder vergrößerten Staaten zu rechnen ist, und
wenn es gelingen sollte, besonders Serbien aus der russischen
Machtsphäre in die österreichische zu führen, so wäre dies
ein eminenter Erfolg, der nicht hoch genug zu wür=
digen ist.

Die jüngste Vergangenheit hat manches in dieser Rich=
tung gebessert, aber man wird nicht gut daran thun den er=
zielten Fortschritt zu überschätzen und es ist zu befürchten,
daß beim Eintritt kriegerischer Verwickelungen mit Rußland
die Opposition in Serbien und die Agitation für den Krieg
eine solche Bedeutung gewinnen, daß der König von Serbien,
wäre er noch so wohlgesinnt, der auf ihn geübten Pression
nicht zu widerstehen vermag. Ja die Gefahr scheint nicht
ausgeschlossen, daß ein Oesterreich übelgesinnter russischer
Minister, ohne selbst mit Oesterreich im Krieg zu sein, in
einem ihm günstig erscheinenden Moment in Serbien eine
solche Erregung hervorrufen kann, daß dasselbe in eine feind=
liche Stellung oder gar in kriegerische Abenteuer gegen
Oesterreich geräth.

Wenn es möglich wäre, Serbien dauernd an Oesterreich
zu fesseln und seine wirthschaftlichen Interessen fest an
Oesterreich zu binden, so würde hierdurch die Stellung der

Monarchie eine nicht geringe Kräftigung Rußland gegenüber erfahren und eine Quelle der Beunruhigung versiegen, welche die Oesterreich feindlichen Elemente stärkt und belebt.

Weit ungünstiger als Serbien gegenüber ist die Position der Monarchie zu Montenegro, das an Ausdehnung durch den Berliner Vertrag gewonnen, in Wahrheit nur als eine russische Satrapie zu betrachten ist, die zu bewältigen unverhältnißmäßige Opfer erfordern würde, ganz abgesehen davon, daß jede Action gegen Montenegro aller Voraussicht nach der Krieg gegen Rußland ist. Aber auch hier bietet nicht der eigentliche Kriegsfall die wahre Gefahr, sondern die unausgesetzt arbeitende Agitation, die leider in einem kleinen, allerdings sehr beschränkten Gebiet der österreichischen Monarchie, in dem südlichsten Theil von Dalmatien und in den occupirten Provinzen fruchtbaren Boden für ihre Thätigkeit findet.

Ostrumelien und Bulgarien haben außer im Donauverkehr, den das letztere eine weite Strecke beherrscht, mit Oesterreich keine directen Berührungspunkte; nur wenn sie ganz vereinigt würden, läge hierin eine Verstärkung der panslavistischen Propaganda, die sich in Bulgarien wie in Ostrumelien mächtig und gewiß nicht in einem Oesterreich freundlichen Sinne zur Geltung bringt. Auch in Bulgarien ist der regierende Fürst eine Garantie der Ordnung, wie sie durch den Berliner Vertrag geschaffen ward, und die Unklarheit, die so oft die Wiener Presse beherrscht, trat deutlich zu Tage, als sie es für gegeben erachtete, sich für die bulgarische Verfassung zu echauffiren und ein Wehgeschrei über die gegen den Constitutionalismus begangene Gewaltthat zu erheben, als der Fürst die Herren

Zankoff und Genossen und damit die Todfeinde Oesterreichs
zu Paaren trieb. Man darf hoffen, daß der deutsche Ein=
fluß auf den Fürsten von Bulgarien in Zukunft stärker als
der russische ist, und daß Bulgarien und Ostrumelien, wozu
alle Aussicht vorhanden, wirthschaftlich fortschreiten, so daß
ihre Entwickelung sie wünschen läßt nach Allem, was sie
unter der türkischen Herrschaft und während des letzten
russisch=türkischen Krieges erfahren, von kriegerischen Even=
tualitäten verschont zu bleiben, worin gewiß eine Bürgschaft
des Friedens liegt.

Eine hohe Bedeutung für die zukünftige Gestaltung der
Verhältnisse im Orient wird Rumänien beanspruchen dürfen,
dessen König sicher bestrebt sein wird, die Beziehungen zu
erhalten, die ihn mit Oesterreich=Ungarn und Deutschland
verbinden. Es ist nicht anzunehmen, daß der Fürst aus
dem Hause Hohenzollern überhaupt und ganz gewiß
nicht so lange die deutsch=österreichische Allianz besteht, einer
Action gegen Oesterreich zustimmen wird, aber die Verhält=
nisse in dem neugegründeten Königreich sind zu unsicher als
daß allein die persönliche Haltung des Monarchen genügen=
den Schutz für die Zukunft bietet, wenn sich auch nicht ver=
kennen läßt, daß der Thron des Königs Carol gegenwärtig
fester als in irgend einer früheren Phase seiner Herrschaft
steht. Hat auch Oesterreich den Moment verfehlt, wo es
möglich war, die Moldau=Walachei dauernd mit dem Kaiser=
staat zu vereinen, so sind doch die Interessen Rumäniens in
Zukunft gewiß weit mehr mit Oesterreich als mit Rußland
verknüpft, da der isolirte romanische Staat innerhalb der
slavischen Länder, die ihn umgeben, weit mehr von der vor=
dringenden panslavistischen und russischen Action als von

Oesterreich=Ungarn gefährdet wird. Hat es das letztere leider nie verstanden sich Sympathien in Rumänien zu erwerben, so hat andererseits auch Rußland durch seine Haltung während und nach dem letzten Kriege dafür gesorgt, die rumänische Freundschaft sich zu entfremden und den besten Alliirten des letzten Krieges in schroffster Art zu verletzen.

Serbien und Rumänien sind aufstrebende Staaten, mit denen in Zukunft zu rechnen ist und beide werden bei der Unsicherheit der Verhältnisse in Rußland, bei der Unberechen= barkeit der russischen Politik wenigstens insoweit zu ge= winnen sein, daß sie neutrale Zuschauer im Fall einer Diversion Rußlands gegen Oesterreich=Ungarn bleiben. Das, was für sie auf dem Spiele steht, wenn sie verlieren, ist außer Verhältniß zu ihrem eventuellen Gewinn, und die rumänischen Staatsmänner wie die von Serbien sind zu gut unterrichtet, um nicht die mit Deutschland verbündete öster= reichische Monarchie für den mächtigen Factor zu halten, dessen Freundschaft für die zukünftige Entwickelung der Dinge im Orient den größten Nutzen zu bringen vermag.

Freilich bieten die mehr als 2 Millionen Rumänen und ungefähr 800,000 Serben, die Oesterreich=Ungarn als Ein= wohner zählt, für Rumänien und Serbien eine starke Attrac= tion, und die neuerrichteten Königsthrone in Bukarest und Belgrad sind jedenfalls geeignet einen Mittelpunkt auch für eine solche Propaganda zu bilden; aber der Culturstandpunkt der Wallachen, die, bis auf einen kleinen Bruchtheil in der Bukowina, in Transleithanien unter der in nationalen Fragen klaren und entschiedenen ungarischen Regierung leben, ist noch zu tief, als daß auf lange Zeit hinaus hier

eine Gefahr zu besorgen wäre und auch etwaige großserbische
Aspirationen haben nicht die Kraft lähmend auf die Macht=
entfaltung von Oesterreich=Ungarn zu wirken.

Nur wenn die Monarchie isolirt einem russischen An=
griff ausgesetzt wäre, oder wenn eine fremde Agitation
ungestraft die Propaganda innerhalb des Reiches versuchen
und Rumänien oder Serbien und Montenegro eine solche
Action gegen die alleinstehende österreichische Monarchie
unterstützen würden, wäre Oesterreich=Ungarn in der Lage,
seine militärischen Kräfte zersplittern zu müssen und auf
allen Seiten sich neue Feinde erwachsen zu sehen; so lange die
deutsch=österreichische Allianz besteht, werden sowohl die
großen wie die kleinen Gegner des Reiches mit der That=
sache rechnen, daß der mächtige Nachbar über seine Armee
in jeder Richtung frei und ungehindert verfügt, daß er den
Rücken gedeckt, seine ganze Kraft der Abwehr der Gegner,
der Vertheidigung des Vaterlandes oder der Offensive zu=
wenden kann.

Nur das isolirte Oesterreich ist in einer hochernsten
Lage, wenn die panslavistische Propaganda einen weiteren
Schritt nach vorwärts geht, nur das isolirte Oesterreich hat
mit Feinden zu rechnen, die, so lange die deutsch=österreichische
Allianz besteht, alle Ursache haben, diesem Bündniß zu=
gezogen zu werden und sich freundschaftlich zu Oesterreich
zu stellen.

Der Staat, der vor Allem in einer deutsch=österreichischen
Allianz einen natürlichen Rückhalt findet, wenn er seine
Position im Mittelmeere, deren er nicht entbehren kann,
Frankreich gegenüber erhalten will, der Staat, der ein
warmes Interesse daran hat, die Küste des adriatischen

Meeres nicht in südslavische Hände gelangen zu lassen, ist das Königreich Italien, dem freilich andererseits die Aussicht lacht, bei einer Action gegen ein isolirtes, von allen Seiten angegriffenes Oesterreich seine Aspirationen in Bezug auf Triest und das Küstenland, seine Wünsche auf Südtirol befriedigen zu können.

Auch in Italien ringen zwei Strömungen miteinander, von denen noch nicht zu sagen, welche von beiden die mächtigere ist. Die Dynastie Savoyen, die einen Flug nach aufwärts genommen, der ihre kühnsten Träume realisirt, hat seit dem Tode ihres großen Vorkämpfers Cavour nicht mehr das Glück gehabt, einen Staatsmann zu finden, der die Führung mit solcher Autorität handhaben konnte, um eine feste und unerschütterlich treue Partei für die Dynastie und eine Regierung zu bilden; durch das Fehlen eines leitenden Staatsmannes und einer Regierungspartei ward der König in die Lage versetzt, nachdem die Rechte zur Minorität geworden, sich stets mehr und mehr der Linken zu nähern und an diese appelliren zu müssen, aber wenn auch der Monarch alle Consequenzen des constitutionellen Regime in hoher Pflichterfüllung getragen, ist es ihm doch nicht gelungen, so vollkommen Herr der Lage zu werden, daß die republikanische Strömung gänzlich besiegt und niedergeworfen ist. Diese republikanische Partei aber fällt mit der Irredenta= partei, mit jener zusammen, die Ansprüche auf österreichische Territorien erhebt, die Triest und das Küstenland, die das Trentino als rechtmäßigen Besitz von Italien betrachtet und in einem passenden Moment gewiß versuchen wird, sich dieser Gebietstheile zu bemächtigen. Die Reise des Königs Humbert nach Wien, die Haltung Frankreichs gegenüber

Italien, das Gewicht der deutschen Allianz haben Italien freundlicher zu Oesterreich = Ungarn gestellt, und durch das Zusammengehen der verschiedenen Gruppen der Linken ist gegenwärtig auch eine Stabilität der Regierung erzielt, welche den italienischen Staatsmännern, die den Besuch des Königs veranlaßt, die Dauer einer längeren Herrschaft ver= spricht; immerhin ist die Gefahr nicht ausgeschlossen, daß eines Tages vielleicht gegen den Willen des Königs eine Action gegen Oesterreich beginnen wird, wenn diese Monarchie isolirt und in einer schwierigen Lage ihre Kräfte in ver= schiedener Richtung verwenden müßte.

Die österreichische Monarchie hat, so wenig sie je den= selben suchen wird, den Kampf mit Italien niemals zu fürchten, wenn sie ihre ganze Macht ihm zuwenden kann, und ist dies der Fall, wird Italien gewiß nicht der Angreifer sein; aber alleinstehend und von mehreren Seiten bedroht, wäre auch ein Kampf mit Italien eine ernste Gefahr, freilich nicht minder ernst für die Dynastie Savoyen und das junge Königreich, das weit wichtigere Interessen als Aspirationen auf österreichische Gebietstheile zu verfolgen hat.

Oesterreich = Ungarn hat keinen eigentlich geschlossenen italienischen Besitzstand mehr, sondern nur noch Enclaven, die in Südtirol von Deutschen umfaßt sind, an der adria= tischen Küste aber von dem den Italienern feindlichen süd= slavischen Element umgrenzt und umgeben werden. Die ganze italienische Bevölkerung der österreichischen Monarchie beträgt nach der Zählung vom 31. December 1880 der Umgangssprache nach 668,653 Personen und ist speciell in dem Küstengebiete der Adria der südslavischen Bevölkerung gegenüber derart in der Minorität, daß ein Festhalten dieses

Besitzes für Italien, selbst wenn es gelingen sollte, ihn zu erwerben, in Zukunft sehr fraglich erscheinen müßte, aber immerhin ist die Gefahr nicht ausgeschlossen, daß in Italien eine Oesterreich feindliche Richtung die Oberhand gewinnt und eine passende Gelegenheit benutzt, um die Ansprüche auf österreichisches Gebiet zu erheben, die eine Forderung der italienischen Actionspartei bilden.

Allüberall an ihren Grenzen ist die österreichisch-ungarische Monarchie von Nachbarn umgeben, die mehr oder minder Ansprüche auf österreichische Territorien zu haben glauben, die auf verwandte Elemente in der vielsprachigen Bevölkerung von Oesterreich-Ungarn treffen und kaum einen günstigen Moment verabsäumen werden, um ihre Forderungen anzumelden. Die kleineren Nachbarstaaten sind an und für sich und vereinzelt zu schwach, um der österreichisch-ungarischen Monarchie gefährlich zu werden, und auch Italien allein dürfte jede Diversion gegen Oesterreich vermeiden; anders aber stellt sich die Lage dar, wenn ein Conflict zwischen der Monarchie und Rußland entsteht, da aller Voraussicht nach unter einer solchen Constellation Rußland die kleineren Staaten zu sich heranziehen und sie militärisch verwenden würde; ob aber die italienische Regierung einem solchen Angriffe, der von verschiedenen Seiten Oesterreich engagirt, als passiver Zuschauer beiwohnen könnte, ob sie die Kraft besitzt, dies zu thun, selbst wenn es ihr Wille, ist eine Frage, die sich gegenwärtig schwer beantworten läßt.

Wenn man die wahrscheinlichen Chancen erwägt, so ist anzunehmen, daß die Unterstützung Rußlands durch die kleineren Staaten, daß eine offensive Action Italiens nur dann

eintreten wird, wenn die Niederlage von Oesterreich=Ungarn
wahrscheinlich, wenn die Monarchie isolirt den Angriff aus=
halten muß, daß aber, wenn der mächtigste Nachbar, wenn
das deutsche Reich zusammen mit Oesterreich steht, kaum das
Königreich Serbien, schwerlich Rumänien und gewiß nicht
Italien kriegerische Unternehmen gegen die Monarchie be=
ginnen oder solchen sich anschließen werden, so daß einzig
und allein Montenegro als Bundesgenosse von Rußland er=
schiene, dessen militärische Kraft außerhalb seiner Grenzen
sich nur durch die Beunruhigung von Süddalmatien und der
Herzegowina, allerdings in sehr unangenehmer Weise für
Oesterreich, zu äußern vermag.

Die isolirte österreichische Monarchie ist kaum in der
Lage, einen Krieg mit Rußland zu führen, wenn dessen
Alliirte Montenegro und Serbien, wahrscheinlich Rumänien
und Italien sind, ja selbst ein Feldzug gegen Montenegro
und Serbien ist schwierig, weil er sehr lange Dauer
beanspruchen und neben den militärischen so starke materielle
Mittel absorbiren würde, daß, wenn später, was fast un=
ausweichlich, Rußland zur Hülfe einschreiten sollte, bereits
ein großer Theil der vorhandenen Kräfte durch die voraus=
gegangene Action erschöpft sein würde. Ein mit Deutschland
verbündetes Oesterreich=Ungarn wird nur Rußland mit Mon=
tenegro als Gegner haben, da Italien und Rumänien in Passivi=
tät beharren und Serbien wohl kaum sich unberechenbaren
Gefahren aussetzen wird, so daß, Dank dem Bündniß mit
Deutschland, durch welches alle Kräfte von Oesterreich verfüg=
bar bleiben, wahrscheinlich gar nicht die Nothwendigkeit einer
militärischen Action diesen Staaten gegenüber eintreten würde.
Diejenigen, die dem alleinstehenden Oesterreich feindlich sind,

werden sich wohl überlegen, das mit Deutschland verbündete Oesterreich zu attaquiren.

Um Serbien und Montenegro im Zaume zu halten, um das directe oder indirecte Uebergewicht Rußlands zu paralysiren, um bei dem Zerfall des türkischen Reiches seine Stellung im Orient und seine Interessen auf der Balkan= halbinsel zu wahren, hat Oesterreich = Ungarn auf dem Berliner Congreß das Mandat zur Occupation von Bosnien und der Herzegowina erstrebt und dasselbe durch den Fürsten Bismarck und die Unterstützung des damaligen englischen Premiers erlangt. Diese Occupation hat leider nicht den Erfolg gebracht, den man sich in Wien von ihr versprach, vielmehr sind der österreichischen Monarchie so große Opfer aus ihr erwachsen, daß ihr vermeintlicher Werth sich fast in das Gegentheil, in eine Schwächung für Oesterreich= Ungarn verwandelt hat. Es ist eben ein großer Unterschied, ob man Elsaß = Lothringen oder ob man Bosnien und die Herzegowina gewinnt, und die Zustände in diesen Ländern, wie sie Oesterreich fand, die auch gegenwärtig noch dort bestehen, sind leider nicht darnach angethan, große Hoff= nungen für die Zukunft zu erwecken.

Unter den Provinzen, die die Türkei verlor, sind Bosnien und die Herzegowina die ärmsten. Sie vertragen keinen Vergleich mit den weit fruchtbareren, von der Natur reich gesegneten Landestheilen von Ostrumelien und Bulga= rien, deren Bevölkerung auch der Arbeit gewohnter und un= gleich friedlicher ist. Das römisch=katholische Element, außer der geringen spanisch = jüdischen Colonie in Serajewo und einigen kleineren Städten, das einzige, das die österreichische

Occupation mit Freuden begrüßt, ist sowohl in Bosnien wie in der Herzegowina numerisch schwach und materiell nur wenig günstig situirt; die beiden anderen Stämme, die Mohammedaner, die fast die ausschließlichen Besitzer von Grund und Boden, wie die Orthodoxen, denen eine Ver- einigung mit Serbien und Montenegro viel lieber gewesen, waren Oesterreich=Ungarn feindlich gesinnt, und die nach der Occupation ergriffenen Maßregeln, die weder die Einen noch die Andern befriedigen konnten, waren nicht geeignet, Sympathien für die österreichische Herrschaft zu gewinnen.

Dazu kam, daß die Occupation, die während des russisch=türkischen Krieges oder dicht nach demselben wahrschein- lich weit weniger Widerstand gefunden, da sie eine Garantie der Ordnung gewesen wäre, sich in einem Moment vollzog, wo die inneren Verhältnisse der beiden Länder weniger An- laß dazu als in der vorhergegangenen Periode boten, daß die Occupation mit ungenügenden Mitteln unternommen, in ihrem Beginn von Mißerfolgen begleitet war, die den Nim- bus schädigten, dessen jede Armee bedarf, der aber ganz un- entbehrlich bei einer Action gegenüber einer orientalischen Bevölkerung ist.

Dank der dualistischen Gestaltung der Monarchie, die sowohl den magyarischen wie den österreichischen Einfluß zur Geltung bringt und jede Verwaltung von Ländern unendlich erschwert, die weder der einen noch der anderen Reichshälfte zugehören, Dank der Unklarheit des Rechtstitels unter dem man Besitz von diesen Ländern ergriff, der die Bevölkerung gänzlich darüber in Zweifel ließ, ob die Occupation eine vorübergehende oder mit der definitiven Annexion gleich zu

erachten sei, traten zu den bereits vorhandenen Schwierig=
keiten noch solche, die sich aus der Art der Occupation wie
aus dem Charakter der Monarchie erklären.

Um die enormen Opfer, die Oesterreich=Ungarn der Durch=
führung der Occupation gebracht, weniger drückend erscheinen
zu lassen, um neue Lasten zu vermeiden, ward sofort nach
der Besitzergreifung das Princip inaugurirt, daß Bosnien
und die Herzegowina die Kosten ihrer Verwaltung selbst auf=
bringen müssen, da eine weitere Anspannung der Kräfte des
Reiches für die besetzten Provinzen unmöglich sei. Ohne die
Summen zu verwenden, deren Verausgabung zur Hebung
der arg ausgesogenen, von Hause aus armen Länder unum=
gänglich erschien, wenn Oesterreich sich Sympathien erwerben
wollte, ohne die Arbeiten in Angriff zu nehmen, die unent=
behrlich für die Prosperität der beiden Provinzen, welche die
österreichische Herrschaft wohlthätig von dem vorausgegangenen
türkischen Regime unterschieden hätte, ward die neue
Verwaltung installirt, die unklar darüber, ob sie sich mehr
den Begs, den türkischen Grundbesitzern anschließen sollte
oder den Orthodoxen, deren extravagante Hoffnungen auf
Grunderwerb sie nicht zu befriedigen vermochte, sich einem
unsicheren Experimentiren ergab, ohne auch nur eine Natio=
nalität oder Confession befriedigen zu können. Dazu kam,
daß die Steuern, die unter den Türken contingentirt, die Be=
völkerung durch die individuelle Steuerleistung des Einzelnen
unter dem neuen Regiment weit fühlbarer trafen, ganz abge=
sehen davon, daß diese Steuern ebenso hoch oder höher, zugleich
mit einer Reihe neuer und ungewohnter Institutionen ver=
bunden waren, während man sich der Hoffnung hingegeben,
daß die Occupation in den ersten Jahren eine vollkommene

Steuerbefreiung, jedenfalls aber eine Steuererleichterung bringen werde.

Durch äußere Einflüsse genährt gab die Durchführung des Landwehrgesetzes den Anstoß zum Ausbruch der Insurrection in dem südlichsten Theil von Dalmatien, in der durch tausend Bande mit Montenegro verknüpften Crivoscie, und zugleich mit dem Aufstand in diesem schwer zugänglichen Gebirgsstrich erhob auch die Revolution in der Herzegowina ihr Haupt, die mit den größten materiellen Opfern nur durch die Aufopferung und die Bravour der kaiserlichen Truppen in verhältnißmäßig kurzer Zeit zu Boden geschlagen ward. Wie wenig aber die Hoffnungen bisher erfüllt, die man bei der Occupation von Bosnien und der Herzegowina gehegt, hat leider der letzte Aufstand gezeigt, und selbst Diejenigen, die sich mit der Besetzung dieser Provinzen versöhnt, weil sie in dieser Offensive nur eine Nothwendigkeit für die Vertheidigung sahen, Diejenigen, die freudig derselben zugestimmt, blicken mit bangem Zweifel der Zukunft entgegen und fürchten, daß Oesterreich-Ungarn nicht berufen ist, uncultivirte Gebiete sich homogen zu gestalten.

Die Occupation, ursprünglich bestimmt einen Keil zwischen Serbien und Montenegro zu bilden, besonders geeignet im Fall eines Krieges mit Rußland diese Länder zu beherrschen, hat aller Voraussicht nach die österreichische Monarchie vor die Alternative gestellt, bei dem Herannahen dieser Gefahr entweder eine so große Truppenmacht in Bosnien und der Herzegowina zu concentriren, daß dadurch die Schlagfähigkeit der disponibeln Armee erhebliche Einbuße erfährt oder die dort befindlichen Truppen ihrem Schicksal zu überlassen und, da dies unmöglich, beide Provinzen zu räumen.

Daß diese Befürchtung nicht übertrieben, geht aus der That=
sache hervor, daß die allerdings rasche und energische Nieder=
werfung des letzten Aufstandes weit mehr als 70,000 Mann
erfordert hat, eines Aufstandes, der nur die Crivoscie und
einen kleinen Theil der Herzegowina umfaßte, der ohne die
Unterstützung auch nur eines benachbarten Staates geblieben
und durch die Haltung der betreffenden Regierungen auch
weit weniger Sympathie in diesen Staaten gefunden als
man zu fürchten berechtigt war.

Unendlich schwierig ist aber auch gegenüber den An=
forderungen der occupirten Provinzen die finanzielle Lage
der Monarchie. Mehr als 200 Millionen hat bisher die
bosnische Occupation verschlungen und die Summen, die sie
noch beanspruchen wird, entziehen sich, wenn man die öster=
reichische Herrschaft gegen alle Eventualitäten zu sichern ge=
willt, jeder Berechnung, da man in diesem Fall außer den
gerechtfertigten militärischen Anforderungen auch noch jene
Opfer berücksichtigen muß, die zur Hebung des Landes noth=
wendig sind, wenn man nur irgend darauf hofft, Sympathien
für Oesterreich und damit eine Garantie der Unterstützung
zu finden.

Wie ein Reich, das in seinen alten Provinzen noch die
größten Aufgaben zu lösen hat, um diese Länder zu entwickeln
und concurrenzfähig zu erhalten, wie ein Reich, dessen beide
Hälften trotz aller Anspannung der Steuern, trotz aller Bereit=
willigkeit seiner Bürger dieselben zu leisten, mit fortwährend
sich steigernden Deficiten zu kämpfen haben, den Ansprüchen
dieser neu erworbenen Provinzen genügen soll, von denen man,
vielleicht zum Glück, nicht einmal wissen kann, ob sie definitiv
erworben, ob nicht bereinst das Mandat, durch das sie besetzt,

willkommenen Anlaß zu einem Kriege bietet, ist eine Frage
von so furchtbarer und ernster Bedeutung, daß sie jeden
Patrioten mit banger Sorge erfüllen muß.

Eine Reihe neuer Steuern ward in den letzten Jahren so=
wohl in der österreichischen wie in der ungarischen Reichshälfte
eingeführt, deren Erträgniß sehr hohe Summen gewährt, ohne
daß es troß dieser Auflagen gelungen das Gleichgewicht im
Staatshaushalt, weder diesseits noch jenseits der Leitha, her=
zustellen. Daß diese Erscheinung weniger ängstlich, als man
vermuthen sollte, auf die Gemüther gewirkt, hat seinen Grund
darin, daß leichte Geldverhältnisse und guter Credit Oesterreich
und Ungarn billige Anlehen zu hohen Cursen gewährten, und
daß dadurch die traurige Thatsache, daß es nicht geglückt
die Zinsen der Schuld durch die Steuereingänge zu zahlen,
dem großen Publikum minder deutlich vor Augen trat. Es
ist auch zweifellos, daß die österreichisch=ungarische Monarchie
in beiden Hälften ihren Credit verdient, und daß ein großer
Theil der negociirten und verausgabten Anlehen zu Investi=
tionen verwandt worden ist, aber anders wird sich die Lage
zeigen, wenn Bosnien und die Herzegowina stets neue Opfer
verlangen, wenn einmal die friedlichen Aussichten geschwunden,
wenn die Monarchie gezwungen wird an ihre Macht zu
appelliren und unter kriegerischen Befürchtungen die mate=
riellen Mittel für eine militärische Action sich zu verschaffen.

Die Unmöglichkeit, den mannigfachen und so berechtigten
Forderungen materiell zu entsprechen, wirkt lähmend auf alle
Verhältnisse in Oesterreich=Ungarn ein und die culturellen
Aufgaben, die in jeder Beziehung zu lösen sind, gestatten sehr
häufig gar keinen Aufschub mehr. Unendlich viel ward in
der österreichischen Monarchie gethan, aber aus Dem, was

geschehen, ergiebt sich erst was noch zu thun bleibt, und wenn man mit all' dem Nothwendigen und mit dem Wollen das Können vergleicht, so ist das Mißverhältniß auf allen Gebieten unendlich groß.

Freilich harren zwei Steuern der Einführung in Oester=reich, deren Bewilligung vielleicht noch mehr vom moralischen als vom financiellen Standpunkt gegeben ist, die Personalein=kommen= und die Börsensteuer, von denen sich aber heute schon sagen läßt, daß, so dringend und unumgänglich auch deren Inslebentreten, ihr materieller Erfolg höchstens genügen wird das Deficit der normalen Gebahrung, aber gewiß nicht die Ausgaben für Bosnien und die Herzegowina zu decken.

Aus einer früheren Feudal= und Naturalwirthschaft ist die capitalsarme österreichische Monarchie unvermittelt und unerwartet in die freie Concurrenz und die Capitalswirth=schaft übergegangen, und es ist die natürliche Folge, daß die Macht des mobilen Capitals sich in Oesterreich=Ungarn in ganz anderer Art zur Geltung bringt, als dies in hochentwickelten Ländern mit altfundirten wirthschaftlichen Verhältnissen der Fall. Wenn nun auch Vieles in dieser Richtung durch die Concurrenz des Capitals besser geworden, so besteht doch immer=hin noch eine große Differenz zwischen dem Werth und dem Erträgniß des immobilen Besitzes, zwischen dem Werth und der Entlohnung der Arbeit und dem Gewinn des mobilen Capitals, und es ist naturgemäß, daß, da der immobile Besitz und die Arbeit sehr schwere Lasten in Oesterreich tragen, sich mit voller Berechtigung das Streben äußert, auch das be=wegliche Vermögen, das fast steuerfrei in Oesterreich ist, für die sich fortwährend steigernden Bedürfnisse des Staates heranzuziehen.

Die Durchführung der progressiven Personaleinkommen-
steuer, die, wenn sie auch, allerdings nur in geringem Maße
die minderbemittelten Klassen zur Leistung heranzieht, doch
vor Allem die großen und speciell die gegenwärtig fast
steuerfreien mobilen Vermögen trifft, ist eine Nothwen-,
digkeit, die schon vom Rechtsstandpunkt aus, schon um der
socialen Frage entgegenzutreten, in Oesterreich dringend geboten und unaufschiebbar erscheint, und auch die zweite
Steuer, die Börsengeschäfte betreffend, ist unbedingt erforderlich in einem Land, wo jede Art der Arbeit besteuert,
nur die Bewegung des mobilen Capitals vollkommene
Steuerbefreiung genießt. Von diesen beiden Steuern, von
einer allgemeinen Hebung der wirthschaftlichen Thätigkeit ist vielleicht die Herstellung des Gleichgewichts im
normalen Staatshaushalt von Oesterreich zu erwarten,
aber es wäre eine gefährliche Illusion zu glauben, daß
es gelingen kann, mit ihrer Hülfe auch die Kosten von
Bosnien und der Herzegowina zu decken, ebenso wie es
Ungarn unmöglich ist, selbst wenn auch dort das Normal-
budget ohne Deficit abschließen würde, seinen Beitrag für
die occupirten Provinzen anders als durch Anlehen auf-
zubringen.

Auf Basis der 200 Millionen, die Bosnien und die
Herzegowina bisher gekostet, die die Hälfte der dazu erforder-
lichen Summen bilden, wäre die Regulirung der Valuta in
Oesterreich-Ungarn möglich gewesen, und es ist fast zweifellos,
daß die Monarchie mächtiger wäre, hätte sie alle disponibeln
Mittel für den Moment einer Action aufsparen können,
als sie es trotz der Stellung in Bosnien und der Herzegowina ist, die sie bereits zu so großen materiellen Opfern ge-

nöthigt haben, wie sie kaum ein Krieg drückender und schwerer
auflegen kann; auch ist es noch nicht erwiesen, ob die stra=
tegische Position in den occupirten Provinzen der Armee
wirklich zum Vortheil gereicht, da durch die Kräfte, die sie
absorbirt, auch deren Schwächung erfolgen kann.

Vielfach ist in der österreichischen Monarchie die Mei=
nung verbreitet, daß, als Fürst Bismarck dem Grafen Andrassy
beim Berliner Congreß seine Hülfe zur Occupation von
Bosnien und der Herzegowina lieh, er damit die Absicht
verband, Oesterreich=Ungarn stets mehr nach Osten zu drängen,
und daß die leitende Idee für ihn, indem er die Monarchie
im Orient engagirte und die „Verlegung des Schwerpunkts
nach Osten" um einen Schritt förderte, in der Vorbereitung
der einstigen Erwerbung der nördlichen österreichischen Pro=
vinzen durch Deutschland lag. Diese Anschauung scheint
vollkommen falsch, vielmehr ist anzunehmen, daß, als Fürst
Bismarck einem Wunsch des Wiener Cabinets entsprach, ihm
der Gedanke vorgeschwebt, durch die Unterstützung desselben
eine Kräftigung von Oesterreich=Ungarn in seiner Stellung
im Orient herbeizuführen und eine Zwingburg für Serbien
und Montenegro, ein Gegengewicht gegen Rußland zu schaf=
fen. Daß sich diese Absicht nicht realisirt, ist wohl weit
weniger der Occupation als solcher zuzuschreiben als dem
Moment in dem, und der Art wie sie ausgeführt, ward, und
die Verwaltung, die Oesterreich=Ungarn nach der Besitzer=
greifung installirt, war nicht darnach angethan, der Monarchie
Sympathien zu erwerben und die Fehler vergessen zu machen,
die man vor und während der Occupation beging. Daß
aber Fürst Bismarck darauf speculirt, österreichische Pro=
vinzen für Deutschland zu erwerben und daß er zu diesem

Zweck die Monarchie in der Besetzung von Bosnien und der
Herzegowina unterstützt, widerspricht allen Bedingungen, auf
denen das deutsche Reich begründet, denen es seine Größe
und seine Macht verdankt, und es hieße das Genie des
Mannes, der Deutschland geschaffen, verkennen, wollte man
in seiner Politik einen solchen Fehler und einen solchen Irr=
thum für möglich halten.

In unglaublich kurzer Zeit hat sich das neue Deutsch=
land gebildet, in dem noch widerstrebende Interessen auszu=
gleichen, tiefgehende Unterschiede zu ebnen sind; der gigantische
Staatsmann, der das Reich begründet, der an der Spitze
desselben steht, dessen Namen unauflöslich mit der bedeut=
samsten Periode der Geschichte der Neuzeit verknüpft ist, hat
ein Alter erreicht, dem nicht mehr neuer Erwerb, dem die
Sicherung des Erworbenen als Ziel vor Augen schwebt, in=
dem er sich wohl bewußt, daß die Schwierigkeiten sich ver=
zehnfachen müssen, wenn in Zukunft nicht mehr die Autorität
seines Namens, die Kraft seines Willens ihnen entgegentritt;
in seinem Alter wird jeder Tag ein kostbares Gut und die
Arbeit, die der deutsche Reichskanzler im Inneren findet, die
zur Sicherung des Reiches noch zu bewältigen ist, scheint
wohl genügend, um selbst die Kräfte eines ungewöhnlich ver=
anlagten Staatsmannes und eines eisernen Willens zu unter=
graben. Das neue Reich ist begründet und äußerlich fertig=
gestellt, aber sein innerer Ausbau ist noch nicht vollendet.
Wenn die Riesenarbeit, die Fürst Bismarck auf sich ge=
nommen, glücklich zu Ende geführt, wenn die weltgeschichtliche
Aufgabe, die er als seine Mission betrachtet und zu betrachten
berechtigt ist, wenigstens in ihren großen Umrissen gelöst

werden soll, so darf kein Tag verloren werden, so gehört alle Kraft der inneren Thätigkeit an.

Gebieterisch tritt allüberall die Nothwendigkeit, sich mit der socialen Frage zu beschäftigen, an die leitenden Staatsmänner heran; wie 1789 mit der französischen Revolution die Bourgeoisie ihre Stellung errungen, so fordert ein Jahrhundert später auch der vierte Stand sein Recht; es wäre ein vergebliches Bemühen, sich gleichgültig und taub gegen die Rufe zu stellen, die bereits deutlich vernehmbar, in kürzerer oder längerer Frist gewiß nicht mehr zu überhören sind. Der gewaltige Mann, der an der Spitze des deutschen Reiches steht, dessen weitausschauender Blick die Zukunft erräth, hat die Gefahren erkannt, die von dorther drohen, wenn es nicht vorher gelingt, ihnen die Spitze abzubrechen und durch das, was der Staat bieten kann, eine Bewegung zu beschwören, deren Consequenzen im Fall einer gewaltsamen Lösung geradezu unberechenbar und unabsehbar sind. Nicht nur der Arbeiter tritt mit seinen Forderungen heran, auch über den Bauer und über den kleinen Bürger ist durch die veränderten Verhältnisse und die gestiegenen Bedürfnisse eine schwere Krise gekommen, und die Gerechtigkeit verlangt es zu sagen, daß die Lage des schlecht gezahlten niederen Beamten, der mit seinem kleinen Gehalt den Pflichten seines Standes genügen, seine Integrität erhalten und doch den Lebensunterhalt für seine Familie beschaffen muß, des Beamten, der eine treue und feste Stütze des Staates, fast die prekärste geworden ist. Wenn auch nur einem Theil dieser Ansprüche, die sich auf allen Seiten zeigen, genügt werden soll, wenn man die Gefahren vermeiden will, die die Gesellschaft bedrohen, muß der Staat die Mittel

besitzen, um wenigstens den unumgänglichsten Forderungen
zu entsprechen, um das ins Leben zu rufen, was die Privaten
vollenden können, um das durchzuführen, was die Kraft des
Einzelnen übersteigt.

Mit der Vorahnung dessen, was die Zukunft birgt, mit
dem weiten Blick, der sein Genie begleitet, hat Fürst
Bismarck die Gefahr erkannt und, soweit sie überhaupt zu
beschwören, Mittel gegen dieselbe zu finden gesucht. Die
Liberalen im deutschen Reich thun nicht gut daran, sich in
Widerspruch zu ihrem Kanzler zu setzen, sie dokumentiren
neuerdings, daß sie sich doctrinären Principien zu Liebe der
praktischen Nothwendigkeit verschließen; sie nehmen eine Haltung ein, die zum Unglück untrennbar von den liberalen
Parteien zu sein scheint; indem sie sich auf diesen Standpunkt stellen, arbeiten sie für ihre Gegner und ruiniren sich
selbst und die Bourgeoisie. Selbst wenn dieser Ruin noch
lange verborgen bleiben, noch lange sich hinziehen kann, er
muß und wird eintreten, wenn die liberalen Parteien außer
Stande sind, die Forderungen ihrer Zeit zu verstehen.

Sehr möglich, ja wahrscheinlich ist es, daß ein großer
Theil der Vorlagen, die Fürst Bismarck dem Reichstage gebracht, an Irrthümern leidet und Fehler enthält. Ist es doch
geradezu undenkbar, auf einem noch unvorbereiteten Gebiet
Meisterarbeit zu leisten und sofort das Rechte zu finden;
aber der wärmsten Berücksichtigung sind sie jedenfalls werth,
und die Zukunft wird zeigen, wer eigentlich, wenn man sie
ohne Prüfung zu Falle bringt, wenn man nichts Besseres
an ihre Stelle setzt, der Beschädigte ist.

Wenn die Nerven eines Menschen in ganz Europa das

Recht besitzen, angegriffen und irritirt zu sein, so ist dies beim Fürsten Bismarck der Fall, und die deutschen Liberalen, die trotz aller Opposition in ihrem großen Staatsmann den Gründer des Reiches, den genialen Führer in schwerer Zeit, das unfehlbare Orakel auf dem Gebiete der äußeren Politik erblicken, sollten auch dann der gebotenen Rücksicht nicht vergessen, wenn es sich um andere Fragen, als jene handelt, in denen sie willig die Autorität des deutschen Reichskanzlers anerkennen. Mit eiserner Zähigkeit und voller Hingebung, mit Aufopferung all' seiner Kraft verfolgt Fürst Bismarck die Ziele, die er zur inneren Consolidirung des Reiches, zu seiner Sicherstellung anstreben muß, und wenn es ihm nur gelingen sollte, den Weg zu weisen, so läge schon hierin ein großer Erfolg, und auch die Schlußperiode seines Lebens würde den Stempel des Geistes tragen, der für sein Königs= haus und für sein Volk, der für sein Land mit seinen letzten Kräften gekämpft und gesiegt. Diese letzte Periode aber käme nicht nur Preußen und dem deutschen Reich, sie käme auch jenen Staaten zu Gute, wo ähnliche Verhältnisse auf diesem Gebiet ein ähnliches Vorgehen gestatten.

Deutschland ist so groß und so stark geworden, daß jeder weitere Erwerb eher eine Schwächung als einen Ge= winn bedeutet, denn er würde auf Kosten der Gleichartigkeit erzielt und könnte nur die centrifugalen Elemente verstärken; in Deutschland sind noch so große innere Fragen zu ordnen, daß das Reich, dessen ganzer Charakter aggressiven Actionen widerstrebt, und ohne diese wäre die Erwerbung öster= reichischer Provinzen doch nicht zu denken, noch Decennien hindurch mit deren Lösung beschäftigt sein wird, und daß, wenn auch das neue Reich gezwungen werden kann, einen

Krieg zu seiner Vertheidigung zu führen, jeder Eroberungs=
krieg von selbst als ausgeschlossen zu gelten hat.

Aber selbst diese Momente treten zurück vor der Noth=
wendigkeit, die österreichische Monarchie zu erhalten wie sie
besteht, deren Existenz weit mehr für Deutschland bedeutet,
als wenn es diesem gelingen sollte, Theile derselben zu
annectiren, und wenn man noch einen Grund hinzufügen
will, um zu beweisen, daß jedes Gelüste nach österreichischem
Gebiet Deutschland fern liegen muß, so würde man ihn in
der Berücksichtigung des Protestantismus finden, der die
Basis des preußischen Staates bildet, der nicht am wenigsten
dazu beigetragen, Preußen zur leitenden Macht in Deutsch=
land zu erheben und ihm die Kraft zur Erfüllung seiner
Aufgabe zu gewähren. Das protestantische Kaiserthum wird
stets bedacht sein, eine protestantische Majorität der Bevöl=
kerung in Deutschland zu erhalten, und so sehr dasselbe
streben muß, jede Differenz mit seinen katholischen Unter=
thanen zu vermeiden, so treu die katholischen Einwohner
jederzeit zu ihrer Heimath gestanden, es würde doch eine
Veränderung der Grundlagen bedeuten, wäre die Mehrheit
der Bevölkerung in Deutschland zur katholischen statt zur
protestantischen Kirche gehörig. Durch den Hinzutritt von
Elsaß=Lothringen ist das Verhältniß zu Gunsten der katho=
lischen Confession bereits bedeutend verschoben worden, durch
den Erwerb österreichischer Länder würde die katholische
Minorität, die gegenwärtig im deutschen Reiche ungefähr
36 % beträgt, in eine Majorität verwandelt und damit die
Position des Hohenzollernschen Kaiserhauses nicht unwesent=
lich erschwert. Jener feste organische Zusammenhang aber,
der Preußen befähigt hat, sein Werk zu vollführen, wäre

zerstört und die Basis verlassen, der die Dynastie Hohen=
zollern, der das Königreich Preußen nicht zum kleinsten Theil
seine Erfolge verdankt.

Vorzüglich aber besteht deshalb für das deutsche Reich
die Nothwendigkeit, die österreichisch=ungarische Monarchie
mit allen Kräften zu halten, weil sie die einzige Vormauer
gegen die panslavistische Bewegung ist, weil, wenn sie zer=
stört würde, der Panslavismus an den Thoren von Deutsch=
land stünde, weil dasselbe, eingekeilt zwischen Slaven und
Romanen, den Kampf für seine Existenz zu fechten ge=
zwungen und auf allen Seiten von Gegnern umgeben wäre.
Verliert die österreichische Monarchie von ihrem gegenwärtigen
Bestand auch nur noch eine Provinz, so ist zu fürchten, daß
sie in Trümmer geht, daß sie überhaupt nicht mehr zu
halten ist; denn so eng sind die Theile mit einander ver=
wachsen, so gefährdet das Ganze, wenn sich ein Theil ablöst,
so groß die Aspirationen allüberall auf österreichisches
Gebiet, daß die Loslösung einer vereinzelten Provinz ohne
den Zerfall des Ganzen absolut undenkbar ist.

Daß, wenn die österreichische Monarchie in Trümmer
ginge, weite Gebiete derselben in slavische Hände gelangen
müßten, und daß ein Gegengewicht gegen diese ganz zweifel=
lose Verstärkung des Panslavismus nicht in der Erwerbung
österreichischer Provinzen durch Deutschland zu finden wäre,
liegt deshalb zu Tage, weil auch die nördlichen Provinzen
von Oesterreich=Ungarn von einer sehr starken slavischen
Bevölkerung bewohnt, weil Deutschland, um sich zu sichern,
einen so großen Theil der österreichischen Monarchie occu=
piren müßte, daß dessen Assimilirung Decennien ruhiger
Entwickelung beanspruchen würde. Ein Reich aber, das

selbst so schnell wie Deutschland entstand, in dem noch so
große Unterschiede auszugleichen, so viele Fragen zu lösen
sind, muß einen solchen Proceß vermeiden, wenn es nicht
in Gefahr gerathen will, seinen eigenen Besitzstand zu be=
drohen und seinen eigenen Zusammenhang zu erschüttern.
Die österreichische Monarchie mit ihrer starken militärischen
Macht, mit ihren defensiven, jeder Offensivaction abge=
wandten Zielen, ist für das deutsche Reich ein viel zu werth=
voller Nachbar und Bundesgenosse, als daß irgend eine
andere Combination, und wäre es auch die Erwerbung
österreichischer Territorien durch Deutschland selbst, diesen
Factor zu ersetzen vermöchte, und das eigenste Interesse des
deutschen Reiches schreibt diesem vor, Alles zu vermeiden,
was eine Schwächung von Oesterreich=Ungarn bedeutet.

    Oesterreich=Ungarn braucht Deutschland, wie Deutsch=
land der österreichischen Monarchie bedarf, und das gemein=
same Interesse zwingt beide, treu zusammen und zu ein=
ander zu stehen; die Gemeinsamkeit der Interessen aber ist
ein festeres Band, als Verträge, die heute geschlossen und
morgen gebrochen werden, wenn ihnen die Basis der gegen=
seitigen Nothwendigkeit fehlt. Die Allianz zwischen Oester=
reich=Ungarn und dem deutschen Reich ist eine Friedens=
allianz, begründet zur Erhaltung des Friedens und fern von
jeder kriegerischen Tendenz; sie verbürgt aber auch den krie=
gerischen Erfolg, wenn in kürzerer oder längerer Frist Ruß=
land und Frankreich das deutsche Reich, oder wenn Rußland
und seine Alliirten die österreichische Monarchie angreifen
würden. Da jedoch dieser militärische Erfolg aller Vor=
aussicht nach eintreten würde, da auch die Gegner so ziemlich
im Klaren, daß der vereinigten Macht von Deutschland und

Oesterreich=Ungarn gegenüber ihre Kraft erlahmt, so bleibt hoffentlich diese Probe auf lange Zeit, wenn möglich für immer, der Welt erspart.

Ein Fall ist denkbar, in welchem die Allianz mit der österreichischen Monarchie ihren Werth für Deutschland ver= liert, in welchem die Bedingungen, auf denen sie beruht, sich so vollkommen verändern, daß ihre Nothwendigkeit nicht mehr besteht, daß das Interesse an ihr in Deutschland erlischt; da aber jede Allianz auf der Gemeinsamkeit der Interessen basirt und nur so lange Dauer verspricht, als diese Gemeinsamkeit für beide Theile vorhanden, so wäre mit dem Eintreten dieser Eventualität auch das Ende der deutschen Allianz gekommen. Dieser Fall müßte in dem Moment praktisch werden, in dem die österreichische Monarchie ihren Charakter derart verändert, daß das slavische Element in ihr die Herrschaft erhält, daß die Deutschen zurückge= drängt werden und nicht mehr die Macht besitzen, jenen Ein= fluß auf die auswärtige Politik des Reiches zu üben, der Deutschland die Gewißheit der Unterstützung im Fall eines Krieges mit Rußland und Frankreich verbürgt, so daß für das deutsche Reich die Gefahr entstünde, statt der erwarteten Hülfe in Oesterreich=Ungarn einen unzuverlässigen und zweifel= haften Bundesgenossen zu finden oder dem Angriff eines slavisirten Oesterreich ausgesetzt zu sein.

So lange die Magyaren ihren Einfluß wahren, die ein instinctives Gefühl der Nothwendigkeit der deutschen Allianz für Oesterreich=Ungarn, einen klaren Blick in Fragen der auswärtigen Politik besitzen, so lange die Stellung der Deutschen in Oesterreich behauptet wird, so lange besteht keine Gefahr für die deutsche Allianz; erhält aber das

slavische Element das Uebergewicht, verwandelt sich die
österreichische Monarchie in einen slavischen Staat, dann ist
auch die letzte Stunde der österreichisch-deutschen Allianz
gekommen, denn die Vortheile, die Deutschland von ihr
erwartet, wären geschwunden und das, was das Bündniß
verhüten soll, das Vordringen des slavischen Elements, das
doch nur ein Vorposten des Panslavismus wäre, bis an
die Grenzen des deutschen Reiches, würde sich nicht durch den
Einfluß Rußlands und seiner Alliirten, sondern durch die
innere Umgestaltung von Oesterreich-Ungarn vollziehen. Die
österreichische Monarchie hat 17 Millionen Slaven und es
ist ein Unding, zu glauben, daß es noch möglich ist, deren
Existenz zu negiren und allen Forderungen derselben zu
widerstehen; die nationale Bewegung hat eine Kraft und
eine Bedeutung in Oesterreich-Ungarn erlangt, die nicht
mehr zurückzudämmen, nicht mehr zu bannen und niederzu-
werfen ist. Ein polyglotter Staat, wie die österreichische
Monarchie, ist dieser Aufgabe nicht gewachsen und man wird
gut daran thun, sich mit der Thatsache vertraut zu machen,
daß die nationalen Bestrebungen eine Kraft erlangt, der in
Zukunft Rücksicht zu tragen ist. Die Forderungen der slavischen Bevölkerung der Monarchie müssen Beachtung finden,
wenn sie vereinbar mit dem Bestande des Reiches, wenn sie
nicht den Charakter desselben gefährden sollen, aber auch die
Slaven in Oesterreich dürfen nie und nimmer vergessen, daß
sie das Reich und sich selbst mit den größten Gefahren bedrohen, wenn sie das deutsche Element verdrängen, wenn
sie dessen berechtigte Stellung untergraben.

Die römisch-katholische und die protestantische Kirche
haben beide ihre staatenbildende und staatenerhaltende Kraft

bewährt, eine Aufgabe, welche die griechisch-orientalische Kirche
bisher noch nicht erfüllt; dokumentiren doch auch die Zustände im russischen Reich, daß unter der katholischen Bevölkerung in Polen und Litthauen, unter den protestantischen
Einwohnern der Ostseeprovinzen, die nihilistische Agitation,
die Rußland bedroht, keinen Boden für ihre Propaganda
gefunden, aber die Idee, eine römisch-katholische slavische
Mission dem Slaventhum Rußlands entgegenzustellen, die
Idee ein slavisches Oesterreich zwischen dem deutschen Reich
und dem slavischen Rußland zu etabliren, ist eine Utopie,
die sich nicht realisiren und durchführen läßt; die österreichisch-ungarische Monarchie kann nur bestehen wie sie ist,
indem sie allen ihren Völkern eine Heimath bietet, deren
Eigenart gewahrt, deren berechtigte Ansprüche erfüllt werden
müssen; die Unterschiede aber, die eine verschiedene culturelle
Entwickelung geschaffen, die Stellung der Nationen, wie sie
die Geschichte selber gebildet hat, lassen sich nicht ignoriren
und übersehen, wenn man die österreichische Monarchie erhalten will.

Wird das slavische Uebergewicht, werden die nationalen
Forderungen so stark, daß das Deutschthum vor ihnen zurücktreten muß, dann wird die deutsch-österreichische Allianz durch
die Veränderungen, die sich in Oesterreich vollziehen, über
kurz oder lang ihre Lösung finden, dann aber hat Oesterreich-Ungarn die Perspective, vollkommen isolirt dem panslavistischen Ansturm zu widerstehen und dem russischen
Angriff wie den Aspirationen der Nachbarstaaten nur mit
seinen eigenen Kräften begegnen zu können, während die
österreichische Monarchie im Bund mit dem deutschen Reich

jeder Eventualität gewachsen ist und allen Feinden die Stirn
bieten kann.

Die Befürchtung liegt nahe, daß das furchtbare Unglück
eines Krieges mit Rußland und seinen Alliirten für Oesterreich-Ungarn nur zu vermeiden ist, wenn das deutsche Reich
ihm zur Seite steht, daß aber die isolirte österreichische
Monarchie diesem Kampf nicht auszuweichen vermag; ebenso
ist anzunehmen, daß Deutschland nur dann einer russisch-
französischen Allianz sich gegenübersieht, wenn es ganz auf
seine Kräfte angewiesen, mit beiden Gegnern sich schlagen und
diesen Krieg allein ausfechten muß; auch die Todfeinde der
beiden Reiche werden kaum die verbündete Macht von
Deutschland und Oesterreich-Ungarn herausfordern wollen, und
die Tragödie des furchtbarsten Kampfes, den vielleicht jemals
die Welt gesehen, wird aller Voraussicht nach der Mensch-
heit so lange erspart, als die deutsch-österreichische Allianz
nicht nur dem Scheine nach, sondern in Wahrheit besteht.

Der Krieg zwischen Rußland und der österreichischen
Monarchie ist keine Naturnothwendigkeit und die Chancen
ihn zu vermeiden sind gewiß vorhanden; je geringer aber
die Aussichten des Sieges für Rußland sind, um so weniger
wird es versuchen sich in ein Wagniß zu stürzen, das ihm
vielleicht noch größere Gefahr als seinem Gegner bringt.

Die inneren Schwierigkeiten, die furchtbaren Wirren,
welche die Existenz des Czarenreiches bedrohen, lassen gewissen Staatsmännern in Petersburg die slavische Mission
als das Ziel und die Rettung von Rußland erscheinen, aber
sie vergessen dabei, daß die nihilistische Bewegung in Rußland in jener grauenhaften Form, wie sie sich jetzt zur Geltung bringt, nach dem siegreichen Feldzug gegen die Türken

begonnen hat und von dem Ende des russisch = türkischen Krieges datirt.

Die slavische Mission, die Rußland der Welt verkündet, muß, wenn sie in der Art demonstrirt werden soll, wie Graf Ignatiew sie aufzufassen scheint, den Krieg mit Oesterreich= Ungarn und Deutschland zur Folge haben, aber eine andere Auslegung derselben, der ernste Willen, Rußland im Inneren zu sichern und zu consolidiren, statt in einer auswärtigen Action die Hülfe zu suchen, wird noch lange Jahre des Friedens verbürgen, und die Hoffnung wäre in diesem Fall vorhanden, daß für die jetzt lebende Generation die Prüfung des furchtbarsten Krieges vorüberginge.

Wenn nicht alle Anzeichen trügen, so hat ganz gewiß ein unglücklicher, wahrscheinlich auch ein glücklicher Krieg für Rußland die Revolution im Gefolge; aber das Interesse aller Dynastien an der Erhaltung des Friedens ist solidarisch, und die Regenten sämmtlicher Staaten sollten mit allen Kräften darnach streben ihren Ländern den Frieden zu be= wahren, da die Consequenzen eines jeden Krieges, der nicht der inneren Nothwendigkeit entspringt, der nicht ein Volks= krieg im wahrsten Sinne des Worts, von unberechenbarer Art, besonders in Bezug auf das innere Leben der Staaten sind. Die unklare Begeisterung des Augenblicks für eine unverstandene slavische Mission wird nicht über die Schwierig= keiten hinweghelfen können, die nach dem Ende des Krieges in Rußland entstehen.

Auch für die österreichische Monarchie wäre ein Krieg mit Rußland, von dem man nur sagen kann, wo er beginnt, nicht wo er aufhören wird, eine entsetzliche, eine furchtbare Calamität, und wenn er vermieden werden kann, wäre es

das höchste Interesse ihn zu vermeiden; die sicherste Garantie
gegen denselben aber liegt in der Allianz mit dem deutschen
Reich, in einer Allianz, die für beide Alliirte das einzige
gegebene und natürliche Bündniß bedeutet und noch lange
Jahre den Frieden erhalten mag, dessen alle Staaten Europas
bedürfen.

Oesterreich und Ungarn.

Wer Oesterreich und österreichische Verhältnisse gerecht und unbefangen beurtheilen will, darf nie vergessen, daß es unmöglich ist, an diese Monarchie, die ein Unicum unter den Staaten Europas, den Maßstab zu legen, der für andere Reiche und Länder gegeben und denkbar erscheint.

National, culturell und confessionell im Inneren weit mehr verschieden, als irgend ein zweiter europäischer Staat, ist die österreichisch-ungarische Monarchie ebenso Dank ihrer geographischen Lage und ihrer politischen Entwickelung wie Dank den divergirenden Volkselementen, aus denen sie zusammengesetzt, — zugleich in ihren äußeren Beziehungen bei allen Veränderungen, die sich ergeben, in ungleich höherem Grade berührt, als dies bei einem anderen Staate der Fall ist. Wer die Geschichte des Reiches der Habsburger erzählen wollte, wäre genöthigt, die Geschichte aller politischen Veränderungen in Europa zu schreiben, denn wohl keine hat stattgefunden, sei sie religiöser oder politischer Art, ohne ihren mehr oder minder nachhaltigen Einfluß auf die Gestaltung der inneren Verhältnisse der Monarchie wie auf ihre Position gegenüber den auswärtigen Staaten zu äußern.

Unlösbar fast erscheinen die Aufgaben, mit welchen —
vielfach vielleicht in Folge der Fehler früherer Perioden —
der Regent und die leitenden Minister dieses Reiches in den
letzten Decennien zu kämpfen gezwungen; immer schwerer
und schwerer wird die Lösung der Probleme, mit denen die
Monarchie zu rechnen hat, und was dem oberflächlichen
Beobachter nur als das Werk des Augenblicks und als die
Forderung des Tages entgegentritt, wird für den ruhigen
Beurtheiler zur naturgemäßen Consequenz, die durch vor-
ausgegangene Actionen der inneren und äußeren Politik mit
mathematischer Sicherheit sich entwickeln mußte.

Wohl kaum ein österreichischer Monarch oder Staatsmann dürfte zu finden sein — und wäre seine Ueberzeugung
die festeste, sein Wille der beste, sein Programm das klarste
gewesen —, der nicht in einem schweren Moment seines
Lebens in ehrlicher Prüfung sich selbst gefragt, ob nicht auch
die Anschauung seiner Gegner eine berechtigte sei; denn solchen
Schwierigkeiten gegenüber, wie sie das durch seine innere
Zusammensetzung, durch die Verschiedenheit seiner Völker,
wie durch seine Lage allüberall engagirte und berührte Reich
der Habsburger besiegen soll, wird die Festigkeit der Action,
wie des Urtheils erschüttert und selbst der energischeste Wille
wissentlich oder unwissentlich beeinflußt. Durch die sich
fortwährend bekämpfenden Strömungen, von denen unter
dem Einflusse verschiedener Momente bald die eine, bald die
andere die mächtigere ist, wird jenes Schwanken, das ganze
Perioden der äußeren und inneren Politik charakterisirt,
gewiß nicht verzeihlich, aber erklärbar, das nur zu leicht
von rein persönlichen Motiven abgeleitet wird, das aber,
selbst diese Gründe bis zu einem gewissen Grad zugestanden,

doch seine eigentliche Ursache in jenen widerstrebenden Ten=
denzen und Interessen hat, die sich in Oesterreich=Ungarn
wie in keinem anderen Staat zum Ausdruck bringen.

In einem Briefe vom 22. August 1804, gerichtet an
Fürst Metternich, nennt Friedrich von Gentz die habs=
burgische Monarchie „ein sinkendes Staatswesen" und die
Creirung des österreichischen Erbkaiserthums erfüllt ihn mit
düsteren Ahnungen für die Zukunft. Mehr aber als sieben
Decennien sind seit diesem Ausspruch verflossen, der gewiß
nicht isolirt in der Kritik österreichischer Geschichte, ohne
daß diese Prophezeiung zur Wahrheit geworden, und wer
die heutige Stellung der Monarchie mit jener Periode des
Niedergangs vergleicht, die am Anfang dieses Jahrhunderts
über Oesterreich hereingebrochen, wird nicht verkennen, daß
ein politischer Organismus, der aus so tiefem Verfall neu
erstehen und neue Schicksalsschläge ertragen konnte, kein zu=
fälliges Gebilde, sondern ein durch das Gebot der Noth=
wendigkeit geschaffenes Staatswesen ist.

Der Moment, wo sich aus diesem Reich ein einheit=
liches Ganzes hätte formen lassen, ist vorüber und war viel=
leicht vorüber, als jene großen Monarchen, Maria Theresia und
Joseph II., den Versuch gewagt, die nationalen Gegensätze
durch straffe Centralisation zusammenzufassen und zu amal=
gamiren; die politische Nothwendigkeit aber, die dieses Reich
gegründet, ist geblieben und hat ihre natürliche Macht ge=
zeigt, als unter vernichtenden Schicksalsschlägen die Mon=
archie ihre Existenzberechtigung durch ihren Fortbestand
bewies.

Die großen Schwierigkeiten, welche seit dem Entstehen
der österreichischen Monarchie mehr oder minder stets vor=

handen waren, wurden speciell in den drei letzten Jahr=
zehnten noch durch zwei unglückliche Kriege und deren Folgen
vermehrt; aber das bis in seine Grundfesten erschütterte
habsburgische Reich war selbst nach den Niederlagen von
Solferino und Königgrätz noch stark genug, seine Stellung
zu behaupten und eine passive Kraft zu bewähren, welche
die Hoffnungen seiner Freunde übertraf und die Prophe=
zeiungen seiner Gegner zu Nichte machte.

Eine vollkommene Veränderung der politischen Position
hat stattgefunden; losgelöst von alten Beziehungen und
Jahrhunderte überdauernden Traditionen, der Attraction
zweier an seinen Grenzen neugebildeter mächtiger und ge=
einter Staaten preisgegeben, nicht unberührt von dem Todes=
kampf des in der Auflösung begriffenen ottomanischen
Staatswesens und ausgesetzt den mehr oder weniger ver=
hüllten Angriffen seines nordischen Nachbarreiches, das zur
gänzlichen Zerstörung der Türkei auch der Schwächung von
Oesterreich bedarf, hat diese alte Monarchie mit ungeahnter
Lebenskraft ihren Uebergang aus der verlorenen in eine neue
Position vollzogen und steht heute ungebrochen und uner=
schüttert als der sprechendste Beweis ihrer Naturnothwen=
digkeit und Existenzberechtigung da.

Erwägt man, daß die inneren Differenzen und Gegen=
sätze nicht gemildert, sondern durch die in ganz Europa
wachgerufene Nationalitätenfrage verschärft, ja vielfach neu
belebt und neu entstanden sind, so muß man glauben, daß
ein Reich, dem so schwere äußere und innere Prüfungen, so
große Umwandlungen beschieden waren, das aber diesen
Proceß, ohne zu Grunde zu gehen, überdauern konnte, auf
einer Basis erbaut sein muß, die, so lange sie festgehalten

und treu behauptet wird, sichere Gewähr auch für die Zu=
kunft bietet.

Worin aber besteht die Naturnothwendigkeit, welche
die habsburgische Monarchie erhält?

Eine Reihe der verschiedensten Nationen, keine stark und
kräftig genug, die andere zu absorbiren, jede in ihrer Existenz
gefährdet, wenn die Machtverhältnisse zu ihren Ungunsten
verschoben werden, alle innerhalb der gegebenen Grenzen für
ihre Sonderinteressen kämpfend aber gleich interessirt an der
Erhaltung und dem Bestand dieses Reiches, das ihnen allein
Sicherheit und Gewähr für ihre Zukunft bietet, verbürgt
im Innern trotz aller Rivalität die strengste Erfüllung des
aus dem Trieb der Selbsterhaltung entspringenden Gebots,
mit Aufopferung aller Kräfte die Integrität von Oester=
reich zu wahren und zu beschirmen.

Nicht geringer aber als das Interesse der Völker der
österreichischen Monarchie an der Erhaltung des Vaterlandes
ist das Interesse des ganzen civilisirten Europa an dem
Bestande des Donaureiches, das mitten im Herzen des Welt=
theils gelegen, ein Bindeglied zwischen Occident und Orient,
zwischen Süd und Nord, Elemente und Gegensätze in sich
vereint und aufgenommen, die, losgelöst von dem vermit=
telnden Ganzen, der Anziehungskraft der Nachbarstaaten
preisgegeben, die gegenwärtigen Machtverhältnisse derart zu
alteriren im Stande wären, daß eine unberechenbare Gefahr,
eine vollkommene Erschütterung der bestehenden Ordnung
aus dem Zerfall von Oesterreich hervorgehen müßte.

In dieser Wechselwirkung von inneren und äußeren
Factoren liegt die Naturnothwendigkeit von Oesterreichs Be=
stand, der allein den Völkern der Monarchie die Möglichkeit

selbständiger Existenz und eigenartiger Entwicklung und
den Staaten Europas den Frieden garantirt, der bei einem
Zerfall des Reiches auf Jahrzehnte hinaus in Frage gestellt
erscheinen und Kämpfe zur Folge haben müßte, deren letzte
Consequenz geradezu unberechenbar und unabsehbar ist.

Die von jeder aggressiven Tendenz abgedrängte öster=
reichische Monarchie, deren einzige auswärtige Action auf
den Schutz ihrer Grenzen und ihres gegenwärtigen Besitz=
standes gerichtet sein kann, deren ganze Zusammensetzung
jede Offensive ausschließt, wird nie eine Drohung für Europa,
sondern eine Bürgschaft des Friedens sein; als Bindeglied
vermittelnd, verhütet sie zugleich die Gefahren, welche aus
dem unvermittelten Zusammentreffen nationaler Elemente,
die mit divergirenden Interessen sich feindlich gegenüber=
stehen, naturgemäß erwachsen müßten; gestützt auf eine
Macht, die den Erfolg ihrer Action verspricht, schreibt ihr
das eigenste Interesse vor, nur defensiv an diese Macht zu
appelliren, die selbst getheilt in der Hand eines jeden Nach=
barstaates eine unausgesetzte, ja eine nicht zu ertragende Gefahr
für den Frieden und die Sicherheit von ganz Europa wäre.

Erst dann, wenn die Basis, auf der das Reich der
Habsburger erbaut, soweit verlassen würde, daß bedeutende
und culturell fortgeschrittene Nationen, die gegenwärtig treue
und feste Stützen des Staats, nicht mehr an Oesterreichs
Bestande interessirt; erst wenn die Monarchie gezwungen
wäre, noch über jene Offensivaction, die selbst nur einen
Theil der Defensive bildet und lediglich den Zweck der eigenen
Sicherheit vor Augen hat, hinauszugehen, beginnt für Oester=
reich und seinen Bestand eine wirkliche und nicht zu unter=
schätzende Gefahr.

Eine große und bedeutsame Veränderung, die den Or-
ganismus des Reichs in seinem Innersten berührt, hat die
Monarchie an jenem Tage erfahren, an dem der Ausgleich
mit Ungarn perfect geworden, an dem der österreichische
Kaiserstaat seine Umwandlung in eine österreichisch=ungarische
Monarchie vollzog. Auch hier zeigt sich die Wechselwirkung
der äußeren zur inneren Politik, denn wie das österreichische
Erbkaiserthum als eine Folge des Unglücks der napoleonischen
Periode, als ein Ersatz der deutschen Kaiserstellung in's Leben
trat, so ward auch unter der Katastrophe von Königgrätz
der österreichisch=ungarische Ausgleich, die österreichisch=unga-
rische Monarchie geboren. Im Anfang dieses Jahrhunderts
wie nach dem Ausgang des letzten Krieges war es das
naturgemäße Streben und ein Gebot der Nothwendigkeit,
statt aufgegebener und nicht mehr haltbarer Positionen eine
Stellung zu gewinnen, welche die Sicherheit des Staates
gewährleisten und den nach außen verlorenen Einfluß durch
die Benutzung der Kraft der eigenen Völker ersetzen konnte,
und so repräsentiren sich die organischen Veränderungen, die
stattgefunden, nicht als zufällige oder wirkliche Neuerungen,
sondern als das Ergebniß der Unmöglichkeit, das Bestehende
in unveränderter Form zu erhalten und fortleben zu lassen.

Daß diese Veränderungen überhaupt stattfinden mußten,
kann wohl weit weniger einen Gegenstand der Discussion
bilden, als ob sie gerade so, wie sie stattgefunden und nicht
anders und glücklicher sich vollziehen konnten. Die innere
Nothwendigkeit derselben war durch die äußere Politik bedingt, und ebenso wenig als seinerzeit das österreichische Erbkaiserthum als das Werk Einzelner, sondern als eine Consequenz der durch die napoleonische Periode reducirten Macht=

sphäre entstand, ebenso unvermeidlich war nach dem Unglück
des Krieges von 1866 der Ausgleich mit Ungarn und nur
die Bedingungen, die Ungarn gewährt, die Rechte, die Oesterreich ihm zugestand, überschritten vielleicht noch unter dem
Eindruck der letzten Ereignisse jene Grenze, die zur Sicherung
der Einheit des Reiches und seiner Actionsfähigkeit wie zur
Verhütung der gleichen Aspirationen bei anderen Völkern
der vielsprachigen und vielgliederigen Monarchie als unver-
rückbar festzuhalten ist.

Vor Allem der Moment war den Magyaren günstig,
denn nach einer Katastrophe, die das Reich in seinen Grundfesten erschüttert, sah man die letzte Hoffnung in einem Ausgleich
mit Ungarn, den Ersatz der verlorenen Stellung nach Außen
in der Versöhnung der tonangebenden Nationalität der jenseitigen Reichshälfte. Und noch ein anderer Bundesgenosse kam
Ungarn zu Hilfe. Aus jener Periode, in welcher die Opposition und der Kampf gegen das absolutistische Oesterreich
genügten, um die Sympathien des liberalen Europa zu gewinnen, war Ungarn die warme Theilnahme geblieben, die
unter der Herrschaft des späteren Regime immer mehr und
mehr gesteigert ward, und als der ungarische Ausgleich geschlossen, sah man weit weniger den nationalen Erfolg, weit
weniger die Belastung von Oesterreich, als man in ihm den
Sieg der liberalen Ideen, die Sühne gethanen Unrechts zu
finden gewillt war.

Der Dualismus ist durchgeführt und praktisch geworden,
aber es war eine nicht geringe Ueberwindung, in einer
Periode, in der der Zug der Staatenbildung ein centralisti-
scher, ein einigender ist, in Oesterreich die Nothwendigkeit
der dualistischen Gestaltung und damit der Trennung der

Theile zuzugestehen; es war eine nicht geringe Ueberwindung von Seite derjenigen, die siebenzig Procent zu den Lasten des Reiches beizutragen gezwungen, ihre Macht gleichmäßig mit denen zu theilen, welche nur dreißig Procent dieser Pflichten auf sich genommen.

Niemand in Oesterreich hat den Dualismus freudig und sehnsuchtsvoll begrüßt; auch seine besten Anhänger sahen in ihm nur eine Nothwendigkeit, die durch die gegebenen Ver= hältnisse bedingt, loyal acceptirt, loyal gehalten werden sollte; seine Gegner bekämpften ihn und betrachten ihn jetzt als ein Uebel, mit dem man sich versöhnen und für den Moment wenigstens abfinden und rechnen muß.

Centralisten und Föderalisten wurden durch den Dualis= mus gleich wenig befriedigt, alle aber haben in gleicher Weise die Hoffnung gehegt, daß seine Schärfen sich mildern, daß seine Härten sich ausgleichen, daß immer mehr und mehr gemeinsame Berührungspunkte entstehen. Diese Hoffnung aber ist seither unerfüllt; denn wenn auch die durch alle Interessen unlösbar verknüpften beiden Theile des Reiches eine Lockerung der Bande, welche die Monarchie vereinigen, hintanzuhalten vermochten, so unterblieb doch andererseits jene gewiß mit Recht erwartete, die Gegensätze ausgleichende Annäherung, ja in Ungarn ist eine Bewegung zu Tage ge= treten, die je nach der günstigeren oder ungünstigeren Con= stellation lauter oder leiser die Personalunion, die selb= ständige Stellung der transleithanischen Reichshälfte, das Aufgeben der gemeinsamen Institutionen verlangt.

Das Wort: „Der Dualismus ist nur noch von Ungarn bedroht", scheint eine Anomalie und ist trotzdem wahr. Wenn die Magyaren über jene Machtsphäre, die gegen=

5*

wärtig erreicht, neuerdings hinausgreifen und ihren Einfluß
in einem Maße zur Geltung bringen, der Cisleithanien nicht
mehr als gleichberechtigt, sondern als inferior erscheinen
läßt, so ist die Gefahr vorhanden, daß der Dualismus über=
haupt nicht mehr zu halten und durchzuführen ist. Gewiß
nicht von der Krone, die der transleithanischen Reichshälfte
jede Rücksicht bewiesen, gewiß nicht von Oesterreich, wo man
bei der überwiegenden Majorität der Bevölkerung entschie=
den gewillt ist, den Dualismus loyal zu halten, droht der
dualistischen Staatsform irgend welche Gefahr; nur wenn
Ungarn noch über die gewonnene Position hinaus neue Rechte
und Vortheile beansprucht, wird der Dualismus unmöglich
und sein Aufhören ist nur eine Frage der Zeit. Diese Gefahr
aber kann in so lange nicht als ausgeschlossen gelten, als eine
gefährliche Großmannssucht eine nicht unbedeutende Partei der
ungarischen Legislative und einen großen Theil der magya=
rischen Bevölkerung beherrscht. Welche Blüthen aber dieser
am meisten die ungarischen Interessen schädigende Chauvi=
nismus in seiner Verkennung der wirklichen Verhältnisse und
ausschlaggebenden Factoren zuweilen zu Tage fördert, ist schwer
zu beschreiben, und wenn man auch in der Beurtheilung
magyarischer Reden und Programme nicht jenen Maßstab
anlegen darf, der für besonnene und ruhigere Nationen gilt,
so läßt sich nicht verkennen, daß eine fort und fort, fast
ohne Gegendruck gesteigerte und in die Massen getragene
Agitation Erscheinungen hervorrufen kann, die unberechenbar
in ihren Folgen, ebenso die Machtstellung der österreichisch=
ungarischen Monarchie beeinträchtigen, wie sie speciell für
Ungarn die höchste Gefahr involviren, denn von allen Natio=
nalitäten, welche das Reich der Habsburger bewohnen, ist

wohl kaum eine in ihrer Eigenart so sehr bedroht, als
gerade der in ganz Europa isolirt und losgelöst stehende
magyarische Stamm, für welchen jede Schwächung der
Macht von Oesterreich=Ungarn eine Gefährdung der eigenen
Existenz und der Zerfall des Reiches den eigenen Ruin be=
deuten würde.

Man braucht nicht blind zu sein gegen die Vorzüge des
magyarischen Charakters und gegen die großen und liebens=
würdigen Seiten der ungarischen Individualität, um doch dem
Wunsche Ausdruck zu geben, daß bald mit fester Hand dem
Uebel gesteuert werde, das heute noch besiegbar, sich in
bestimmten Grenzen bewegt, das aber zu einer Gefahr
heranwachsen kann, die gegenwärtig weder die mit dem
Feuer Spielenden, noch auch die leicht verführten Massen
ahnen dürften. Wenn diesem Uebel jedoch wirklich und
nachhaltig Einhalt geboten werden soll, so darf auch nicht
vergessen werden, daß dessen Wurzeln weit tiefer liegen, als
man gewöhnlich glaubt, daß die jetzige Situation nur die
Folge der politischen und socialen Zustände, die sich in
Ungarn herausgebildet, daß eine Remedur nur von einer
consequenten, in erster Linie der Hebung interner Verhält=
nisse und der Verwaltung zugewandten Regierung, gedacht
und erwartet werden kann.

Anders, als in andern Ländern, hat sich in Ungarn das
politische Leben entwickelt und anders, als in andern Ländern,
nimmt die Bevölkerung an diesem Theil. Nicht nur in der
legalen Vertretung, im Parlament, auch im Comitat und
im Municipium ertönt unausgesetzt die politische Parole des
Tages und die autonome Verwaltung trägt sie in alle
Kreise und alle Schichten des Volkes hinein. Größer als

in der cisleithanischen Reichshälfte ist in Ungarn der Ein=
fluß des Parlaments, und wenn man von parlamentarischen
Einflüssen spricht, möchte man diesen Begriff auf alle jene
Corporationen ausdehnen, die, Dank der Autonomie, kleine
Parlamente in sich, eine Geltung in Anspruch nehmen, die
ihren eigentlichen Wirkungskreis weit übersteigt.

Jedes Comitat und Municipium treibt in Ungarn
Politik und statt sich voll und ganz den Fragen zu
widmen, die zu ihrem wahren Ressort gehören, werden die=
selben zurückgesetzt oder von einem Standpunkte erledigt,
der nicht den Gegenstand als solchen, sondern denselben in
seinem Zusammenhang mit der Politik des Tages erfaßt.

Diesen Geist aber flößen diese Corporationen auch ihrer
Verwaltung ein und statt einen sicheren Schutz, eine feste
Phalanx zu bilden, wird die autonome Administration sehr
häufig gerade von Denen mißbraucht, welche sich zu Wort=
führern der politischen Tagesströmung aufgeworfen haben und
unter dem Deckmantel politischer Agitation nur ihre eigenen
Zwecke verfolgen.

Die Politik, oder vielmehr die Art, wie sie betrieben
wird, ist das wahre Unheil der transleithanischen Reichs=
hälfte. Sie beeinträchtigt die Arbeit und hindert die Organi=
sation, sie terrorisirt die Massen und nimmt fort und fort
jene Kräfte in Anspruch, die nur im entscheidenden Augen=
blicke, dann aber auch mit der höchsten Anspannung für den
Dienst des Landes eintreten sollen. Wer nur über die
unterste Stufe des Wissens hinaus, wirft sich mit ganzer
Seele dem politischen Parteitreiben in die Arme, und so
entsteht jene ruhelose Agitation, die den Boden der staat=
lichen Entwicklung unterwühlt, die nie zu befriedigen und

nie zu versöhnen, sich allüberall zur Geltung bringt: im Parlament wie im Comitat, im Municipium und zeitweise auch auf der Straße.

Ein pessimistischer Zug geht, den Parlamentarismus anlangend, durch die gegenwärtige Generation; nicht mehr wie beim Entstehen constitutioneller Einrichtungen, blickt man mit gläubigem Vertrauen auf ihren Erfolg; man urtheilt nüchterner über einstige Ideale, die in der Nähe gesehen, naturgemäß manches von ihrem Glanz und ihrer Reinheit verlieren. Wie man aber auch den Parlamentarismus betrachten mag, wo er über die ihm eingeräumte und ihm gebührende Sphäre hinausgreift, wo er statt einer Tribüne hundert Tribünen beansprucht, wird gewiß nicht das Princip, dem er sein Entstehen verdankt, aber die Art, in der sich sein Wirken äußert, compromittirt und sein Ansehen selbst durch seine Vertreter geschädigt.

Wenn man nicht ohne Grund behauptet, daß der Parlamentarismus in der österreichischen Reichshälfte ein künstlicher ist, dem gegenüber außerparlamentarische Einflüsse sich nicht selten übermächtig zur Geltung bringen, so ist hinwiederum nicht zu verkennen, daß derselbe in Ungarn wahr und echt bis in seine letzten Consequenzen zu Tage tritt, aber wie das absolute Regime, wie das unbeschränkte Königthum dort, wo Zeit und Umstände diese Richtung begünstigen, in falsche Bahnen gedrängt werden kann, so wird auch der Parlamentarismus überall Auswüchse zur Folge haben, wo die politischen und socialen Verhältnisse von einer Krankheit ergriffen sind, ohne daß sich deshalb eine Waffe gegen den Parlamentarismus als solchen oder gegen das Princip, auf dem derselbe beruht, aus diesen begleitenden Momenten schmieden läßt.

Weit mehr als in jedem anderen Land bietet in Ungarn das öffentliche Leben die Möglichkeit, jene Ziele zu erreichen, die dem Einzelnen als Wunsch und Zweck vor Augen schweben, die er sehr häufig, unbekümmert um die wahren Interessen des Landes, in egoistischer Tendenz erstrebt; der Sitz im Parlament bildet das Medium, welches die kühnsten Träume zu realisiren vermag; um ihn zu erlangen, wird der öffentlichen Meinung geschmeichelt, werden Versprechungen gegeben und Hoffnungen erweckt, von denen Niemand besser weiß, als der Versprechende selbst, daß sie sich niemals be= wahrheiten, daß sie sich nie und nimmer erfüllen können.

Das Comitat und das Municipium sind die Stufen= leiter zum Parlament; fort und fort Neues erstrebend und das Bestehende bekämpfend, gilt ein jedes Mittel für den Kampf als erlaubt. Heute ist es die wirthschaftliche Noth= lage, morgen der nationale Chauvinismus, welcher der Agitation als Waffe dient; ununterbrochen tobt der politische Kampf und die der Arbeit bestimmte Kraft wird durch ein ruheloses Getriebe zerstört.

Hätte nicht der Absolutismus seine Unmöglichkeit klar und deutlich bewiesen, man müßte bei der Betrachtung des Constitutionalismus sehr häufig irre werden an der Be= rechtigung desselben und seinen Segen in Zweifel ziehen; sind doch die Consequenzen, die ihn begleiten, zuweilen so eigener Art, daß in den Resultaten derselben bei einer nur oberflächlichen Prüfung leicht eine gefährliche Waffe gegen den Constitutionalismus als solchen sich finden läßt.

Wer aber tiefer und ernster denkt, wer gerecht und un=

befangen Ursache und Wirkung ins Auge faßt, wird zu der Ueberzeugung gelangen, daß nicht der Constitutionalismus als solcher die Schuld an diesen Verhältnissen trägt, sondern daß eigenartige sociale und wirthschaftliche Momente es sind, die speciell in Ungarn den Parlamentarismus begleiten, die gewiß in noch ganz anderer Art zur Geltung gelangen würden, wenn nicht in der geschickten und festen Action des gegenwärtigen ungarischen Ministerpräsidenten Koloman Tisza ein Gegengewicht geboten wäre, der trotz der Schwierigkeiten, die seine Vergangenheit ihm bringt, trotz der bosnischen Occupation, die seine Stellung in Ungarn compromittirt, die Regierungspartei rücksichtslos zu discipliniren und zu gebrauchen verstand, so daß wenigstens auf politischem Gebiet jene Fehler vermieden wurden, welche die unter früheren Regierungen tonangebende Partei in Cisleithanien, die Verfassungspartei, beging, wenn auch die Schäden im socialen und wirthschaftlichen Leben unverändert bestehen und faktisch dieselben geblieben sind trotz der unleugbar großen Erfolge, die Ungarn und sein Finanzminister in jüngster Vergangenheit auf finanziellem Gebiet errungen, die einen Aufschwung der wirthschaftlichen Verhältnisse vermuthen lassen, wie er gewiß erwünscht und erhofft werden darf, wie er aber bis zur Stunde, in solchem Maße wenigstens, noch immer nicht eingetreten ist.

In jedem geordneten constitutionellen Staatswesen sollen die Gebiete der Legislative und Executive streng getrennt nur in jenem organischen Zusammenhang erhalten werden, daß Form und Geist der letzteren durch die erstere geregelt und bestimmt erscheinen, daß aber das innere Räderwerk

der Administration gleich unbeeinflußt und gleich gewissenhaft
als ein noli me tangere unter jeder Regierung fortfunctionirt.

Wie aber soll dies möglich sein in einem Land, wo
jede wirthschaftliche und politische Frage nur vom Stand=
punkt des augenblicklichen Erfolges betrachtet wird, wo das
Parlament allen Einflüssen zugänglich diese Einflüsse un=
ausgesetzt wieder zur Geltung bringt, wo in einer Wechsel=
wirkung die politische Parole des Tages aus dem Muni=
cipium und dem Comitat in die Legislative und aus der Legis=
lative in das Comitat und das Municipium getragen wird?

Wie soll dies möglich sein in einem Land, das die
weitgehendste Autonomie besitzt, in dem jedoch die autonomen
Organe gezwungen sind, in ihrem Wirkungskreise alle Rück=
sicht auf Jene zu nehmen, welchen sie ihre Stellung ver=
danken, deren sie zur Erhaltung derselben bedürfen; wie soll
dies möglich sein in einem Land, wo die Administration,
die in allen Schwankungen des politischen Lebens als der
unverrückbare Pol der staatlichen Organisation sich erweisen
soll, den unberechenbarsten Einflüssen preisgegeben sehr häufig
selbst von Agitatoren geführt oder gezwungen wird, der
Agitation derjenigen zu dienen, welche die bestehende Ord=
nung verändern wollen.

Es ist kaum möglich, schärfer über ungarische Ver=
waltungszustände zu urtheilen, als dies anläßlich der vielen
Defraudationen, die in der letzten Zeit in Ungarn zu Tage
traten, im „Pesti Naplo“ geschah, in demjenigen Journal,
das unter den magyarisch geschriebenen Blättern in Ungarn
den größten Leserkreis besitzt.

Um jedoch der Meinung vorzubeugen, daß dieses Blatt,
das allerdings zur Opposition gehört, der magyarisirenden

Richtung feindlich, sei nur erwähnt, daß es die Abstimmung des Pester Municipiums, in welchem die Verlängerung der Concession für das bisher bestandene deutsche Theater verweigert ward, bejubelte und mit der Dithyrambe schloß: „Die Bastille der Germanisirung in Ungarn sei gefallen."

„Wie die Zahl der in den Geburtsmatrikeln eingetragenen unehelichen Kinder nur den kleinsten Theil der verbotenen Liebesverhältnisse statistisch nachweist, so bilden auch die entdeckten Veruntreuungen nur einen kleinen Theil der begangenen Mißbräuche. Und wenn sich die Zahl der durch Amtspersonen beim Ministerium, bei der Stadtverwaltung, beim Comitat, bei der Post, bei der Eisenbahn und bei anderen Gelder verwaltenden Aemtern begangenen Defraudationen in so erschreckendem Maße vermehrt, was sollen wir zu dem zweiten Krebsübel unserer Administration und unserer Justiz sagen, zu der überallhin verzweigten Bestechlichkeit, welche so weit geht, daß viele Beamte geradezu erwarten, daß sie für ihr amtliches Einschreiten eine Entlohnung erhalten und die Parteien dazu zwingen, ihnen eine solche zu geben.

„An vielen Orten wird die Bestechung offen betrieben und sie wird von Seite der Beamten wie des daran gewöhnten Publikums als erlaubter Nebenerwerb der Ersteren betrachtet. Viele Beamte in Pest — die Oberbeamten nicht ausgenommen — haben eine regelrechte Clientel, welcher bei Unternehmungen, Lieferungen, Verpachtungen, Offertausschreibungen und Licitationen gegen entsprechende Betheiligung oder Entlohnung jeder erdenkliche Vortheil eingeräumt wird. In den Aemtern gehen besondere Vertrauensmänner ein und aus, welche als Agenten oder Vermittler sans gêne die Bestechungen vollführen.

„Die Polizei ist am wenigsten geeignet, ähnliche Miß=
bräuche in Erfahrung zu bringen und zu verhindern, in den
Ministerien schließt man die Augen und läßt den ange=
nommenen Brauch gelten, daß eine Hand die andere
wäscht.

„In der Provinz aber stehen die Dinge nicht um ein
Haar besser als in der Hauptstadt. Darum haben die Ver=
waltung und die Justiz Ungarns einen so traurigen Ruf
im Aus= wie im Inlande, darum hat man kein Vertrauen
zu einem Staate, dessen Institutionen und Organe so schlecht
ihre Pflicht erfüllen."

Soweit Pesti Naplo, und wenn auch sehr Vieles in der
vorstehenden Schilderung übertrieben und vom Parteistand=
punkte geschildert ist, so ist nicht zu verkennen, daß immer=
hin Manches der Wahrheit entspricht.

Auch auf dem Gebiete der Schule ist Ungarn noch weit
zurück, was einige Ziffern, entnommen einer Brochüre des
Grafen Eugen Zichy über das Volksschulwesen, beweisen, die
deutlich zeigen, wie wenig das ungarische Volksschulgesetz,
obgleich dasselbe nun mehr als ein Decennium in Wirksam=
keit, in Wahrheit ausgeführt worden ist.

Nicht weniger als 600,000 schulpflichtige Kinder ge=
nießen in Ungarn gar keinen Unterricht. Diejenigen, welche
Volksunterricht erhalten, besuchen an vielen Orten die Schule
nicht sechs sondern höchstens drei bis vier Jahre; von diesen
erhält die Hälfte nur während des Winters den Unterricht,
und es hatten im Jahre 1873 300,000, im Jahre 1874
400,000 die Volksschule besuchende Kinder keine Bücher.
Von den Schülern, die in den genannten beiden Jahren aus
der Schule traten, konnten nur drei Viertheile lesen und

schreiben, ein Viertheil konnte nur lesen. In 212 größern
Gemeinden, von denen jede mehr als 5000 Seelen zählt,
gibt es heute noch keine Volksschule. Alles in Allem genommen
fehlen in Ungarn 7000 Schulen und ein Drittheil der in
der Schule verwendeten Lehrer besitzt keine Qualification.

Erst in der letzten Zeit kam im Municipalausschuß der
Hauptstadt der traurige Umstand zur Sprache, daß die
Zahl der schulpflichtigen, jedoch keine Schule besuchenden
Kinder in Budapest noch immer 13,537 betrage, welche Ziffer
sich nach den Angaben des Schulinspectors, Sectionsrath
Emerich von Bekey als die richtige, gegenüber der Zahl
von 3837 erweist, die der Chef des statistischen Bureaus
genannt. Bekey nimmt an, daß, was eher zu hoch als zu
niedrig gegriffen, von diesen 13,537 Kindern 1500 den
häuslichen statt des öffentlichen Unterrichts genießen, aber
auch nach Abzug dieser Zahl bleiben noch immer circa 12,000
Kinder, die in der Hauptstadt Budapest vollkommen des
Unterrichts entbehren.

Der zehnte kürzlich erschienene officielle Bericht des ungarischen Unterrichtsministeriums zeigt allerdings einen wesent-
lichen Fortschritt, da nach demselben die Zahl der Volksschulen
in den Jahren 1879 und 1880 15,824 mit 21,664 Lehrern und
Lehrerinnen betrug. Während im Jahre 1869 nur 6,5 %
der directen Staatssteuern auf die Erhaltung der Volksschulen
verwendet wurden, kosteten dieselben im abgelaufenen Jahr-
zehnt schon 13,5 %, nämlich 10,057,149 Gulden, zu welchen noch
weitere 1,666,315 Gulden vom Reichstage zu Volksbildungs-
zwecken bewilligt wurden, wovon allein auf das Institut der
Volksschul-Inspectoren 185,992 Gulden entfallen. Die Zahl der
Lehrerbildungsanstalten beträgt 70, an denen 617 Lehrer

wirkten, die Zahl der die Schulen besuchenden Kinder betrug
im Jahre 1880 1,619,692, von denen der Nationalität nach
waren 787,587 Magyaren, 267,282 Deutsche, 204,953 Rumänen, 253,942 Slovaken, 36,850 Serben, 25,836 Croaten,
43,242 Ruthenen. Die Unterrichtssprache war in 7342
Schulen die magyarische und nur in 867 die deutsche, obgleich der Antheil der Deutschen an der Schule mehr als
ein Drittel des Antheils der Magyaren beträgt; in 2756
Schulen war die Unterrichtssprache die rumänische, in 1716
die slovakische, in 245 die serbische, in 68 die croatische, in
393 die ruthenische.

Daß auch auf dem Gebiete der öffentlichen Sicherheit, bei
einem trotz der Fortschritte noch immer sehr mangelhaften Schul-
wesen und bei einer Verwaltung, wie sie die Comitate pflegen,
welche die größten Gegner der Organisation der Staatspolizei
sind, sehr ernste Erscheinungen sich zeigen, ist leicht erklärlich und es wird kaum Wunder nehmen, wenn die Raub-
und Mordthaten im Verhältnisse zu den sonstigen Criminal-
vergehen in Ungarn eine so hohe Ziffer erreichten wie dies
in keinem anderen Staate der Fall, was eine jedenfalls verläßliche und vorurtheilslose Quelle, die von der ungarischen
Akademie der Wissenschaften preisgekrönte Arbeit des Uni-
versitätsprofessors Dr. Konek „Zur Criminalstatistik Ungarns
von 1871—1877" beweist.

Nach den tabellarischen Ausweisen Konek's wurden in
diesen fünf Jahren jährlich durchschnittlich 10,851 Personen
wegen Mordverbrechen, Todschlägen, schwerer körperlicher
Verletzungen und 2654 Individuen allein wegen verübter
Mordanschläge gerichtlich belangt.

Diese Verbrechen machten in Ungarn im Jahre 1877

44 Percent aller Criminalfälle aus, während Verbrechen
dieser Art in demselben Jahre in Oesterreich nur 26 Percent
der Criminalfälle bildeten, so zwar, daß die Proportion um
nicht weniger als 18 Percent für Ungarn ungünstiger steht.
Diese Daten sprechen gewiß deutlich genug und dürften
mehr als jede Argumentation beweisen, wie wenig es bis=
her gelungen, die schweren Schäden zu heilen, von denen
noch immer die Entwickelung der östlichen Reichshälfte
bedroht wird, wie viel noch zu thun bleibt, um Ungarn die
innere Kraft zu geben, deren äußeren Schein es zu erringen
gewußt.

Will man auch hierüber eine Zeitungsstimme hören, so
mag noch jene Schilderung Aufnahme finden, welche das
gelesenste und geachtetste deutsche Blatt in Ungarn, der
„Pester Lloyd“, im November 1881 bringt: „Die Budapester
Blätter bilden seit einiger Zeit eine recht angenehme Lectüre.
Hat der Leser im Morgenblatte eine ausführliche Schilde=
rung des neuesten in der Hauptstadt vollbrachten Einbruches
empfangen, so gibt man ihm im Abendblatte eine ganze
Rubrik von Verbrechen: Raub, Mord, Einbruch, heute wird
der Postwagen geplündert, morgen ein Reisender — die
kleinen Diebereien zählen gar nicht mehr. Eines Tages
werden wir einfach als Gerichtszeitungen zu erscheinen haben,
wenn wir das ganze Material bewältigen sollen. Wenn
diese Lectüre dem Leser vielleicht widerwärtig ist, so können
wir versichern, daß die Pflicht, alles das zu registriren, uns
selbst mit Ekel erfüllt und mit tiefer Beschämung. Jawohl,
mit tiefer Beschämung. Und wir glauben, daß es keinen
Menschen im Lande gibt — außer Jenen, denen es just
passirt und die dabei den Kopf einbüßen — wir glauben,

sagen wir, daß es keinen Menschen im Lande gibt, der
einigen Sinn hat für das Ansehen des ungarischen Staates,
der nicht mit demselben Gefühle der Niedergeschlagenheit
und der Beschämung zusieht, wie diese Abruzzenwirthschaft
im Herzen Ungarns etablirt wird. Seit Jahren wird an
der Verwaltung fort und fort herumreformirt und seit
vielen Jahren sind die Sicherheitszustände im Lande nicht
so scheußlich gewesen, wie zu dieser Stunde. Bald begehrt
das eine, bald das andere Comitat, daß auf seinem Gebiete
das Standrecht verkündet werde — die Verbrechen aber sind
dadurch keineswegs seltener geworden. Was man schon seit
geraumer Zeit nicht gehört hat, es wird wieder von ganzen
Räuberbanden gesprochen, die viel trefflicher organisirt zu
sein scheinen, als die Gensdarmerie der Comitate und selbst
als die Gensdarmerie des Staates."

Unter allen Symptomen aber, welche beweisen, daß die
sociale und wirthschaftliche Organisation in Ungarn in
einer schweren Krise befindlich, tritt wohl am meisten die
agrarische Bewegung hervor, und wer über dem Schein nicht
das Wesen vergißt, wird finden, daß gerade das magyarische
Element in seinen Besitzverhältnissen in einer Weise alterirt
und depossedirt erscheint, daß schon die aus diesem Wechsel sich
ergebenden Veränderungen naturgemäß eine Schwächung
seiner politischen und materiellen Macht bedeuten.

Es ist eine leider nicht mehr zu verkennende Thatsache,
daß der ungarische Grundbesitz deroutirt und insbesondere
die Gentry, welche den mittleren Grundbesitz umfaßt, immer
mehr und mehr zu Grunde geht, und wer den mit gar
keinem anderen Lande zu vergleichenden, geradezu unerhört
starken Wechsel des „immobilen" Eigenthums ins Auge faßt

und auf der anderen Seite beurtheilen kann, mit welcher
Mühe sich die noch im Besitz Befindlichen in diesem Besitz
erhalten, wird sich der Ueberzeugung wohl nicht verschließen,
daß dieser rapide Verfall im höchsten Grade gefährlich,
doppelt gefährlich in einem Staate erscheinen muß, wo
Grund und Boden fast die einzige Quelle des Wohlstandes
sind.

Nach den Ausweisen im siebenten Hefte der statistischen
Mittheilungen, welche sich mit dem Wechsel im Grund=
besitze im Jahre 1877 und mit den in derselben Zeit
erfolgten Intabulationen beschäftigen, wurden in Ungarn
auf Grund von Verträgen in diesem Jahre in 148,535 Fällen
107,417,535 Gulden auf Liegenschaften grundbücherlich in=
tabulirt, dagegen fanden gleichzeitig 72,785 Executionen in
der Höhe von 72,649,991 Gulden statt. Es wurden also im
Laufe eines Jahres und in 75,750 Fällen 34,767,544 Gulden
neue Schulden eingetragen, um welche Summe sich somit
die Last auf Grund und Boden vermehrte, dazu kommen
noch 10 Millionen rechtliche Pränotirungen und 20 Millionen
im Wege der executiven Intabulation; so hat sich denn die
Belastung des Grundwerthes in einem Jahre um rund
65 Millionen vermehrt. Im Jahre 1876 sind 189,249
Liegenschaften in anderen Besitz übergegangen, im Jahre
1877 steigerte sich diese Zahl auf 219,381 Liegenschaften,
also um 30,000 mehr.

Der Werth dieser Besitzveränderungen stellte sich im
Jahre 1877 auf 186 Millionen, um 15½ Millionen höher
als derjenige aus dem vorausgegangenen Jahre. Der
Durchschnittswerth der Objecte ist auf 750 Gulden beziffert,
woraus hervorgeht, daß nicht blos der Groß= und Mittel=

besitz, sondern auch der Kleingrundbesitz nothleidend ist. Von den erwähnten Uebertragungen erfolgten 50,000 in der Höhe von 57 Millionen im Erbschaftswege, 153,000 in der Höhe von 114 Millionen durch Verkauf und 16,000 im Betrage von 14 Millionen durch Execution.

Es sind ernste und traurige Erscheinungen, auf welche die vorstehenden Zahlen zeigen, die am besten beweisen, wie viel in Ungarn noch zu geschehen hat, um jene Stufe zu erreichen, auf welcher eine Nation erst wahrhaft stark und mächtig ihre Geschicke beherrscht; daß aber nicht nur im Grundbesitz die Verhältnisse ungesund, sondern daß auch andere Berufs= kreise gefährliche Symptome zeigen, geht deutlich aus den Nachweisen über einen Stand hervor, dessen Thätigkeit gewiß von Segen begleitet ist, wenn derselbe unter sonst normalen Bedingungen einen Bruchtheil der gesammten Bevölkerung repräsentirt, der aber zum Schaden gereichen und auf ge= fährlicher Grundlage beruhen muß, wenn er in übergroßer Anzahl vorhanden, schon durch diese numerische Vertretung auf krankhafte Zustände schließen läßt. Nach den Ziffern, welche in der unter Vorsitz von Ludwig Horváth im J. 1880 abgehaltenen Juristen=Conferenz zu Budapest bekannt ge= geben wurden, hat Ungarn bei einer Bevölkerung von circa 15,600,000 Seelen 4600 Advokaten, während Frankreich nur 2251, Preußen 2161, also beide Länder zusammen mit 62 Millionen nicht ganz so viel Advokaten als Ungarn allein besitzen.

Budapest hat 680 Advokaten, während Berlin zur gleichen Zeit nach der Angabe des Referenten Teleszky nur 132 zählen sollte; dieses Mißverhältniß aber läßt eine große Gefahr erkennen, da kaum ein anderer Beruf geeignet ist, ein so zahlreiches geistiges Proletariat zu bilden, wie gerade der Advokatenstand, wenn er, wozu ihn die materiellen Verhältnisse zwingen, über seine ursprüngliche Sphäre hinausgreifen muß.

All' diese Ziffern demonstriren aber auch, wie gefährlich jener nationale Chauvinismus, der nicht in der Consolidirung der inneren Verhältnisse, sondern in einer äußerlichen Magyarisirung und in einer ruhelosen politischen Agitation die Mittel gefunden zu haben glaubt, Ungarn die dominirende Stellung zu geben, die es unter einer ihm günstigen Constellation errungen, die es aber nur durch anhaltende culturelle und wirthschaftliche Arbeit zu behaupten vermag.

Es ist ein inniger Contact, der den nationalen Chauvinismus und die politische Agitation mit den wirthschaftlichen und socialen Verhältnissen verbindet. Wer Nichts zu verlieren hat, aber seine Carriere von einer Veränderung der bestehenden Ordnung erwartet, wird zum Agitator oder zum willigen Werkzeug in der Hand geschickter Agitatoren; wer durch das politische Treiben seine Interessen geschädigt, hofft von jedem Wechsel einen Ersatz der verlornen Kraft.

Wo geordnete wirthschaftliche Verhältnisse und mächtige Factoren der Arbeit diesen Bestrebungen ein unübersteigliches Hinderniß bieten, wo ein erzogenes und nüchternes Volk besser die Wege erkennt, auf denen sein Wohlstand gedeiht, ist die Gefahr gering und nur eine Minorität betreibt die Agitation; wo aber ein geistiges Proletariat und eine Masse von Halbgebildeten, unterstützt von jenen zahlreichen Elementen, deren ganze materielle Existenz auf falscher Grundlage beruht, die Politik als Mittel zum Zweck benützen, wo die Masse des Volkes gern der Verführung lauscht und das nationale Temperament leicht den Impulsen des

6 *

Augenblicks folgt, ist die letzte Consequenz dieser Bewegung
unabsehbar, besonders wenn jener natürliche Schutz des Be=
stehenden, den eine hochentwickelte und erfolgreiche nationale
Arbeit gewährt, der erhaltenden Tendenz als Stütze fehlt.

Es gibt nichts Heiligeres als den Kampf eines Volkes
für sein Recht, als die Hintansetzung aller privaten Interessen
zu Gunsten des Staates; es gibt kein Streben, das mehr
berechtigt, keine Pflicht, die ernster wäre, als die Wahrung
der politischen Macht; aber jene opferfreudige Begeisterung,
die im großen Moment Alles vergessend nur dem Staate
lebt, jene pflichttreue Vertheidigung der nationalen Rechte
und freiheitlichen Errungenschaften, die jederzeit wachsamen
Auges ihre Schätze bewahrt, ist gewiß hoch erhaben über
eine unausgesetzte Agitation, welche die Leidenschaften er=
regt und unklare Ziele verfolgt, die die Arbeit vernichtet
und die Entwickelung bedroht, und ist gewiß nicht zu ver=
wechseln mit jener Propaganda, welche das theuerste Gut
eines Volkes, die Begeisterung für seine nationale Idee, für
kleine Ziele und Zwecke täglich als Strohfeuer verschwendet.
Keine Nation kann über jene Sphäre hinaus, welche
ihr durch ihre politische und wirthschaftliche Stärke ge=
bührt, wahrhafte und bleibende Erfolge erzielen, und wenn
ein gefährlicher Chauvinismus ihre Action in falsche Bahnen
treibt, so entsteht daraus nur die Zersplitterung der wirklich
vorhandenen Kraft und statt der Macht wird nur ihr
Schatten errungen, dessen Nichtigkeit eine ernste Stunde zum
Unglück des Landes zeigt.

Dieser Chauvinismus aber, unterstützt von allen Ele=
menten, die in einer falschen materiellen oder socialen Posi=
tion von einer Veränderung Vortheil erwarten, beherrscht in

Ungarn das Feld, und statt der vermeintlichen Siege, die er
erkämpft, bedroht er die politische und wirthschaftliche Ent=
wickelung und wächst zu einer Gefahr heran, die das innerste
Wesen des ungarischen Staates bedroht.

Wo das Streben, die Existenz seiner Nation zu sichern,
in rücksichtslose Bedrückung der anderen Nationen übergeht,
wo Anderer Rechte verkürzt und mißachtet, wo altbewährte In=
stitutionen zerstört und vernichtet werden, muß über kurz oder
lang ein Rückschlag erfolgen und ein Vorgehen sich rächen, das,
die natürlichen und unabänderlichen Bestimmungen der Ge=
schichte verkennend, die unumschränkte Suprematie einer Nation
zum Gesetz erheben will, ohne daß diese an materieller und
intellectueller Kraft die andern Nationalitäten so weit über=
ragt, um eine Herrschaft prätendiren zu können, die vielleicht
dem Scheine nach zu erreichen, jedoch nur unter der Vor=
aussetzung jener Vorbedingungen dauernd zu gewinnen und
zu behaupten ist.

Seitdem der Ausgleich ins Leben trat, ist die Magya=
risirung der transleithanischen Reichshälfte das unverkenn=
bare Streben, das sich allüberall in den magyarischen Kreisen
zur Geltung bringt, und selbst die gemäßigtesten Mitglieder
der ehemaligen Deákpartei konnten sich dem in dieser
Richtung ausgeübten Terrorismus nur schwer und selten
entziehen.

Die rücksichtslose Vertreibung der österreichischen Bureau=
kratie, das Vorgehen gegenüber dem Siebenbürger=Sachsen=
lande, wo Institutionen, die Jahrhunderte überdauert, zerstört
und eine alte Cultur vernichtet ward, die Einziehung der
Militärgrenze und der Versuch auch dort die Herrschaft des

Magyarenthums zur Geltung zu bringen, sind wohl Beweise
genug für jene Politik, welche die Absicht der gänzlichen
Magyarisirung der transleithanischen Reichshälfte nicht nur
nicht leugnet, sondern dieselbe demonstrativ auf ihre Fahne
geschrieben. Die Einführung der magyarischen Sprache in
Schule, Amt und Verkehr, auch dort, wo Niemand der=
selben mächtig, die Unterbrückung von deutschen Schulen
und Bildungsstätten, die Schließung der deutschen Theater
in Ungarn, selbst da, wo eine überwiegend deutsche Bevöl=
kerung lebt, die „Purification" der Verkehrsanstalten, sind
nur eine Blüthenlese aus der reichen Sammlung der Mittel,
mit welchen die Magyarisirung versucht und unternommen,
mit welchen sie immer mehr und mehr, wenigstens in ihrer
äußeren Erscheinung, zur Durchführung gelangt. Trotz
alledem ist aber noch nicht der Beweis erbracht, daß das
gegenwärtige System mit seinem gewaltsamen Vorgehen
wärmere Sympathien und größere Resultate für die Ma=
gyarisirung erzielt, als sie das frühere ungarische Regime
mit seiner Achtung der Rechte der andern Nationalitäten zu
Tage gefördert, dem sogar in der Revolution des Jahres
1848 die Unterstützung des größten Theiles der Deutschen
in Ungarn zur Seite stand, welche in der von den Magyaren
behaupteten Position einen Hort ihrer eigenen Rechte und
ihrer Freiheit zu finden glaubten.

Gewiß, die äußerliche Magyarisirung in Ungarn hat
einen nie geahnten Fortschritt gemacht; Deutsche und Juden
wetteifern in dem Bestreben, ihre Namen zu magyarisiren,
und selbst in den slavischen Landestheilen wird demonstrativ
die Herrschaft des tonangebenden Stammes durch alle
äußeren Kennzeichen vor Augen geführt. Ob aber, wenn

die Gefahr der wirklichen Magyarisirung sich nähert, die=
selben Elemente, die heute mehr eine harmlose Koketterie als
ein Aufgeben der eigenen Nationalität in der Annahme der
äußeren Zeichen des Magyarenthums finden, in ihrer jetzigen
Haltung beharren, ob sie verlangen werden, eine Weltsprache,
die sie mit dem Weltverkehr verbindet, gegen ein Idiom zu
tauschen, das nur ein isolirtes Gebiet beherrscht, wird erst
die Zukunft zu entscheiden vermögen.

Wer objectiv die Stellung der Magyaren in's Auge
faßt, muß zugestehen, daß der Wunsch, das ganze Gebiet
der Stephanskrone zu magyarisiren und hiedurch die Assi=
milirung der anderen, Ungarn bewohnenden Nationalitäten zu
erreichen, wenn er in seiner Totalität durchführbar wäre und
kein gemeinsames Interesse verletzen würde, vom magyarischen
Standpunkt sehr gut zu begreifen und zu erklären ist, ebenso
wie naturgemäß mit der Begründung des ungarischen
Staates, und einen solchen hat der Dualismus geschaffen,
die Suprematie des magyarischen Elements zum Ausdruck
gelangen mußte. Eine der Zahl nach kleine und ihrem
Ursprung nach vollkommen isolirte Nation, ohne die Mög=
lichkeit, bei einer Verschiebung der gegenwärtigen Besitz=
verhältnisse sich an einen verwandten und kräftigen Stamm
anzuschließen, wird leicht der Versuchung verfallen, auf
jenem Gebiet, das ihre Machtsphäre bildet, sich durch die
Heranziehung der anderen Bewohner zu ihrer Eigenart in
Sprache und Sitte die Unterstützung und Hilfe zu schaffen,
die sie anderweitig nicht zu finden vermag, und das Be=
streben, statt sieben Millionen fünfzehn Millionen Magyaren
als compacte Masse einem Ansturm entgegenzustellen, findet
in dem naturgemäßen Wunsch die Kräfte zu heben und bei

dem instinctiven Gefühle der drohenden Gefahr, seine gewiß
nicht zurückzuweisende Begründung.

Bei Betrachtung der ungarischen Verhältnisse aber stellt
sich die Lage nicht so einfach dar, denn hier kommt weit
weniger die Magyarisirung als solche in Betracht, sondern
der Charakter, welchen sie angenommen und die Richtung, in
der sie sich bewegt. Deutsche und Juden, bei welchen die
Magyarisirung wenigstens äußerlich die meisten Erfolge
zeigt, waren sogar sehr weit gehenden Aspirationen der
Magyaren gegenüber zu jeder Zeit wohlgesinnte und verläßliche Bundesgenossen, und die Stunde der Noth, welche
den Angriff von außen bringt, wird sie dem leitenden Stamme
sicher zur Seite finden, schon weil das gleiche Interesse sie
mit einander verknüpft; Deutsche und Juden aber sehen für
Ungarn nur Heil in der Verbindung mit Oesterreich, und
eine Magyarisirung, welche ein Zerreißen der Bande, die
sie an Cisleithanien fesseln, bezweckt, muß und wird sie zu
Gegnern haben, da sie nur von der Zusammengehörigkeit
mit Oesterreich eine Abwehr des Angriffs von Außen und
die Entwickelung von Ungarn erwarten. Angenommen, daß
dem in Ungarn herrschenden Regime auch die Magyarisirung
der Rumänen gelingen sollte, so wird dieselbe gewiß bei den
mehr als vier Millionen Slaven, die die Länder der Stephanskrone bewohnen, einen entschiedenen Widerstand finden,
und die Geschichte der Revolution der Jahre 1848 und 1849
ist noch zu sehr in aller Gedächtniß, als daß es nöthig wäre
die Gefahren zu zeigen, die bei einem Kriege, der nur gegen
einen slavischen Staat oder dessen Bundesgenossen denkbar
ist, fast mit Sicherheit sich ergeben müßten. Die ungarischen
Slaven, bisher treue und ergebene Unterthanen der öster-

reichischen Monarchie, niedergedrückt durch eine Magyarisirung,
die sie vom Reiche trennt, verletzt durch ein Vorgehen, das
ihre Traditionen vernichtet und eine fremde Art ihnen auf=
zwingen will, würden, wenn nicht die Macht des öster=
reichischen Staatsgedankens sie zum gerechten Kampfe beseelt,
sich in nur wenig verläßliche Bundesgenossen verwandeln,
falls ihnen als Endziel dieses Krieges nicht der Schutz der
gesammten habsburgischen Monarchie, sondern nur die Er=
haltung der Integrität von Ungarn und die Sicherung des
Magyarenthums vorschweben würden.

Wenn die Magyarisirung der östlichen Reichshälfte keine
Oesterreich feindliche Tendenz zum Ausdruck bringt, wenn sie
sich nicht in Widerspruch setzt zu den Gefühlen, die einen
Theil der Bevölkerung jenseits der Leitha bewegen, berührt
sie kein wesentliches Interesse der Monarchie, wird sie nie
und nimmer die Grundlagen zerstören, auf denen beide
Staaten der Monarchie beruhen; nur wenn die Magyarisirung
Zwecke verfolgt, die gegen Oesterreich gerichtet, in gleichem
und vielleicht in noch höherem Grade Ungarn als Oesterreich
gefährden, wird sie verderbenbringend für beide Theile; dann
aber ist auch der Vortheil geschwunden, den man in Ungarn
von ihr erwartet, und statt einer Erstarkung des magya=
rischen Elementes wird sie dessen Schwächung und in naher
oder ferner Zukunft dessen Verfall und Ruin zur Folge
haben.

Man sollte kaum glauben, daß es nöthig sei, gewisse
Elemente und Journale der östlichen Reichshälfte darüber
aufzuklären, daß nur im engsten Anschluß an Oesterreich,
nur in der treuesten Zusammengehörigkeit Schutz und Hilfe

gefunden und die Integrität von Ungarn erhalten werden
kann, daß die Magyarisirung, wenn sie einen Oesterreich
feindlichen Charakter trägt, eher die Kräfte gefährdet als sie
wirklich erhöht, und daß, wenn selbst die Ausbreitung der
Herrschaft des magyarischen Elementes über ganz Trans=
leithanien gelingen sollte, die Zertrümmerung dieser Reichs=
hälfte, falls sie nur locker mit Oesterreich verbunden oder
von Oesterreich losgelöst, einfach als eine Frage der Zeit
und gewiß nur einer sehr kurzen Zeit zu betrachten wäre.
Recht lehrreich sind in dieser Beziehung die Daten über die
letzte Volkszählung vom Jahre 1881, wie sie der Chef des
statistischen Landesbureaus, Ministerialrath Keleti, zusammen=
gestellt, die, obgleich sie gewiß eher den Magyaren günstig
gruppirt, doch eine ernste Warnung enthalten. Keleti beziffert die
Gesammtbevölkerung der Länder der Stephanskrone (Ungarn,
Siebenbürgen, Fiume mit dem Littorale, Croatien und Sla=
vonien) auf 15,642,178 Seelen; die Zunahme beträgt seit
1870 nur 224,851 Seelen. Der Muttersprache nach gibt es
in ganz Ungarn 6,165,038 Magyaren, die Gesammtzunahme
des magyarischen Elementes beträgt jedoch gegen das Jahr
1870 nicht ganz 9000 Seelen, zeigt also fast eine vollstän=
dige Stagnation trotz der Magyarisirung, die Tausende ins
magyarische Lager gezogen, trotzdem die Deutschen bei einer
Gesammtzahl von 1,798,373 um 22,000 Seelen abgenommen,
so daß sich statt eines Wachsthums bei rigoroser Prü=
fung eher sogar eine Abnahme des magyarischen Elementes
constatiren ließe, da die Vermehrung der Magyaren wahr=
scheinlich durch den Uebertritt der Deutschen bewirkt wor=
den ist.

Vielleicht um das Verhältniß nicht noch ungünstiger

für die Maghyaren zu gestalten, werden 499,054 Kinder an=
geführt, die noch gar nicht sprechen können. Die Juden
rechnen hauptsächlich zur maghyarischen, 56 $\frac{3}{10}$ %, in zweiter
Reihe 33 $\frac{2}{10}$ % zur deutschen Nationalität, nur 1 $\frac{1}{2}$ % der=
selben gehören den Wallachen und Serben an.

Aber auch wenn man ganz von der Nationalität ab=
strahirt und die Gesammtverhältnisse Ungarns ins Auge
faßt, sind die Resultate der letzten Volkszählung überaus
ernst, wie dies die vortreffliche Arbeit des Professor
J. H. Schwicker, „Volksdichtigkeit und Volksabnahme in
Ungarn" im Maiheft der „Statistischen Monatschrift" vom
Jahre 1882 beweist. Die Bevölkerung von Ungarn ist so=
wohl in absoluter wie in relativer Hinsicht unzureichend und
als Consequenz eines volksarmen Landes tritt deutlich her=
vor, daß es zugleich ein materiell und culturell armes Land ist.
Nach der neuesten Zählung kommen für ganz Ungarn auf
eine geographische Quadratmeile durchschnittlich 2658 Seelen
oder 48,3 Seelen auf den Quadrat=Kilometer, was gegen das
Jahr 1870 allerdings eine relative Zunahme von 38 Seelen
auf die Quadratmeile bedeutet. Selbst wenn man diese
Vermehrung nicht mit den starkbevölkerten europäischen Län=
dern, mit Belgien, Holland, England, Deutschland und Italien
vergleicht, sondern sie nur mit Oesterreich zusammenhält, so
zeigt schon diese Ziffer, um wie viel die Populationsverhält=
nisse Ungarns ungünstiger erscheinen. In Oesterreich ent=
fallen nach der neuesten Zählung auf eine geographische
Quadratmeile durchschnittlich 4063 Seelen, das bedeutet
gegen 1870 eine relative Zunahme von 322 Seelen, d. h.
das Wachsthum der Bevölkerung in Oesterreich ist verhält=
nißmäßig neunmal intensiver als in Ungarn. Noch auffälliger

wird aber die ungenügende Volksdichtigkeit in Ungarn, sobald
man die einzelnen Theile des Landes untersucht; darnach
kommen im eigentlichen Ungarn auf die Quadratmeile aller=
dings 3370 Seelen, aber Croatien=Slavonien hat nur eine
Durchschnittsbevölkerung von 2486, Siebenbürgen eine solche
von 2089 Seelen. Wahrhaft bedrohlich aber ist die That=
sache, daß in vielen Theilen des Landes eine Stagnation,
ja sogar eine entschieden rückläufige Bewegung eingetreten,
wie in dem ohnehin so dünn bevölkerten Siebenbürgen, wo
seit 1870 die Einwohnerzahl um 68,855 Seelen oder 3,2 %
zurückgegangen, eine Erscheinung, die sich auch im eigentlichen
Ungarn, am rechten und linken Theißufer, dann zwischen
Maros und Theiß, im Temeser Banat, gerade in dem frucht=
barsten Landstrich zeigt, wo sich die Bevölkerung um 148,847
Seelen oder 2,9 % reducirt, was einen auffallenden Contrast
zu der Zunahme der slavischen Einwohnerschaft in Croatien=
Slavonien (sammt der einverleibten Militärgrenze) bildet,
die sich seit 1870 um 55,207 Seelen oder um 3,1 % ver=
mehrte.

Wenn nun auch gerade die vorgenannten Striche be=
sonders unter dem Wüthen der Choleraepidemie in den
Jahren 1872 und 1873 gelitten, die zweifellos vor Allem
den Stillstand oder Rückgang der Bevölkerung in Ungarn
während des letzten Decenniums verschuldet, so würde es
doch Selbsttäuschung sein, diese Epidemie allein verantwort=
lich machen zu wollen oder sie und die so starke Kinder=
mortalität als einzige Ursachen zu betrachten, die Sterblich=
keit bei Kindern, die während des ersten Lebensjahres in
anderen europäischen Staaten überhaupt höchstens 40 Pro=
cent der Todten beträgt, während sie in Ungarn als „nor=

male Erscheinung" auf 50 Procent und darüber steigt, son=
dern es steht leider unleugbar fest, daß auch politische und
financielle Gründe für die traurigen Resultate der Volks=
zählung maßgebend sind.

Die Auswanderung nimmt seit den letzten Jahren in
Ungarn stets mehr und mehr an Bedeutung zu und haupt=
sächlich ihr ist es zuzuschreiben, wenn in einigen ober=
ungarischen, südungarischen und siebenbürgischen Landes=
theilen die Bevölkerung so auffällige Rückgänge zeigt. In
Ungarn besteht leider keine ordentliche Aus= und Einwan=
derungscontrole, aber es ist nicht zu verkennen, daß sowohl
die transoceanische Emigration aus Ungarn, als jene nach dem
Süden und Südosten eine bisher ganz ungeahnte Höhe er=
reicht.

Nach den amtlichen statistischen Publicationen des
Staatssecretariats des Innern der Vereinigten Staaten
wanderten aus Ungarn dahin ein:

im Jahr	1871	3	Personen
" "	1872	228	"
" "	1873	1347	"
" "	1874	962	"
" "	1875	776	"
" "	1876	630	"
" "	1877	373	"
" "	1878	646	"
" "	1879	632	"
" "	1880	4363	"

Das ergibt 9960 Personen, also innerhalb zehn Jahren die
ansehnliche Ziffer von 10,000 Emigranten, oder durchschnitt=

lich 1000 Personen auf das Jahr. Nach dem Jahresbericht
der Einwanderungscommission des Staates New-York aber
kamen im Jahre 1880 nur im Hafen von New-York
6672 Einwanderer aus Ungarn an, es war also wahrscheinlich die Emigration aus Ungarn weit größer, da viele
Auswanderer auch in Boston, Philadelphia, Baltimore,
New-Orleans und San-Francisco das Schiff verlassen. Die
Zahl der transoceanischen Emigranten aus Ungarn dürfte
nach Professor Schwicker's Ansicht für das Jahr 1880 allein
8000 betragen, hauptsächlich Slovaken und Ruthenen aus
dem Norden, aber auch Deutsche aus dem Westen von
Ungarn.

Für das Jahr 1881 dürfte allen Anzeichen nach die
Auswanderung nach Amerika keine geringere sein. Sie war
noch 1871 gleich Null, in den Jahren des wirthschaftlichen
Niederganges hat sie sehr zugenommen und gegenwärtig eine
bedeutende Höhe erreicht, aber noch weit stärker als diese
Emigration ist diejenige, die sich aus Ungarn nach den
Nachbarländern vollzieht. Nach dem Bericht der Kron-
städter Handels- und Gewerbekammer wandern jährlich
aus dem Széklerlande Tausende von Magyaren und Rumänen in das benachbarte Rumänien, und wenn auch von
diesen, die der Bericht auf 20,000 schätzt, ein großer Theil
alljährlich zurückkehrt, so beziffert sich doch der Verlust
an dauernd im Ausland Verbleibenden auf mindestens
10,000 Personen per Jahr. Die in der Kornkammer von
Ungarn, im Temeser Banat, angesiedelten Bulgaren wandern
in das Fürstenthum Bulgarien zurück, die Banater Rumänen
suchen sich neue Wohnsitze in der Dobrudscha, während die
Serben aus Südungarn entweder in das benachbarte König-

reich Serbien, oder nach Bosnien ziehen, so daß es kaum übertrieben erscheint, wenn man die Zahl der jährlichen Emigranten aus Ungarn gegenwärtig auf 25,000—30,000 schätzt, während die Auswanderung im Jahre 1871 noch fast unbekannt und ohne Bedeutung war.

Gewiß eine ernste und traurige Mahnung, daß außer der politischen Stellung auch noch andere Factoren zu berücksichtigen sind und ein Beweis, daß die Position, die Ungarn errungen, nur durch stetige Arbeit im Inneren zu behaupten und zu erhalten ist.

Mehr als wahrscheinlich, ja sicher ist es, daß Diejenigen, welche in Ungarn mit frevelnder Hand zum Unglück ihres Vaterlandes das Gebäude niederzureißen suchen, das unter schweren Kämpfen errichtet ward, daß Jene, die nicht müde werden, täglich Haß und Verachtung gegen Oesterreich und die gemeinsamen Institutionen zu predigen, nur in einer verschwindenden Minorität an die Wahrheit der Dogmen glauben, die sie vertreten; die Mehrzahl jener Elemente und speciell die Führer derselben sind allein von egoistischen Motiven geleitet, und jene katilinarischen Existenzen, welche Ungarn in weit stärkerer Anzahl als irgend ein anderes Land sein eigen nennt, jene von jeder Neuerung eine Besserung ihrer eigenen Verhältnisse erwartenden Individuen, die in einer zügellosen Presse die Leidenschaften erregen, terrorisiren die Masse der Nation und propagiren eine Bewegung, von der man billig fragen könnte, ob sie eher als eine verbrecherische oder als eine wahnsinnige zu bezeichnen sei.

Nicht die Magyarisirung als solche, sondern daß sie den specifischen Charakter einer Oesterreich feindlichen Tendenz annehmen kann, involvirt die wahre Gefahr, und wenn die Agitation, die unleugbar in letzter Zeit an Kraft verloren, wiederum an Bedeutung gewinnt, wenn diese Agitation jemals Erfolge erzielen sollte, läßt sich mit Gewißheit voraussagen, daß sie Ungarn zu Grunde richtet, daß damit aber auch die Monarchie ihrem Ruin entgegeneilen muß. Wie aber verhält sich die ungarische Regierung gegenüber dieser Agitation?

Der gegenwärtige Ministerpräsident Koloman Tisza, unleugbar eine der bedeutendsten Individualitäten der ganzen Monarchie, ist ein lebendiger Beweis für die Thatsache, wie schwer es ist, im Besitz der Macht jenen Forderungen zu entsprechen, die man als Führer der Opposition zum Ausdruck gebracht, und wenn es eine Vergeltung gibt für eine Opposition als solche, so hat sie der jetzige Leiter der ungarischen Politik in reichem Maße kennen gelernt. Nachdem er rücksichtslos den ersten Ausgleich bekämpft, war Koloman Tisza genöthigt den zweiten durchzuführen; die bosnische Occupation, in Ungarn im höchsten Grade verhaßt, war er gezwungen mit seinem Schilde zu decken; gar manche Forderung, welche die fortgeschrittene Fraction des Parlamentes erhebt, fand einst einen beredten Fürsprecher in dem Parteiführer, der heute als Ministerpräsident mit Energie und Talent, mit glänzender Dialektik die Regierung gegen jene Prätensionen vertheidigt, von denen einige vor nicht langer Zeit einen Theil seines eigenen Programmes bildeten.

Man würde Unrecht thun, dies Vorgehen charakterlos zu nennen; das, was sich jetzt an Tisza zeigt und was sich heute an ihm rächt, ist nur die unabänderliche Logik der

Thatsachen, und wie man auch seine Haltung beurtheilen mag, es würde schwierig, vielleicht unmöglich sein, einen Staatsmann von gleicher Energie und Fähigkeit für jenen Posten zu finden, dessen Besetzung nicht nur eine Frage von außergewöhnlicher Bedeutung für Ungarn, sondern bei der unabweisbar nothwendig gewordenen Consolidirung auch für die Gesammtmonarchie geworden ist. So Vieles in Ungarn zu thun bleibt, immerhin bedeutet das Ministerium Tisza einen culturellen Fortschritt und eine Garantie für die Erhaltung der Grundlagen, auf welchen der Ausgleich basirt. Die ganze Schwierigkeit des Verhältnisses von Oesterreich zu Ungarn dürfte erst hervortreten, wenn ein anderer Ministerpräsident an der Spitze der Regierung der jenseitigen Reichshälfte steht, und jeder Nachfolger Tiszas würde einen unendlich schweren Stand haben, wenn er nur halbwegs die Aufgaben lösen soll, deren Durchführung dem bedeutenden Staatsmann, der fast unentbehrlich geworden, gelungen.

Es ist hohe Zeit, daß die Verhältnisse zwischen Oester= reich und Ungarn jene Stabilität erlangen, die sie unabhängig von einem eventuellen, hoffentlich erst in ferner Zeit ein= tretenden, einmal aber doch unumgänglichen Personenwechsel macht, jene Stabilität, die zur Sicherung des Ausgleichs, zur Heilung der vorhandenen administrativen, socialen und wirth= schaftlichen Schäden absolut erforderlich und unaufschiebbar ist. Man muß der Hoffnung vertrauen, daß die durch die letzten Wahlen gewonnene Majorität der Regierung die Möglichkeit gibt, das Werk der inneren Organisation mit fester Hand in Angriff zu nehmen, man muß der Hoffnung vertrauen, daß in Zukunft die Erneuerung des Ausgleichs zwischen den beiden Reichshälften kein Kampf auf

Leben und Tod, sondern einfach eine Prolongation bestehender
Verträge sein wird.

Wer in Ungarn regiert, steht für Oesterreich und alle
politischen Factoren, die an der Erhaltung der Monarchie
ein wahres Interesse haben, vollkommen in zweiter Reihe;
daß aber die Regierung eine solche sei, die kräftig genug eine
Trennung der Bande, die beide Theile des Reiches vereinen,
hintanzuhalten, daß sie statt neue Differenzen und Gegensätze er=
stehen zu lassen, deren Verminderung erreiche, ist eine Bedingung,
an deren Erfüllung nicht nur Oesterreich und Ungarn, sondern
alle diejenigen betheiligt erscheinen, die bei vielleicht be=
vorstehenden Complicationen auf die volle Kraft der Gesammt=
monarchie zu rechnen gewillt sind. Der Moment, daß
Oesterreich in Ungarn regiert, ist längst und unwiderruflich
vorüber, aber daß überhaupt regiert werde in Ungarn, ist
eine Lebensfrage der Monarchie und von höchster Bedeutung
für Jene, die in dem Bestand und der Kräftigung des Reiches
die Sicherung ihrer eigenen politischen Interessen zu finden
glauben.

Nur eine ungarische Regierung ist in der östlichen Reichs=
hälfte denkbar und möglich, und fern liegt und muß der
Gedanke liegen, daß, so lange nicht Ungarn selbst die bisher
eingenommene Position verläßt, eine Veränderung der durch
den Ausgleich gewonnenen Grundlagen in Aussicht genommen
werden kann; daß aber die ungarische Regierung zur Sicherung
des Ausgleiches die Aufgabe erfülle, die ihrer harrt, ist keine
interne Angelegenheit, die allein nur Transleithanien berührt,
sondern eine Frage von weitgehender Bedeutung, und daß
die Majorität, die das Ministerium Tisza durch die Wahlen
gewonnen, eine Regierung und dieser Regierung Regieren

und Verwalten ermöglicht, ist ein Wunsch, dessen Berechtigung von keiner Seite zu leugnen ist.

Wer ängstlich jede Stimme zählen und fortwährend mit der Majorität im Parlament zu rechnen gezwungen, wer eine Regierungspartei um jeden Preis sich schaffen und erhalten muß, der kann nicht heikel sein in der Wahl der Mittel, und wie der Puritaner Guizot einst die Parole ausgegeben „enrichissez vous", so sah sich der persönlich vollkommen intacte und streng denkende Calviner Tisza genöthigt, Uebelstände zu dulden und fortbestehen zu lassen, die vielleicht als ererbte, doch jedenfalls als traurige Eigen= thümlichkeiten des Königreichs Ungarn zu betrachten sind. Personen wurden berufen und verwandt, die sein Regime compromittiren, und ein stets nur auf den Erfolg des Augen= blicks berechnetes System ward installirt, das corrumpirend das öffentliche Leben durchdringt und ebenso die sociale Moral wie die staatliche Organisation bedroht.

Ist die Consolidirung der inneren Verhältnisse, die Besiegung jener Elemente, welche die jetzigen verfassungs= mäßigen Grundlagen der Monarchie gefährden, durch Kolo= man Tisza möglich, gelingt es ihm, eine Reform der Verwaltung zu inauguriren, ohne welche das wirkliche Gedeihen von Ungarn undenkbar ist, so wird weit über die Grenzen der Monarchie hinaus dem gegenwärtigen Ministerpräsidenten die Anerkennung gebühren, auf welche in diesem Fall der unleugbar hochbegabte Staatsmann ein unanfechtbares Recht besitzt; bleibt diese Aufgabe ungelöst, so ist eine Gefahr vorhanden, die jeden Augenblick imminent werden kann und unberechenbare Consequenzen in sich birgt.

Die Stellung des ungarischen Ministerpräsidenten, wenn

7*

er nur irgend vom Parlament getragen wird, involvirt eine
Macht, welche diejenige des Ministerpräsidenten der öster=
reichischen Reichshälfte weit übersteigt, und Koloman Tisza
dürfte der letzte sein, der diese Machtsphäre einengen läßt.
Während in Cisleithanien der Wunsch der Krone sich häufig
in entscheidender Weise, nicht selten stärker als der parla=
mentarische Einfluß zur Geltung bringt, ähnelt die Stellung
der Dynastie in Ungarn weit mehr der Position englischer
Regenten, und das persönliche Regime tritt fast gänzlich
zurück. Deshalb ist auch die Verantwortlichkeit des unga=
rischen Ministerpräsidenten unendlich groß und dieselbe ist
vor Allem ins Auge zu fassen, wenn man das enorme
Anwachsen der „äußersten Linken" seit dem Amtsantritt des
gegenwärtigen Ministerpräsidenten und die unter seinem
Regime rücksichtslos geübte Magyarisirung beurtheilen will.
Man würde vollkommen irre gehen, wollte man sich unter
der äußersten Linken in Ungarn etwa ultraradikale Socia=
listen oder blutrothe Demokraten denken, zu welcher An=
nahme den Fernerstehenden die von Zeit zu Zeit seitens
dieser Fraction angeregten Debatten über die Zulässigkeit
des Königsmordes oder über stammverwandte Themata
veranlassen könnten; wie sich überall in Transleithanien
ein aristokratischer und conservativer Zug vom Magnaten
bis zum Bauernstand, und gerade dort in der hervor=
ragendsten Weise, zur Geltung bringt, der socialdemokratische
und republikanische Tendenzen zurückweisen würde, so hat
auch eine radikale Richtung dort keinen Boden, und in dieser
Beziehung ist die Agitation der äußersten Linken sehr un=
gefährlich und fast mehr komisch als tragisch zu nehmen.
In hohem Grade ernst aber ist dieselbe in Bezug auf das

Verhältniß zu Oesterreich, das sie von Grund aus ändern und umgestalten will, und wenn ihr Programm je vollkommen zur Wahrheit würde, so wäre dies gleichbedeutend mit der Losreißung von Ungarn und mit dem Zerfall der habsburgischen Monarchie.

Diese „äußerste Linke" ist unter dem klar denkenden und rücksichtslos energischen Ministerpräsidenten Koloman Tißza in so bedeutendem Maße gewachsen und mit so viel Schonung behandelt worden, daß, wollte man schon annehmen, daß die Verhütung der ersteren Eventualität außer der Machtsphäre der Regierung liegt, für das letztere Vorgehen kaum eine Erklärung zu finden ist, denn so harmlos kann man dieselbe doch kaum betrachten, daß die Anzahl ihrer Mitglieder und die Haltung der Regierung ihr gegenüber vollkommen indifferent und gleichgültig wäre.

Vielleicht daß Tißza seine nach den verschiedensten Richtungen in Anspruch genommene Kraft, die sich unter den größten politischen Schwierigkeiten zersplittern mußte, einmal voll und ganz im gegebenen Moment der Bekämpfung der „äußersten Linken" zuwenden wird, vielleicht daß er glaubt, was unter ungarischen Verhältnissen gewiß nicht unmöglich, daß dieselbe wie sie rapid Anhänger gewonnen, auch eben so schnell diese wieder verliert; ist es ja doch unleugbar, daß seit dem Ausfall der letzten Wahlen eine Beruhigung in Ungarn eingetreten und daß, wenn man das klare und consequente Regime der östlichen Reichshälfte betrachtet, dies sich vortheilhaft von der Unberechenbarkeit unterscheidet, die sich in Cisleithanien zur Geltung bringt. Immerhin bleibt die „äußerste Linke" und ihr Anhang in Ungarn eine ernste Gefahr, die der vollen Aufmerksamkeit

der Regierung bedarf, weniger gefährlich durch das gewissen=
lose Treiben des relativ geringen Häufleins von exaltirten
Agitatoren, als durch die moralische Feigheit und Indolenz
jener weit überwiegenden einsichtigen Majorität, die ihrer
heiligsten Pflichten vergessend, sich dem Terrorismus dieser
Elemente beugt.

Einen starken und mächtigen Schutz hat aber auch die
rücksichtslose Magyarisirung an Tisza gefunden, und der
ungarische Ministerpräsident hat sie auch dort nicht bekämpft,
wo sie direct oder indirect in Anderer Rechte griff und
einen Oesterreich feindlichen Charakter trug. Für diese
Haltung wäre nur eine Erklärung möglich, daß Koloman
Tisza den Fall einer Zertrümmerung der österreichischen
Monarchie, die Sprengung des gegenwärtigen Verbandes
derselben nicht für ausgeschlossen erachtet und daß er bis zu
diesem Moment das magyarische Element so stark und ge=
festigt, seine Machtsphäre so ausgedehnt als möglich hin=
stellen will, so daß aus dem zerfallenden habsburgischen
Reich in der östlichen Hälfte desselben noch die Selbständigkeit
des Magyarenthums und ein selbständiges Magyarien
hervorgehen könnte. Bleibt die habsburgische Monarchie
bestehen, so wird ein starkes Ungarn stets den höchsten Einfluß
besitzen, zerfiele das Reich, so wäre wenigstens das magyarische
Element und seine Zukunft gerettet.

Ob diese Argumentation ihre Berechtigung hat, wird
erst die Geschichte entscheiden; möglich daß aus der Zer=
trümmerung von Oesterreich, die nur durch einen furchtbaren
Krieg eintreten kann, ein selbständiges Ungarn entsteht; wie
lange dieses Ungarn, selbst wenn die vollkommene Magyari=
sirung des jetzigen Gebietes der Stephanskrone gelingt, sich

ohne Oesterreich des Ansturms der slavischen Bewegung er-
wehren kann, wie lange dasselbe bestehen wird, ist eine zweite
Frage, und die Antwort der Weltgeschichte dürfte vernich-
tend für Ungarn lauten.

Es ist ein Bild voll von Gegensätzen das Ungarn bietet:
klare und energische Haltung in allen großen politischen
Fragen, praktische und consequente Ausnützung jener Momente, die Ungarn heilsam und förderlich sind; einiges und
festes Zusammenstehen, wo es sich um nationale Interessen,
um wirklich bedeutende Dinge handelt; eifersüchtige Wahrung der parlamentarischen Rechte, so daß man billig behaupten
kann, daß der Constitutionalismus in Ungarn auch eine
nicht zu unterschätzende Garantie für die Verfassung in
Oesterreich ist.

Rechnet man zu diesen gewiß nicht genug anzuerken-
nenden Seiten jene Sympathie, welche die magyarische
Individualität fast immer weckt, so werden die Erfolge erklärlich, die Ungarn errungen, die es auch unter der Ungunst
der Zeiten sich zu bewahren verstand. Aber daneben eine Verwaltung, die tief unter dem Niveau, auf welchem sich die
Administration eines Culturstaates bewegen soll, und eine
Reihe socialer und wirthschaftlicher Erscheinungen, die zum
ernstesten Nachdenken herausfordern und mit Recht den
Zweifel aufkommen lassen, ob das Wesen dem Scheine, ob
die wirklich vorhandene Kraft den Anforderungen entspricht;
daneben ein Chauvinismus, der das Nächstliegende übersieht,
der unausgleichbare Conflicte hervorrufen und ebenso Ungarn wie die Gesammtmonarchie gefährden kann. Im österreichischen Interesse liegt ein starkes Ungarn, denn die
Stärke von Ungarn ist ein gewichtiger Theil der gemein-

samen Macht; an der Kräftigung und Gesundung von
Ungarn sind aber auch alle jene Factoren interessirt, welche
die Monarchie in ihren politischen Calcul aufgenommen, die
mit ihr bei jenen großen Fragen, die eine nähere oder fer=
nere Zukunft bringen wird, zu rechnen haben.

Wenn jeder neue Ausgleich neue Forderungen schafft,
wenn jedes Decennium den Kampf um die Grundlagen des
Reiches erneuert, wird die Monarchie in ihren Existenz=
bedingungen gefährdet; Oesterreich braucht Ungarn, wie
Ungarn Oesterreich bedarf, und wenn die zum Durchbruch
gekommene slavische Bewegung, in deren Weiterschreiten
kürzere oder längere Pausen denkbar sind, die aber unauf=
haltsam mehr oder minder sichtbar fortschreiten wird, nicht
das magyarische Element vernichten soll, werden die Ma=
gyaren das Ihrige beizutragen haben, um Oesterreich zu
kräftigen und damit sich selbst und die Gesammtmonarchie
vor drohenden Eventualitäten zu schützen.

Ungarns Blüthe ist Oesterreichs Macht, seine wirth=
schaftliche Entwickelung, seine innere Consolidirung bilden
die Voraussetzung der Stärke des Reiches, und wer in Un=
garn Oesterreich zu schwächen sucht, arbeitet zugleich selbst=
mörderisch an der Zerstörung des engeren Vaterlandes.

Der Parlamentarismus in Oesterreich.

Nicht ohne Grund behauptet man, daß unsere Zeit an positivem Glauben verloren, nur der Glaube an die Wundermacht parlamentarischer Institutionen scheint ihr geblieben, und wenn auch bange Zweifel zuweilen an dieser Erkenntniß nagen, wenn auch eine pessimistische Erwägung hin und wieder zur Geltung kömmt und jene unbedingte Gläubigkeit geschwunden ist, die den Parlamentarismus als gleichbedeutend mit der Errettung, als die Erlösung von allem Uebel zu betrachten gewohnt, so wird doch derselbe noch immer als bestes Remedium empfohlen, sobald die bestehende staatliche Organisation erschüttert, so oft das Vorhandene nicht mehr genügt und das Vertrauen der Völker neu gekräftigt und neu belebt werden muß.

Wenn irgendwo darf man in Oesterreich=Ungarn fragen, ob denn in dieser Monarchie mit ihren verschiedenen Nationen von so ungleicher Bildung und Cultur der Parlamentarismus wirklich die rechte, die durch die Verhältnisse bedingte Staats= form ist, und wenn man hierauf gewissenhaft antworten will, wird man zu der Ueberzeugung gelangen, daß er ur= sprünglich vielleicht entbehrlich, aber gegenwärtig die einzig gegebene und mögliche Grundlage ist.

Der Absolutismus, wie er in Oesterreich gehandhabt

ward, hat die Nothwendigkeit parlamentarischer Institutionen
begründet, und wenn auch der Zug der Zeit von selbst auf
verfassungsmäßige Bahnen wies, so hat doch erst die Er=
folglosigkeit des absoluten Regime, die Niederlage, welche die
äußere Politik desselben erlitt, und der dadurch herbei=
geführte Zusammenbruch im Innern eine Lage geschaffen,
als deren unausweichliche Consequenz die Gewährung con=
stitutioneller Einrichtungen früher oder später eintreten mußte.

Wäre der Absolutismus in Oesterreich jener aufgeklärte,
seiner Ziele bewußte Absolutismus gewesen, der die großen
Aufgaben des Staates erfaßt, wahrscheinlich, daß die Ent=
wickelung des Reiches sich anders vollzogen hätte als sie sich
später herausgebildet hat; aber die Vernachlässigung aller
geistigen und materiellen Interessen, jene Mißwirthschaft in
den Finanzen, die das absolutistische Oesterreich befolgt,
konnten nur ein Fiasco erzeugen, das bei der Unklarheit
und Unsicherheit auf dem Gebiete der auswärtigen Politik
gerade in dem Augenblick sich einstellen mußte, als die
Monarchie von einem äußeren Feinde bedroht, an ihre
gesammte Kraft zu appelliren gezwungen war.

Zwei große Vortheile hat aber selbst der unglücklich
angewandte Absolutismus dem Reiche gebracht, eine Central=
gewalt, so stark als sie unter österreichischen Verhältnissen
überhaupt möglich war und die Germanisirung insoweit,
daß das deutsche Element und seine Sprache als das ver=
bindende Medium der ganzen Monarchie erschien, und wenn
man das „Einst" und „Jetzt" vergleicht, kann man der
Ueberzeugung sich nicht verschließen, daß der Absolutismus
in Oesterreich der einzig wirkliche und wahre Germanisator
war. Diese Germanisirung, als deren Pioniere und Träger

nicht gerade selten auch Tschechen fungirten, darf nur so
verstanden werden, daß die deutsche Sprache allüberall als
Sprache der Regierung zur Geltung kam, daß sie sorgfältige
Berücksichtigung in den Schulen fand; aber schon dies war
für das Reich ein großer Erfolg, denn so wenig den Macht=
habern der absolutistischen Periode in Oesterreich daran
gelegen, deutschen Geist und deutsche Bildung ihrer selbst
willen zu pflegen, so wenig sie verstanden, ihrer Germanisi=
rung die Attribute hinzuzufügen, welche die anderen Völker
der Monarchie mit ihr zu versöhnen vermocht, so war doch
der Einfluß deutscher Sprache und Cultur bedeutend genug,
um selbst dort noch Boden zu fassen, wo Alles geschah, sie
unpopulär und aufgezwungen erscheinen zu lassen.

Durch ihre Bestrebungen, ein einheitliches Staatsgebilde
zu gewinnen, wurden die leitenden Persönlichkeiten der ab=
solutistischen Periode unwillkürlich gezwungen, für deutsche
Sprache und deutsche Erziehung in Oesterreich zu wirken,
und wenn auch der Absolutismus in seiner ungeschicktesten
Form unmöglich Sympathieen für eine Germanisirung wach=
rufen konnte, die in den nichtdeutschen Ländern als gleich=
bedeutend mit der Unterdrückung betrachtet ward, ohne auf
Seite der Deutschen Begeisterung zu wecken, so wurden doch
immerhin Erfolge erzielt, die selbst die so starke nationale
Bewegung der Gegenwart noch nicht vollkommen zu ver=
wischen vermocht hat.

Hätte der Absolutismus in Oesterreich seine Aufgabe
verstanden, wäre eine freiere Entwicklung des geistigen Lebens
möglich gewesen, hätten die materiellen Interessen die Pflege
gefunden, die ihnen nothwendig und unentbehrlich ist und

vor Allem die Leitung der äußeren Politik den Anforderungen entsprochen, vielleicht daß das absolutistische Regime
ganz andere Resultate hervorgebracht und eine andere Beurtheilung erfahren hätte, als sie nach seiner selbstverschul-
deten Niederlage ihm später zu Theil geworden ist; aber
wenn man jetzt auch unwiderlegbar beweisen würde und
könnte, daß die österreichisch-ungarische Monarchie eine andere
als die absolutistische Regierungsform gar nicht zu ertragen
vermag, daß diese sicher am besten den eigenartigen Verhältnissen des Kaiserstaates entspricht, so würde es doch vollkommen unmöglich sein, die Grundbedingungen für ihre
Errichtung zu finden, und es gilt mit der Thatsache zu
rechnen, daß sowohl die Periode des Absolutismus, wie er
gehandhabt ward als jene des aufgeklärten Absolutismus,
wie man ihn hätte handhaben sollen, für Oesterreich-Ungarn
auf immer und unwiderruflich vorüber ist.

Ganz abgesehen davon, daß es weit schwieriger und
gefahrvoller einmal zugestandene Rechte zurückzunehmen, als
deren Gewährung überhaupt zu verweigern, bietet schon die
Stellung der ungarischen Reichshälfte derartigen Tendenzen
ein kaum zu bewältigendes Hinderniß dar, ebenso wie die
Finanzlage der Monarchie, deren Schuld zum größten Theile
im Auslande ist, jede Veränderung, die ein Aufhören der
parlamentarischen Controlle bedingt, geradezu undurchführbar
erscheinen läßt, da sie das Reich mit unberechenbaren Consequenzen bedrohen müßte. Würden aber selbst diese Hindernisse nicht bestehen, würde der Geist der Zeit nicht Bestrebungen widersprechen, die dem Parlamentarismus feindlich
sind, so fehlen doch vor Allem jene Factoren, mit deren
Hülfe allein eine derartige Veränderung gedacht werden kann;

es fehlen die Männer, die durch die Bedeutung ihrer Namen, durch das Vertrauen, das die Bevölkerung ihnen entgegenbringt, die conſtitutionellen Einrichtungen wenigſtens für den Moment zu erſetzen vermögen, es fehlt die Unterſtützung eines nur irgendwie ins Gewicht fallenden Bruchtheiles der geſammten Population, und es fehlt gegenüber einer inneren Action die dazu nothwendige Stimmung in der Armee, die gewiß jederzeit dem gegebenen Befehle gehorchen, aber gewiß nicht freudig dazu beitragen würde, die Macht des Abſolutismus neu zu errichten. Vor Allem aber fehlt der entſcheidende Wille des Trägers der Krone, der, wie ſchwer ſich auch der parlamentariſche Apparat in Oeſterreich handhaben läßt, doch niemals die Pflichten vergißt, die er als conſtitutioneller Monarch übernommen, und dieſer letztere Grund allein läßt jede Betrachtung müßig erſcheinen, welche ſich mit der Erwägung befaßt, ob der Abſolutismus in der öſterreichiſchen Monarchie überhaupt noch denkbar und möglich iſt; ſeine Zeit und die Bedingungen, die ihn getragen, ſind heute vorüber, und nur noch die Frage kann ein Intereſſe haben, was er geſchaffen und, was er, richtig verſtanden und richtig benutzt, zu leiſten vermocht.

Aus dem Zuſammenſturz des abſolutiſtiſchen Syſtems erhob ſich der Parlamentarismus, der die Wunden heilen ſollte, die eine alle Intereſſen vernachläſſigende, dabei nicht einmal conſequente Regierung dem Reiche geſchlagen, ein Parlamentarismus, der in der polyglotten öſterreichiſchen Monarchie gerade in dem Moment ins Leben trat, als die mächtig gewordene Nationalitätenfrage eben ihre erſten Siege errungen hatte.

Faßt man die conſtitutionelle Staatsform im allge-

meinen ins Auge, so muß man gestehen, daß die positiven
Resultate, die sie aus eigener Initiative erzielt, von ge=
ringerer Bedeutung sind; ihr hauptsächlicher Werth liegt in
dem, was sie verhütet, und zwar wiederum nicht in dem,
was sie durch positive Thaten zu verhüten vermag, sondern
in dem, was überhaupt unterlassen wird, weil sie zu Recht
besteht und ihre Rechte wahrt.

Das Verdienst, Vieles hintangehalten zu haben, darf
auch der Parlamentarismus in Oesterreich in Anspruch
nehmen; aber verschieden von anderen Ländern hat er auch
Vieles ins Leben gerufen und mächtig gefördert, und zwar
nicht nur auf dem Felde der Legislative, obgleich er auch
dort so zahlreiche Gesetze geschaffen, daß ihre Durchführung
unter Verhältnissen, wie sie in Oesterreich sind, nicht ohne
große Schwierigkeit möglich war. Vor Allem auf natio=
nalem Gebiet, wo er der ursprünglich schwächeren Bewegung
unermeßlichen Vorschub geleistet, hat der österreichische Con=
stitutionalismus seine productive Kraft bewährt; denn so
oft auch der Ruf erhoben wird, daß die Verfassung ein
deutsches Uebergewicht erzielt und erhält, daß sie die anderen
Nationen bedrückt, so ist doch gerade das Gegentheil zur
Wahrheit geworden, da sie den Aspirationen aller Nationa=
litäten den weitesten Spielraum eröffnet hat, und wenn
auch die Periode, in der wir leben, den nationalen
Tendenzen günstig ist, so hat doch erst der Parlamentarismus
erwünschte Gelegenheit geboten, die Schmerzensschreie aller,
auch der kleinsten Völker der Monarchie, zum Ausdruck zu
bringen, und wer die Stellung der Deutschen in Oesterreich
vor der Activirung der Verfassung und heute vergleicht,
wird finden, daß sie allüberall zurückgedrängt worden sind,

während alle anderen Nationen nicht nur an Einfluß, son=
dern auch an Terrain inzwischen gewonnen haben.

In den ursprünglichen Intentionen der Begründer der
constitutionellen Staatsform lag allerdings die Absicht, die
nationale Bewegung zu stärken, sicherlich nicht; im Gegen=
theil wollten sie ganz gewiß wenigstens insoweit eine Supre=
matie der Deutschen eintreten lassen, daß deren berechtigte
Ansprüche gewahrt erschienen, welche sie gestützt auf die
Culturmission, die sie in Oesterreich erfüllt, erheben konnten.

Indem man aber diesen Wünschen entsprach, wurde zu=
gleich der Thatsache Rechnung getragen, daß, sowie das
deutsche Element und seine Sprache vermittelnd bisher
zwischen all' den verschiedenen Nationen des Reiches ge=
standen, auch in Zukunft die österreichische Monarchie nur zu
kräftigen und zu erhalten sei, wenn den Deutschen die Stel=
lung gewährleistet bleibe, welche sie als erste Cultur=
nation, als Kitt und Bindemittel des Staates errungen. Es
war unmöglich darüber hinwegzugehen, daß es Verdienst des
deutschen Elements, wenn dieses Reich ein Ganzes geworden
ist, wenn zwischen den divergirenden Theilen ein fester Ver=
band geschaffen ward, und unmöglich war es sich zu ver=
hehlen, daß wenn dasselbe an Werth und Einfluß in Oester=
reich = Ungarn verlieren sollte, auch die Aufgabe immer
schwieriger würde, alle Kräfte der Monarchie dem gemein=
samen Vaterland dienstbar zusammenzufassen. Indem die
Staatsmänner, denen das Reich die Verfassung verdankt, die
Stellung der Deutschen sichern wollten, handelten sie vor
Allem im wohlverstandenen österreichischen Interesse und ge=
horchten dem Gebot der Nothwendigkeit, welches die

Deutschen in Oesterreich, ihre Cultur und Sprache als un=
entbehrlich für den Bestand des Staates bezeichnet.

Größere Hindernisse als in irgend einem anderen Lande
mußte naturgemäß der Proceß, den Staat auf verfassungs=
mäßige Bahnen zu leiten, in Oesterreich finden, wo die Ge=
fahren nur allzudeutlich vor Augen traten, die unabwendbar
entstehen mußten, wenn die ganze große Masse, ohne jede
Rücksicht auf die oft noch sehr niedere Bildung und Cultur,
auf die wirthschaftliche und sociale Stellung der Einzelnen,
vollkommen gleichberechtigt zur Stimmenabgabe bei den
Wahlen erschien.

Besonders aber nationale Fragen bildeten die Schwierig=
keit, der bei der Activirung verfassungsmäßiger Zustände zu
begegnen war; ihre Gegensätze zu mildern und verschiedene
Culturstufen auszugleichen, dem staatlichen Gedanken über
die nationale und sprachliche Verschiedenheit die Oberherr=
schaft zu erhalten, Allen gerecht zu werden und doch das
Element zu schützen, das staatenbildend das Reich getragen,
frühere ständische Rechte mit den Anforderungen der Neuzeit
zu versöhnen, das war die scheinbar unmögliche Aufgabe, die
bei Verleihung der Constitution zu lösen war; in großen
Umrissen aber ward dieselbe gelöst, und so wenig die öster=
reichische Verfassung als vollkommen betrachtet werden kann,
so sehr sie Veränderungen der Zukunft unterliegen mag, den
Bedürfnissen der Gegenwart hat sie entsprochen und den
Charakter sich angeeignet, der unter den österreichischen Ver=
hältnissen und den gegebenen Bedingungen einzig denkbar
und möglich war.

Man könnte sagen, die österreichische Verfassung war
richtig gedacht und auf einer gesunden Grundlage basirt;

wenn vielfach ein anderes Resultat als man erwartet zu
Tage trat, so trägt nicht der Geist derselben hieran die
Schuld, sondern entweder eine Regierung, der ihre Obhut
anvertraut oder eine Partei, die sie nicht zu benützen
verstand.

Die constitutionelle Staatsform konnte in Oesterreich,
darin war jeder Zweifel ausgeschlossen, nur auf dem Wahl-
census beruhen, da bei dem noch sehr niederen Bildungsgrad
in einigen Provinzen der Monarchie das allgemeine Stimm-
recht gleichbedeutend gewesen wäre mit dem Zurückdrängen
aller Elemente, die in diesem Staat Arbeit, Besitz und
Intelligenz repräsentiren.

Aber auch wenn man die berechtigte und für das Reich
geradezu unentbehrliche Stellung der Deutschen aufrecht-
erhalten wollte, die in Cisleithanien der numerisch stärkste
Stamm, die aber nur ungefähr 40 % der gesammten Bevölkerung in der diesseitigen Reichshälfte bilden, mußte von
einem Wahlmodus abgesehen werden, der einfach die
Stimmen zählt, ohne sie zu wägen, der, wenn er dieselbe
Anzahl von Abgeordneten allüberall der gleichen Anzahl von
Wählern gewährt, die Deutschen zur Minorität verurtheilt
und eine Vertretung geschaffen hätte, die ganz abgesehen von
ihrer wahrscheinlichen geistigen Inferiorität alles, nur keine
österreichische Vertretung gewesen wäre, in der der Staatsgedanke bei aller Loyalität der einzelnen Nationen nur einen
sehr schwachen Ausdruck gefunden hätte.

Wenn man von einzelnen allerdings sehr ungünstigen
Momenten abstrahirt, wie dies speciell die Reichshauptstadt
betreffend der Fall, wo z. B. die Bevölkerung des zweiten
Bezirks, welche nach der Zählung von 1880 118,570 Ein-

8*

wohner beträgt, nur einen Abgeordneten wählt und wo die
vollkommen mit Wien verbundenen Vororte Sechshaus mit
127,966, Hernals mit 60,307, Währing mit 40,135, Ottak=
ring mit 37,102, Neulerchenfeld mit 25,490 Bewohnern
nicht einmal zur Gruppe der Städte, Märkte und Industrial=
orte sondern unter die Landgemeinden gerechnet werden und
als solche nur indirect durch Wahlmänner ihr Wahlrecht
üben, obgleich nur sehr wenige Orte in den Stadtwahl=
bezirken ihnen an Steuerleistung, Besitz und Intelligenz an
die Seite zu setzen sind, so stellt sich besonders durch einen
Umstand die Wahlordnung für die Deutschen günstig dar,
nämlich durch die sehr starke Vertretung, welche die Handels=
kammern und ganz besonders der große Grundbesitz auf=
zuweisen hat.

Unter den 353 Abgeordneten, aus denen die Volksver=
tretung des österreichischen Reichsraths besteht, gehören 85
dem Großgrundbesitz, 21 den Handels= und Gewerbekammern
an. Diese letzteren sind fast ausnahmslos zu den Deutschen
zu zählen oder vielmehr zur Verfassungspartei, die das Gros
der deutschen Abgeordneten in sich vereint. Von den 85
Großgrundbesitzern sind 20 in Galizien gewählt, die den
Club der Polen verstärken, so daß eine Anzahl von 65 Ab=
geordneten verbleibt, welche unter dem Ministerium Auers=
perg den Club des linken Centrum, die conservativste Frac=
tion der Verfassungspartei gebildet haben.

Die politische Idee, welche der so starken Vertretung
des Großgrundbesitzes zu Grunde lag, war vollkommen
richtig, ganz abgesehen davon, daß sowohl der historischen
Entwicklung als auch der Bedeutung entsprechend, welche
dieser Factor im ganzen wirthschaftlichen Leben der Monarchie

in Anspruch nimmt, das Zugeständniß eines besonderen
Wahlrechts geradezu als eine Nothwendigkeit erschien. Dieses
bevorzugte Wahlrecht aber lag vor Allem im eigensten
Interesse des Staates selbst, der gegenüber den divergirenden
nationalen Tendenzen einer fest geschlossenen Gruppe be=
darf, die unter allen Verhältnissen den österreichischen
Standpunkt als den allein berechtigten sich vor Augen
hält und zwischen den Gegensätzen vermittelnd der Regie=
rung eine Stütze bietet, die ihr das Regieren ermöglicht
und ihr gestattet, einerseits allzu weitgehende nationale
Aspirationen zurückzuweisen, andererseits berechtigten Wün=
schen zu entsprechen.

Daß diese Vertretung des Großgrundbesitzes vorzüglich
den Deutschen zu Gute kam, war durch die Stellung be=
dingt, die gerade dieses Element Dank seiner wirthschaftlichen
und socialen Bedeutung, Dank seiner geistigen Macht und
altererbten Cultur in Oesterreich behauptet; daß diese Ver=
tretung die Principien der Verfassungspartei adoptirt, fand
seinen Grund darin, daß sie mit derselben einig war in dem
Bestreben eine föderalistische Gestaltung des Reiches zu be=
kämpfen und gegenüber den sprachlichen und nationalen Ver=
schiedenheiten wenigstens die diesseitige Reichshälfte geschlossen
und geeinigt zu erhalten. Von conservativem Geist beseelt,
lediglich dem österreichischen Standpunkt zugewandt, konnte
die Curie des großen Grundbesitzes auf die extremen Rich=
tungen nach rechts und nach links ihren mäßigenden Ein=
fluß äußern und jede Regierung, die ihre Aufgabe verstand,
mußte den höchsten Werth darauf legen gerade diese Ver=
tretung so stark als irgend möglich zu schaffen, da sie unter
österreichischen Verhältnissen in ihr die einzig zuverlässige

Mittelpartei erblicken konnte, die maßgebend für die Ent=
scheidungen des Reichsraths eine treue Unterstützung jedem
Ministerium war, das den staatlichen Gedanken erfaßt und
dessen Vertheidigung und Kräftigung auf seine Fahne schrieb.

In der Curie des großen Grundbesitzes lag und liegt nach
der Wahlordnung, auf welcher der österreichische Reichsrath
basirt, die Entscheidung über die wichtigsten Fragen, welche
das Parlament zu treffen hat; der Großgrundbesitz bestimmt
den Charakter, den dasselbe trägt, von ihm hängt es ab, ob
die Majorität der Legislative eine verfassungstreue oder eine
national=klerikale ist; sein Votum ist maßgebend, da die
mehr als 60 Stimmen, über welche er nach dem Wegfall
der Polen verfügt, bei der Gesammtzahl von 353 Abgeord=
neten, die sich in Parteien von ziemlich gleicher Stärke
gegenüber stehen, geradezu ausschlaggebend erscheinen müssen.

Wenn man bedenkt, daß nach den amtlichen Daten,
welche Professor v. Neumann=Spallart in seinem Buche „Die
Reichsrathswahlen vom Jahre 1879 in Oesterreich" pro=
ducirt, die Landwahlbezirke Stanislau in Galizien 254,656
Einwohner, Teschen in Schlesien deren 195,522, wallachisch
Meseritsch in Mähren 182,635, Radautz in der Bukowina
161,724, Pisek in Böhmen 155,060, Zwettl in Niederöster=
reich 148,141, Pettau in Steiermark 128,086 Einwohner
zählen, daß der kleinste Landwahlbezirk in Galizien Trem=
bowla eine Bevölkerung von 142,401 und der kleinste Land=
wahlbezirk in Böhmen, Leitmeritz, eine solche von 104,885
Personen hat, daß unter den Stadtwahlbezirken der zweite
Bezirk in Wien mit 118,570, Prag=Neustadt mit 74,329,
Graz=Vorstädte mit 56,698 Personen figuriren, daß alle vor=

genannten Bezirke nur je einen Abgeordneten zu wählen
haben und daß überhaupt in Oesterreich nur auf 62,239 Ein=
wohner ein Reichsrathsabgeordneter kömmt, so ist nicht zu
verkennen, daß das Wahlrecht des Großgrundbesitzes ein sehr
bedeutendes Privilegium involvirt, da 4768 Wahlberechtigte
85 Abgeordnete entsenden und in einigen Ländern und zwar
gerade in jenen, deren Wahlen für die Haltung der Groß=
grundbesitzer im Reichsrath bestimmend sind, bereits auf eine
relativ kleine Anzahl von Wahlberechtigten ein Abgeordneter
kommt, wie in Mähren und Schlesien wo auf 18, in Böhmen
wo auf 19, in Niederösterreich wo auf 24 Wähler ein Ab=
geordneter entfällt.

So groß nun auch auf den ersten Blick diese Differenzen
sich darstellen mögen, die sehr leicht bei einer oberflächlichen
Prüfung den Glauben erwecken können, daß die konstitutionelle
Staatsform in Oesterreich überhaupt auf einer ungerechten
Basis beruhe, so begründet sind sie in den gesammten Ver=
hältnissen, die das bevorzugte Wahlrecht des Großgrundbesitzes
fast als unentbehrlich für den Staat erscheinen lassen. Neben
der politischen Nothwendigkeit, die das erste und wichtigste
Moment, darf aber auch die Thatsache nicht vergessen werden,
daß der Großgrundbesitz in Oesterreich faktisch eine wirth=
schaftliche Bedeutung repräsentirt, mit der unter allen Ver=
hältnissen zu rechnen ist, wozu noch der Umstand tritt, daß
Jahrhunderte lang die Vertretung der Landtage eine ständische
und überwiegend aus Mitgliedern dieser Curie gebildete war.
Um nur ein Beispiel anzuführen mag hier die Vertheilung
von Grund und Boden in Böhmen Erwähnung finden, wo=
bei allerdings zu berücksichtigen ist, daß gerade in diesem
Land die Eigenthumsverhältnisse besonders günstig für den

Großgrundbesitz liegen. Die Gesammtbodenfläche von Böhmen
umfaßt 9,028,500 Joch, von denen 3,058,088 Joch, also
bedeutend mehr als ein Drittel, dem landtäflichen Groß=
grundbesitz, der 448 Wahlberechtigte zählt, gehören, während
an den verbleibenden 5,970,412 Joch nicht weniger als
742,254 Kleingrundbesitzer participiren.

Erwägt man, daß der Großgrundbesitz zugleich in der
Industrie des Königreichs Böhmen eine hervorragende Rolle
spielt, daß Kohlengruben und Eisenwerke, Zuckerfabriken,
Brauereien und Brennereien, Glashütten, Mühlen, Dampf=
sägen und gewerbliche Unternehmungen jeder Art in großer
Anzahl auf seinen Gütern vorhanden, so wird auch der Ein=
fluß erklärlich, welchen derselbe im ganzen socialen und wirth=
schaftlichen Leben übt, so daß schon von diesem Standpunkt
aus eine weit stärkere Vertretung des Großgrundbesitzes voll=
kommen berechtigt, ja nothwendig war.

Vor Allem aber das unabweisbare Bedürfniß eine An=
zahl von Männern im Reichsrath zu haben, die zwischen
den Parteien vermittelnd durch das Gewicht ihrer Stimmen
den Ausschlag zu Gunsten der Regierung zu geben vermochten,
die, treue Anhänger der Verfassung, deren Errungenschaften
vertheidigten, aber doch von conservativem Geiste beseelt,
jeder extremen Richtung feindlich waren, ließ die starke Ver=
tretung des Großgrundbesitzes als das einzige Mittel erscheinen
um überhaupt eine auf constitutioneller Grundlage beruhende
Wirksamkeit zu beginnen, die sonst unter den nationalen
Streitigkeiten vollkommen illusorisch geworden wäre. Denn
jene Begriffe „conservativ“ und „liberal“, welche in anderen
Staaten die Mitglieder des Parlamentes trennen oder ver=

binden, nach denen sich dort die Fractionen gruppiren, stehen
in Oesterreich gänzlich in zweiter Reihe; nationale Tendenzen
beherrschen die Situation und erst innerhalb der nach diesen
Principien gegliederten Parteien kommen die Momente zur
Geltung, die sonst in konstitutionellen Ländern bestimmend
sind. Unter den divergirenden nationalen Aspirationen bot
der Großgrundbesitz die sicherste Garantie für eine lediglich
vom österreichischen Standpunkt geleitete Vertretung dar, und
da relativ wenig Bürgerthum und noch weniger conservatives
Bürgerthum in Oesterreich vorhanden, half er zugleich mit
dessen Ausfall ersetzen und ward zu einer Unterstützung für
alle gemäßigten Elemente, die sich im Reichsrath vereinigt
fanden.

Daß bis zum Amtsantritt des Ministeriums Taaffe die
Vertretung des Großgrundbesitzes fast vollzählig im Lager der
Verfassungspartei auf deren rechtem Flügel stand, ward
durch den Umstand hervorgerufen, daß diese Partei sich fern
von nationalen Bestrebungen hielt und daß sie gegenüber den
Rechten der Königreiche und Länder die Einheit des Staates
und dessen Prärogative verfocht; mit der Activirung des
Ministeriums Taaffe trat eine Veränderung ein, die aus=
schlaggebend für den Charakter des Reichsraths ward, da
durch das Compromiß im böhmischen Großgrundbesitz und
durch den Ausfall der Großgrundbesitzwahlen in Mähren
ein Theil der Abgeordneten aus diesen Gruppen sich den
vereinigten national=klerikalen Fractionen verband, welche unter
dem Sammelnamen der „Rechten" der Verfassungspartei
gegenüberstehen, der bis zu diesem Moment die Vertretung
des Großgrundbesitzes die Majorität erhalten hatte, welche,
ohne daß die Verfassungspartei eine wesentliche Einbuße an

Sitzen erfahren, in dem Augenblick verloren ging, als die Stellung der Großgrundbesitzer eine andere ward.

Mancherlei Ursachen hatten zusammengewirkt um das Compromiß im böhmischen Großgrundbesitz herbeizuführen, das unter der Zustimmung der beiden sich bisher bekämpfenden Gruppen dieser Curie geschlossen, einer vereinbarten Liste zum Siege verhalf, während in Mähren fast vollkommen neue Candidaten aufgestellt wurden, die, nachdem ihre Wahl erfolgt, in ihrer Majorität die Reihen der Rechten verstärkten.

Nur mit den größten Anstrengungen und mit einer für die Personen, die den Rath der Krone bildeten, geradezu gefährlichen Aufopferung war es dem Ministerium Auersperg gelungen, die zwei schwierigsten Aufgaben seiner Amtsführung, die Verlängerung des Ausgleichs mit Ungarn und die bosnische Occupation unter maßlosen Angriffen im Reichsrath zu vertreten; als diese Ziele erreicht, war die Situation unhaltbar geworden und sie erfuhr die beste Kritik durch das Wort eines geistreichen Ministers: „das Ministerium hat sich zu Tode gelebt".

Verlassen und angefeindet von seinen eigenen Parteigenossen, nur allzuhäufig auf die Unterstützung der Rechten angewiesen, war es fast lediglich dem Club des linken Centrums, in dem die Großgrundbesitzer vereinigt waren, und einer kleinen Anzahl gemäßigter und weiter blickender Männer zu danken, wenn die Erfüllung der ihm übertragenen Pflichten dem Ministerium Auersperg überhaupt noch möglich ward; seine großen Verdienste waren vergessen und die Verfassungspartei, welche vollkommen die Eventualität außer Augen ließ, daß in Oesterreich auch die Berufung von Ministerien denkbar, die nicht aus den Verfassungstreuen hervorgegangen, arbeitete rücksichtslos an seinem Sturz.

Die heftigste Animosität aber ward auf die Vertretung des Großgrundbesitzes concentrirt, die als das wahre Unglück geschildert ward, und einige fortschrittliche Redner hielten es für ihre Pflicht, jede Gelegenheit zu benutzen, um die Nothwendigkeit der Aufhebung des bevorzugten Wahl= rechts für diese Curie zu betonen. Diese Umstände konnten naturgemäß nicht sehr ermuthigend auf den Groß= grundbesitz wirken, der die Möglichkeit nicht ausgeschlossen sah, sein Wahlrecht in näherer oder fernerer Zukunft zu ver= lieren, eine Möglichkeit, die selbst in Wählerkreisen, die sonst ziemlich passiv zu den politischen Kämpfen standen, eine Er= regung hervorrief, die ihren Einfluß bei den bevorstehenden Wahlen äußern mußte.

Dazu kam, daß gerade der große Besitz, der sich haupt= sächlich in den Händen des Hochadels befindet, überwiegend in jener Gruppe der Großgrundbesitzer vertreten war, die im Gegensatz zu der „verfassungstreuen" sich selbst die „conser= vative" nennt und gewöhnlich mit dem Namen der „feudalen" bezeichnet wird, und die Umstände ließen es rathsam erscheinen, sich diese mächtige Unterstützung zu sichern, die durch gemein= same Interessen verbunden, die aber, da sie die Majorität bei den Wahlen nicht zu erringen vermocht, bisher ohne jede Repräsentation geblieben war.

Vor Allem aber kam wohl der an sehr maßgebender Stelle zum Ausdruck gelangte Wunsch zur Geltung, beide Fractionen des Großgrundbesitzes zu gemeinsamem Wirken ver= einigt zu sehen, was doppelt werthvoll in einem Moment, in dem es fast unmöglich ein Ministerium zu bilden, das

auf eine compacte Majorität im Reichsrath zu zählen im
Stande war.

Wenn man alle Factoren berücksichtigt, so ist nicht zu
verkennen, daß das Compromiß innerhalb des Großgrundbesitzes unter gewissen Voraussetzungen vollkommen berechtigt
gewesen wäre; in der Art aber wie es vereinbart ward,
mußte es seinen Zweck verfehlen, und wenn Graf Taaffe
dasselbe mittelbar oder unmittelbar ins Leben rief ohne die
Garantieen erhalten zu haben, die allein seinen Erfolg verbürgen konnten, so war von Anbeginn die Hoffnung ausgeschlossen den Nutzen zu erzielen, den man sich von demselben
versprach.

Nur wenn eine große und starke Mittelpartei entstand,
die unbeirrt durch nationale Velleitäten, lediglich eine Vereinigung der conservativen Elemente des Reichsraths zu
bilden berufen war, nur wenn die neu eingetretenen „feudalen" Großgrundbesitzer sich mit dem Rest des linken Centrums zu einer geschlossenen Gruppe constituirten und sich
fernhielten von den nationalen Clubs, war Aussicht vorhanden, den Boden für eine fruchtbringende Thätigkeit zu
gewinnen, die dem staatlichen Gedanken zu Gute kam.

Diese Voraussetzung aber ward nicht erfüllt, denn kaum
daß die Wahlen vollzogen, schlossen sich die zehn „feudalen"
böhmischen Großgrundbesitzer dem tschechischen Club als Mitglieder an, während die in Mähren neugewählten Abgeordneten in ihrer überwiegenden Majorität fast in allen
Fragen eine Verstärkung der Rechten wurden, eine Haltung,
die auch von einigen in Niederösterreich hauptsächlich durch
Unterstützung der Regierung gewählten Großgrundbesitzern
beobachtet ward.

Dem gegenüber traten die Abgeordneten des früheren linken Centrums, die „verfassungstreuen" Großgrundbesitzer in den neugebildeten Club der Liberalen ein, und so blieb als einziges Resultat des abgeschlossenen Compromiß die That= sache übrig, daß die nationalen Fractionen einen Zuwachs erhielten, daß aber das alte Centrum, die treueste und be= währteste Stütze der Regierung, dem allein der Erfolg in schwierigen Situationen zu danken war, vollkommen in Trümmer ging und damit die einzige Hoffnung auf eine Mittelpartei verschwand.

Vielleicht war die Aussicht zu einer Vereinigung inner= halb der Curie der Großgrundbesitzer niemals vorhanden; von den verfassungstreuen Abgeordneten, die bereits dem Reichsrath angehört, war bei aller Bereitwilligkeit ver= mittelnd zu wirken, nicht anzunehmen, daß sie ihrer Ver= gangenheit untreu werden und einer Action zustimmen konnten, die vielleicht nicht den Buchstaben der Verfassung, aber ihren Geist alterirt, daß sie den nationalen Bestrebungen mehr Entgegenkommen beweisen würden als ihrer Anschauung nach mit der Erhaltung der Monarchie als einheitlichen Staates vereinbar sei; war auch von Seite der „Feudalen" die Zu= sage nicht zu erreichen, daß sie eine selbständige Gruppe zu bilden gewillt ohne in einem nationalen Club aufzugehen, so war die innere Berechtigung des Compromiß geschwunden und der Verlust, der durch den Abgang des alten Centrums entstand, war außer Verhältniß zu dem Gewinn, der mittelst der neuen Combination zu erzielen war.

Die Position, welche die Verfassungspartei bisher be= hauptet, ging durch dies Compromiß verloren; aus der Majorität ward sie in eine Minorität verwandelt und ohne

daß sie eine bedeutende Anzahl von Sitzen in den Stadt=
oder Landbezirken eingebüßt, ward ihre Stellung verändert
und damit eine entscheidende Wendung im ganzen politischen
Leben der diesseitigen Reichshälfte vollzogen.

Nach acht Jahren, die sie am Ruder gestanden, ward
sie zur Minorität verurtheilt, und wenn auch die Majorität
ihrer Gegner nur wenige Stimmen betrug, so war sie dennoch
genügend um einen vollkommenen Umschwung im Innern
herbeizuführen und Ereignisse vorzubereiten, deren letzte Con=
sequenz noch immer nicht abzusehen ist.

Es war ein geradezu unhaltbarer Zustand, in dem sich
die Verfassungspartei befand, nachdem das Ministerium
Auersperg seine Entlassung begehrt und Baron Pretis die
Mission, ein Cabinet zu bilden, als unausführbar zurückge=
legt; hatte schon der ungarische Ausgleich eine tiefe Spaltung
hervorgerufen, so ward durch die bosnische Occupation die
bereits vorhandene Kluft noch mehr erweitert, so daß eine
Versöhnung der Gegensätze kaum mehr zu hoffen, und die
Bildung eines Ministeriums aus ihrer Mitte gänzlich aus=
geschlossen erschien.

Der große Fehler, den die Verfassungspartei oder die
liberale, wie man sie häufig zu nennen pflegt, beging, war
ein solcher, den sie mit den meisten liberalen Parteien ge=
meinsam hat. Theoretischen Principien zu Liebe verschloß
sie sich nicht selten den Geboten der praktischen Nothwendig=
keit, und wenn die Macht der Thatsachen zu einem Nachgeben
zwang, war der Effect nach oben und unten verloren, und
das, was freiwillig gewährt, zu Dank verpflichtet, schien nur
durch die Verhältnisse erzwungen zu sein, während die Opfer,
die nothwendig wurden, dadurch nicht leichter zu tragen waren,

daß die Bewilligung im unrechten Augenblick und nur wider=
strebend erfolgt war.

Daß auch persönliche Gründe und Ambitionen eine nicht
unbedeutende, ja eine sehr große Rolle gespielt, daß man
einen Ersatz des Ministeriums Auersperg nur aus den Reihen
der Verfassungstreuen für möglich hielt, und daß nicht Wenige
sich für berufen erachteten, die frei gewordenen Portefeuilles
zu übernehmen, ist nicht zu verkennen und ebensowenig das
Factum, daß durch all' diese Momente die Partei aufs
schwerste geschädigt ward; der äußere und eigentliche Anstoß
zu ihrem Niedergang ist aber in der Art zu suchen, wie sie
den Ausgleich mit Ungarn behandelt und wie sie sich zur
bosnischen Occupation gestellt hat.

Unter endlosen Kämpfen ward der ungarische Ausgleich
finalisirt, der eine tiefe Erbitterung hervorgerufen und auf
„liberaler" Seite vielfach der Ansicht zum Durchbruch
verhalf, daß die einzige Möglichkeit der magyarischen Prä=
ponderanz erfolgreich entgegenzutreten in der Unterstützung
zu finden sei, welche die tschechische Nation gewähren könne,
die in vollkommener Passivität sich fernhielt vom parlamen=
tarischen Leben, aber zu all' den erhöhten Lasten herangezogen
ward, die der Dualismus zur Folge hat.

Aus dem Lager der verfassungstreuen Partei, von
einer autoritativen Seite, ward zuerst die Parole ausgegeben,
daß der Eintritt der Tschechen erwünscht und nothwendig
sei, und nichts war natürlicher, als daß dieser Ruf den
innersten Wünschen der Krone entsprach, die von den Inten=
tionen geleitet, eine Versöhnung herbeizuführen, alle Völker
der Monarchie zur gemeinsamen Arbeit vereinigen wollte.

Es ist müßig darüber zu streiten, ob der Eintritt der

Tschechen nicht auch ohne diese vorbereitenden Schritte erfolgt und nothwendig für dieselben geworden wäre; faktisch erhielt die Rechte eine Unterstützung von mehr als 30 Stimmen, und der Beweis ward erbracht, daß sobald man auf gegnerischer Seite von der durch die Verfassung gewährten Vertretung Gebrauch machen wolle, die Parität zwischen der Rechten und Linken hergestellt sei, welch' ersterer noch das Compromiß im Großgrundbesitz eine Majorität in der Legislative verschafft.

Der Nutzen, den man sich auf liberaler Seite vom Eintritt der Tschechen versprach, war ganz illusorisch; die Vortheile, die auf Basis gemeinsamer Interessen Ungarn gegenüber erreichbar waren, konnten nur durch unverhältnißmäßig hohe Opfer errungen werden, während die Rechte eine Position gewann, aus der sie nur noch mit äußerster Mühe verdrängt werden kann.

In wenig glücklicher Weise hat die Verfassungspartei den Ausgleich mit Ungarn zu Ende geführt, der endlich nach schweren Kämpfen, vor Allem Dank der Unterstützung des linken Centrums, zur Annahme gelangt. Aber wenn man ihr Vorgehen zu tadeln gewillt, so darf auch die Thatsache nicht vergessen werden, daß mit alleiniger Ausnahme der Polen die Rechte sich vollkommen ablehnend gegen den Ausgleich verhielt und gegen die Gesetze ihre Stimme erhob, welche die Grundlage der staatlichen Gestaltung des Reiches bilden.

Weit ungünstiger noch als dies durch den Ausgleich geschah, ward die Position der Verfassungspartei durch die bosnische Occupation beeinflußt, wobei noch besonders zur Geltung kam, daß in dieser Frage die Rechte sich in hohem Grade entgegenkommend bewies, indem sie allen Forderungen der Regierung entsprach. Hatte auch der Standpunkt gewiß seine Berechtigung, der die Kraft der Monarchie in ihrer inneren Entwicklung suchte und fand und alle Expansionsgelüste zurückweisen wollte, war auch die trotz der hohen Bravour der Armee mit unverhältnißmäßigen Opfern durchgeführte Besetzung von Bosnien wenig geeignet Sympathie für ein Unternehmen zu erwecken, dessen gegenwärtige und zukünftige Gefahren man unter dem Eindrucke der großen Verluste eher zu über= als zu unterschätzen gewillt, so war es doch vollkommen unmöglich, weltgeschichtliche Ereignisse zu ignoriren und sich dem Factum zu verschließen, daß der Zerfall der Türkei begonnen, oder vielmehr, daß deren unaufhaltsamer Zersetzungsproceß in eine neue Phase getreten sei.

Wenn je der Einfluß der Presse traurig gewirkt, so war es in dieser Periode österreichischer Geschichte der Fall, wo tonangebende Journale das Ihrige thaten um die öffentliche Meinung vollkommen irrezuleiten und eine grobe Verkennung aller thatsächlichen politischen Verhältnisse herbeizuführen. Die Verfassungspartei trat in die schroffste Opposition und jene kleine Anzahl von Abgeordneten, die innerhalb derselben trotz allen Mißgeschicks, das die Ausführung der Occupation begleitet, diese für nothwendig oder für unausweichlich hielt, ward bei den Wahlen in die Delegationen fast gänzlich übergangen, die nach den eigenartigen parlamentarischen Institutionen in Oesterreich über die sogenannten gemeinsamen Angelegenheiten, nämlich über die äußere Politik, über die Armee und Marine wenigstens insoweit entscheiden, daß sie die Mittel, deren dieselben bedürfen, zu bewilligen oder zu verweigern berufen sind.

Die österreichische Delegation, welche zu einem Drittel aus Mitgliedern des Herrenhauses besteht, zählte, da sie nicht

aus dem Plenum des Abgeordnetenhauses sondern gruppen=
weise aus den einzelnen dort vertretenen Ländern gewählt
wird, jederzeit eine Anzahl von Delegirten, die der Rechten
des Parlaments angehören, und während diese mit den Pairs
die bosnische Politik der Regierung stützten, ward sie rück=
sichtslos von der Verfassungspartei bekämpft, von der ein
Theil sogar sich bis zu der Forderung verstieg, die Truppen
aus Bosnien je eher je besser zurückzuziehen.

Nur wenige verfassungstreue Delegirte, im Reichsrath
dem Club der Großgrundbesitzer, dem linken Centrum an=
gehörend, versuchten der wirklichen Sachlage Rechnung zu
tragen und vermittelnd zwischen der Partei und der
Regierung zu wirken; aber auch sie konnten der Strömung
sich nicht entziehen, in die eine principielle Opposition die
Verfassungspartei geworfen, und wenn sie auch bei den Ab=
stimmungen für den Leiter der auswärtigen Politik ihr
Botum in die Wagschale legten, so war doch ihre Haltung
so schwankend, daß sie weder die Regierung noch die Oppo=
sition zu befriedigen vermochte. Gegen den Leiter der aus=
wärtigen Politik, gegen den Grafen Andrassy, der die
Alliance mit Deutschland gefestigt und sichergestellt, deren erste
Anregung bereits Graf Beust gegeben trotz der Schwierigkeit,
die seine Vergangenheit, seine Stellung als einstiger leitender
Minister eines deutschen Mittelstaates ihm boten, ward der
heftigste Ansturm der Verfassungspartei gerichtet, und wenn
auch Dank der Majorität der Delegation dieser Angriff miß=
lang, so ward doch das Resultat erzielt, daß der Minister des
Auswärtigen, nachdem er seine Aufgabe erfolgreich vertheidigt
und durchgeführt, die Würde seines dornenvollen Amtes in
die Hände des Monarchen zurückzulegen beschloß.

Graf Andrassy war eine ungewöhnliche, über das durchschnittliche Niveau emporragende Individualität; vielleicht ein schlechter Arbeiter für das Detail und dem bureaukratischen Vorgehen auch dort abgeneigt, wo es geradezu unentbehrlich erschien; vielleicht unvorsichtig in der Art, wie er die bosnische Occupation unternahm, aber ein Mann von weitem Blick und fester Hand, dessen Namen auch über die Grenzen der österreichischen Monarchie respectvolle Hochachtung und aufrichtige Sympathie genoß. Seine Vergangenheit und sein Charakter waren eine Bürgschaft für sein ehrliches Wollen, und die Beziehungen, die ihn dem deutschen Reichskanzler verbanden, waren doppelt werthvoll in einer Situation, die täglich schwere Verwickelungen hervorrufen konnte.

Graf Andrassy war aber auch als Vertrauensmann der Krone, verschieden von anderen Personen der unmittelbaren Umgebung, stets bemüht der Stellung gerecht zu werden, die das deutsche Element in Oesterreich beanspruchen darf, und trotz seines österreichischen Patriotismus war er Ungar genug, um die Gefahren zu erkennen, die ein slavisches Uebergewicht sowohl für seine Nation als für die Monarchie im Gefolge hat. Ebenso ungeschickt wie sie sich zu seinem Vorgänger, zum Grafen Beust, einst gestellt, der lange Zeit hindurch ihr unter den schwierigsten Lagen zuverlässig zur Seite stand, ebenso ungeschickt und unglücklich war die Haltung der Verfassungspartei gegenüber dem Grafen Andrassy, gegen den der heftigste Angriff gerichtet ward, und als der Minister des Auswärtigen zurückgetreten, hatte diese Partei ihren natürlichen Bundesgenossen und eine ihrer festesten Stützen an maßgebender Stelle verloren.

Am Schluß der Reichsrathssession war die Verfassungs-

partei von inneren Differenzen erschüttert, unklar in ihren
Zielen, von einer gefährlichen Zersetzung bedroht; ihr An=
sehen hatte gelitten und ihr moralisches Gewicht war
reducirt; weit mehr als irgend ein Mißerfolg sie zu treffen
vermocht, hatte ihre oft nergelnde und kleinliche Opposition,
die Uneinigkeit in ihrer Mitte, der Ansturm gegen ihre
besten Männer nachtheilig auf ihre Stellung gewirkt, und
ihre Haltung gegenüber welthistorischen Ereignissen ließ irre=
werden an ihrem politischen Blick.

Weit mehr als sie durch die nachfolgenden mit den
Wahlen zusammenhängenden Momente geschädigt ward, hatte
sie aus diesen Gründen an innerem Halt und innerer Kraft
verloren, und als durch den Eintritt der Tschechen die Parität
zwischen der Rechten und Linken herbeigeführt, als durch
das Compromiß der Großgrundbesitzer ihre Gegner die
Majorität erlangt, war eine Wandlung vollzogen von
ernster Consequenz für die Partei, von tiefeinschneidender
Bedeutung für den Staat.

Schroffer als je zuvor stellen sich, seitdem der gegen=
wärtige Reichsrath versammelt, die Gegensätze dar; die
politischen Parteien werden durch die nationalen ersetzt,
die vermittelnden Factoren sind geschwunden und statt der
erhofften Versöhnung hat eine Aera des Kampfes begonnen,
welche befürchten läßt, daß sie die Zukunft des Reiches
gefährdet.

Eine merkwürdige Veränderung hat Platz gegriffen; die
Verfassungspartei, getheilt und gespalten zur Zeit ihrer
Macht, ist einig geworden in der Opposition, und wenn es
einen Beweis gibt für die Kraft des staatlichen Gedankens
gegenüber der sprachlichen und nationalen Verschiedenheit,

so ward er in dem Augenblick geliefert, als der Einfluß desselben sich stark genug erwies eine fast gesprengte Partei neu zu organisiren und fest zu verbinden.

Die staatliche Idee trägt die Verfassungspartei, die aus dem Element hervorgegangen, das jederzeit treu den österreichischen Standpunkt bewahrt und vertheidigt hat; die vielfach mißbrauchten allüberall verschieden definirten Begriffe „conservativ" und „liberal" stehen vor dem großen Princip zurück, das sie vertritt, das sie in allen Fragen, welche die politische Gestaltung des Reiches berühren, unausgesetzt beobachtet hat. Wohl ist es wahr, die Verfassungspartei, die „Linke", die „liberale", wie man sie nennt, ist fast ausschließlich aus deutschen Abgeordneten gebildet; aber indem sie die Deutschen in Oesterreich repräsentirt, ist sie zugleich zur Vertretung jener Nation geworden, welche die Monarchie gegründet und deren Bestand gewährleistet hat, und in dem Moment, wo sie den österreichischen Standpunkt in zweite Linie stellt und zu einer national deutschen wird, hat sich auch bei der letzten Partei in Oesterreich die Umwandlung aus einer politischen in eine nationale vollzogen.

Daß sie eine Reichspartei ist und unter allen Verhältnissen versucht hat eine solche zu bleiben, versöhnt mit den großen Fehlern, welche die Linke beging und diese ihre hervorragende Eigenschaft hat es bewirkt, daß die Gegensätze, die in ihr zum Ausdruck kamen, immer verschwanden, sobald die politische Gestaltung des Reiches und dessen verfassungsmäßige Grundlagen bedroht waren.

Die conservativen Großgrundbesitzer, die früher den Club des linken Centrums gebildet, die einstige „Linke" und

die „Fortschrittspartei", ja selbst die Demokraten, welche
den äußersten linken Flügel der Verfassungspartei repräsentiren, waren conform in den Bestrebungen, die auf die Erhaltung der Einheit der diesseitigen Reichshälfte gerichtet
sind, und die oft sehr weit auseinandergehenden Ansichten
gegenüber mehr oder minder freisinnigen Gesetzen fanden sich
zusammen in jenen Tendenzen, die der leitenden Idee der
„liberalen" Partei entsprachen.

Wenn man die Verfassungspartei die „liberale" nennt,
so ist diese Bezeichnung überhaupt mit großer Vorsicht zu
gebrauchen. Wird ja das Wort „liberal" in jedem Staat
anders commentirt, und wenn man es auf die Linke des
österreichischen Reichsrathes anwenden will, so ist es im
landläufigen Sinne nur insoweit wahr, daß die Principien,
auf denen die Verfassung beruht, von liberalem Geiste getragen und daß sie berufen war, liberaleren Anschauungen,
als sie früher bestanden, zu dienen.

Will man aber auch die verschiedenen Elemente, aus
denen die Linke, die „liberale" Partei besteht, unter diesen
Begriff subsumiren, so muß man denselben in seiner einzig
richtigen Bedeutung erfassen, die ihn nicht in Gegensatz stellt
zu dem Worte „conservativ" und nicht durch das Vor-
handensein des einen die Möglichkeit des anderen ausschließen
will. Innerhalb der „liberalen" Partei finden sich Mitglieder von so conservativer Denkungsart, daß sie gewiß
nicht durch Jene übertroffen werden, die auf der „Rechten"
des Hauses das Prädikat „conservativ" in Anspruch nehmen,
und einige enragirte Fortschrittsmänner dürften sogar in
einigen Fragen den „Feudalen" und „Klerikalen" der Rechten
ungleich näher stehen als der Majorität ihrer Gesinnungs-

genossen; wenn man aber den wahren Sinn der Bezeichnung „conservativ" auf die Wünsche in Betreff der staatlichen Organisation anwenden will, so müßte man eigentlich die Verfassungspartei die „conservative" nennen, denn sie ist es, welche die diesseitige Reichshälfte in jenem Verband zu erhalten bestrebt ist, der den Traditionen entspricht, den die Geschichte selbst als nothwendig und unentbehrlich ge= schaffen hat.

Wenn aber diese fast stets als Schlagworte gebrauchten Begriffe durchaus als Charakteristicon der Verfassungspartei dienen sollen, wenn diese sich selbst die „liberale" nennt oder von ihren Gegnern als solche betrachtet wird, so ist es un= leugbar richtig, daß alle Mitglieder der Partei darin einig, daß an den constitutionellen Errungenschaften, die einmal gewährt, nicht ohne schweren Schaden gerüttelt werden darf; aber jene himmelanstrebende Richtung, die man so häufig mit der Bezeichnung „liberal" verbindet, liegt der verfassungs= treuen Partei vollständig fern und die Lage ist nicht darnach angethan, der Vermuthung Raum zu geben, daß mindestens so lange das jetzige Wahlsystem besteht, die Vertreter ultra= fortschrittlicher oder radicaler Anschauungen das Uebergewicht in ihr gewinnen können. Diese Richtung existirt überhaupt im österreichischen Reichsrath bisher noch nicht und wenn man selbst die fortgeschrittenste Fraction, die sogenannten „Demokraten" betrachtet, so sind diese, verglichen mit ihren Collegen in anderen Ländern, unendlich zahm, was z. B. der Umstand beweist, daß der leider zu früh verstorbene und auch von seinen politischen Gegnern hochgeschätzte geistige Führer der „Demokraten" während der Zeit, in der er im Reichsrath saß, welchen die „Extremen" nach österreichischen Begriffen,

zum Vicebürgermeister von Wien gewählt, Dr. Schrank, vom
Kaiser in den Adelsstand erhoben ward, und daß er diese
Auszeichnung acceptirt, ohne dadurch an Vertrauen bei der
„Demokratie" zu verlieren. Für die Mäßigung der Demo=
kraten im Reichsrath gibt aber nicht allein die geringe An=
zahl derselben, nicht nur das Wahlsystem die Erklärung ab,
sondern sie entspringt hauptsächlich der tiefen dynastischen
Gesinnung, welche die Nationen der österreichischen Monarchie
beseelt, wie überhaupt das ganze Denken und Fühlen, das
Wesen und Empfinden der Bevölkerung in Oesterreich radi=
calen und demokratischen Velleitäten widerstrebt.

Die Verfassungspartei ist eine Reichspartei, für die
weder der Begriff „liberal" noch die Bezeichnung „conser=
vativ" gewählt werden kann; der Grundgedanke, der sie ins
Leben gerufen, ist die Vertheidigung der Einheit des Staates,
die Sicherung der verfassungsmäßigen Institutionen, in denen
sie eine Garantie der Entwickelung des Reiches erblickt. Daß
gerade die Deutschen den Kern und die überwiegende Majo=
rität der Linken repräsentiren, daß sie sich vorzüglich aus
ihren Reihen ergänzt, ist die natürliche Consequenz der
Haltung, die das deutsche Element in Oesterreich dem Reiche
gegenüber zu jeder Stunde beobachtet hat, indem es alle
Sonderinteressen bei Seite lassend, sich lediglich den öster=
reichischen Standpunkt vor Augen hielt und sich den Auf=
gaben unterzog, deren Lösung die Monarchie von ihm ver=
langt, in welcher der Deutsche der kräftigste Vertreter der
Reichseinheit ist, die er vor Allem geschaffen und der er
sich willig untergeordnet hat. Diese Stellung zu schützen,
ist die Pflicht und der Beruf der Verfassungspartei, die
nicht darauf ausgeht, die Rechte der anderen Nationalitäten

in Frage zu stellen, sondern die lediglich den Charakter
gewahrt wissen will, den das Reich bis heute getragen und
den es unter den schwersten Stürmen und unter dem Wechsel
der Ereignisse sich treu und unverändert erhalten hat.

An die Germanisirung der nichtdeutschen Landestheile
und Nationalitäten der Monarchie denkt Niemand mehr;
auch der entschiedenste Fanatiker der deutschen Idee in
Oesterreich weiß, daß der Moment unwiderruflich vorüber,
in dem diese Germanisirung möglich und denkbar war, die
nach dem Ausspruch Stephan Szechényis selbst für Ungarn
durchgeführt, „wenn nicht die Oesterreicher politische Kinder
wären" und die vielleicht auch der magyarische Literar=
historiker Toldy gefürchtet, wenn er sagt:

„Von Westen her bedroht uns eine Gefahr, vor der
uns nichts schützen kann: das ist die europäische Cultur."

Die Conjunctur für eine solche Action ist eben vorüber
und wird nicht wiederkehren, so lange Oesterreich besteht,
aber nicht etwa für oder gegen die Germanisirung, nicht
etwa um die Suprematie der Deutschen wird heute in
Oesterreich gekämpft, die nur noch so weit in Frage kömmt,
daß ihre Sprache das Mittel ist, das alle Völker des weiten
Reiches verbindet; es handelt sich bereits um eine gefähr=
liche Bedrohung des deutschen Elements, das überall in der
Monarchie an Boden verloren, mit dessen Niedergang auch
der Niedergang des einheitlichen Oesterreich zusammenfallen
muß, das bei einem Verlust der berechtigten Stellung der
Deutschen nur noch als ein loser Verband von Ländern und
Nationen gedacht werden kann.

Besonders aber seit Activirung der Verfassung werden
die Deutschen stets mehr und mehr zurückgedrängt, woraus

am besten geschlossen werden kann, welche Macht die natio=
nale Bewegung in Oesterreich erlangt, aber auch, wie wenig
berechtigt der Vorwurf der Gegner ist, daß die Constitution
lediglich den Deutschen zu Gute komme und die anderen
Nationen mit der Germanisirung bedrohe.

Leider zeigt sich deutlich in Cisleithanien, daß unausgesetzt
die Slavisirung und Italianisirung Boden gewinnt, während
das deutsche Element immer mehr zurückweicht und selbst unter
dem Ministerium Auersperg, — das acht Jahre am Ruder
und von der Rechten als Prototyp einer germanisirenden Re=
gierung geschildert und angefochten ward, ist es nicht gelungen,
der nationalen Bewegung Einhalt zu gebieten und das
Terrain, von dem sie früher Besitz ergriffen, zurückzuerobern.

Wenn man Böhmen betrachtet, so zählte z. B. 1856 die
Landeshauptstadt Prag 50,000 Czechen und 73,000 Deutsche,
heute leben daselbst 122,000 Czechen und 30,000 Deutsche,
in den böhmischen Mittelstädten Kuttenberg, Kolin, Gitschin,
Jungbunzlau, Königgrätz und anderen mehr, ist das deutsche
Element so gut wie verschwunden, Pilsen ist eine über=
wiegend czechische Stadt   eine große Anzahl einst voll=
kommen deutscher Dörfer ist gänzlich slavisirt — und in
fast allen deutschen Orten findet sich bereits eine, wenn auch
geringe, czechische Minorität, die heute noch wenig beachtet,
vielfach schon einen nicht unbedeutenden Procentsatz der
Bevölkerung repräsentirt.

Galizien anlangend, ist Alles polonisirt, die Volks=
und Mittelschulen, die Universitäten von Krakau und
Lemberg sind Heimstätten polnischer Erziehung und na=
tionaler Bestrebungen geworden, die deutsche Sprache
ist vollkommen verdrängt, indessen die polnische in

Amt und Gericht ihren Einzug gehalten — polnische Beamte
sind die Vertreter der kaiserlichen Regierung — und während
in Rußland und Deutschland die polnische Nation den
schwersten Kampf um ihre Existenz zu fechten gezwungen, ist
sie in Oesterreich zu neuem Leben erwacht, und gerade die
Verfassungspartei und speciell das erste Cabinet, das aus
ihrer Mitte am Ruder, das Bürgerministerium hat Alles
gethan, um ihre Macht zu stärken, so daß das Wort wohl
nicht ganz der Begründung entbehrt, daß sich innerhalb der
Grenzen des Kaiserthums Oesterreich das Königreich Polen
neu constituirte. In Steiermark und Kärnthen, in Ländern,
die früher durchaus als deutsche betrachtet wurden, wächst
die slovenische Bewegung mächtig empor, die in Krain
bereits dominirend geworden ist und sich tief in das Küstenland hinein verbreitet, wo sie auf verwandte Bestrebungen
bei der serbisch-croatischen Bevölkerung trifft.

Dem gegenüber steht wieder die italienische Agitation,
die einerseits in Triest und dem Küstenland, andererseits in
Tirol stets neues Terrain zu gewinnen sucht, und in dem
letztern Land hat sie so bedeutende Erfolge errungen, daß
manche ursprünglich deutsche Thäler verwälscht und ganze
Gemeinden italianisirt wurden, in denen nicht einmal der
Namen mehr daran erinnert, daß sie noch vor wenigen
Decennien vollkommen deutsche gewesen sind. Aber auch die
kleinsten Völker melden in Oesterreich bereits ihre Ansprüche
an und selbst in der Bukowina, die im letzten Jahrhundert
aus einer türkischen Satrapie der Cultur erobert ward,
über welche der damalige venetianische Gesandte seiner Regierung berichtet, „daß sie nicht besser als eine Wüste sei“,
beginnt sich eine nationale Strömung unter den Rumänen

zu regen, deren Anzahl in der diesseitigen Reichshälfte über=
haupt nicht einmal 200,000 beträgt, so daß, wohin man
immer blickt, nationale Agitationen wachgerufen und groß=
gezogen werden, deren Befriedigung, wenn die Monarchie ein
Gesammtstaat bleiben und als Großmacht bestehen soll,
geradezu unmöglich erscheinen muß.

Wieviel an dieser Bewegung ursprünglich künstlich war
und wieviel heute noch künstlich an ihr, das zu untersuchen
hat einen ziemlich problematischen Werth; Thatsache ist,
daß sie eine intensive Kraft erlangt, daß sie das deutsche
Element stets mehr und mehr aus seiner Position verdrängt,
daß unter den verfassungstreuen Ministerien die nationalen
Ansprüche nicht zurückgewiesen und nicht zum Stillstand ge=
bracht worden sind, und daß die gegenwärtige Regierung
dieselben wissentlich oder unwissentlich unterstützt.

Wenn nun auch sicher eine Erklärung dafür erbracht
werden kann, daß all' die verschiedenen Völker der Monarchie
ihre nationalen Tendenzen als leitende Richtschnur ihrer
politischen Action im Auge behalten, so ist doch schlechter=
dings schwer ein Grund für die Haltung zu finden, welche
diesen Wünschen gegenüber an maßgebender Stelle be=
obachtet wird, so berechtigt und natürlich auch das Be=
streben ist, alle Nationalitäten des weiten Reiches versöhnt und
vereint an gemeinsamen Zielen arbeiten zu sehen. Daß aber
gerade die Nation, die bei aller Loyalität, deren auch die
anderen Völker der Monarchie sich rühmen dürfen, doch vor=
zugsweise das Reich und den staatlichen Gedanken reprä=
sentirt, die der Monarchie ihren Charakter gegeben und
unverändert denselben erhalten hat, vor dem Vordringen
der übrigen Nationalitäten zurückweichen soll, daß man

gerade sie verantwortlich macht, wenn eine Versöhnung nicht
gelingt, widerspricht den Traditionen und den Principien,
die bisher befolgt worden sind, wie den unumstößlichen
Regeln, die sich in der Geschichte aller Staaten und auch
in der österreichischen Monarchie zur Geltung bringen.
Läßt sich auch leider nicht verkennen, daß das Regieren mit
der Verfassungspartei unendlich schwierig und zeitweise fast
unmöglich gewesen ist, daß deren große Fehler sicher das
Ihrige beigetragen, eine Veränderung herbeizuführen, die
eine gänzliche Wandlung in den bisher bestimmenden Ideen,
wie in allen Verhältnissen hervorrufen kann, so sind diese
Gründe doch nicht genügend, um für ein Vorgehen zu
sprechen, das die bewährte Basis erschüttert, ohne die Sicher=
heit einer neuen und festeren Grundlage gefunden zu haben,
und wenn die nicht gerechtfertigte Anschauung hierzu den
Anlaß bietet, daß die Verfassungspartei, die Vertretung der
Deutschen es ist, welche die dargereichte Hand zurückweist,
eine Annahme, die in Wahrheit der Begründung entbehrt,
so darf andererseits nicht vergessen werden, daß die Staats=
raison eine besondere Berücksichtigung der Verfassungs=, der
„Reichspartei" gebietet, da jede Position, die hier verloren
geht, auch für den Gesammtstaat verloren ist und daß die
Mission, die das deutsche Element bisher in Oesterreich
erfüllt, schon allein zur sorgsamen Schonung desselben
ermahnen sollte. Von einer Germanisirung oder Regerma=
nisirung kann nicht mehr die Rede sein, aber daß nicht das
Deutschthum seine Stellung verliere, ist eine Frage von
eminenter Bedeutung für den Staat, die diesen ebenso wie
die Deutschen in Oesterreich berührt, die trotz der Attraction,

die ein benachbartes stammverwandtes Reich von 40 Millionen,
hervorragend an Macht und Bildung, ausüben muß, trotz
der Gefährdung ihrer Position in Oesterreich, bisher alle
nationalen Aspirationen zurückgewiesen haben, die eine Schä=
digung der österreichischen Monarchie involviren, die treue
Unterthanen von Oesterreich sind und treue Oesterreicher
bleiben wollen.

Es gibt nur eine Erklärung dafür, wenn man an
maßgebender Stelle und in jenen Kreisen, die einen be=
stimmenden Einfluß auf die Geschicke des Reiches nehmen,
den nationalen Aspirationen aller Völker mit einer Toleranz
begegnet, die sehr leicht neue und immer neue Ansprüche
hervorrufen kann, und wenn man die Deutschen den anderen
Nationen gegenüber für unversöhnlich, vielleicht sogar für
minder treue und zuverlässige Bürger des Reiches hält; und
diese Erklärung liegt in dem Umstand, daß man die An=
ziehungskraft des neugegründeten deutschen Reiches auf die
Stammesgenossen in Oesterreich als vorhanden erachtet und
dieser Eventualität vorbeugen will, indem das slavische Ele=
ment, das man als eine Barrière zwischen den Deutschen
im Ausland und denen in Oesterreich betrachtet, eine Kräf=
tigung erfährt, die stark genug ist, beide zu trennen; dabei
wird der Thatsache Rechnung getragen, daß jenes slavische
Element instinctiv weiß und fühlen muß, daß es verloren,
wenn je der Moment eintreten sollte, der den Zerfall der
österreichischen Monarchie und die Besitzergreifung der nörd=
lichen Länder durch Deutschland bringt, daß somit nur in
dem Bestand von Oesterreich seine eigene Existenz gesichert
ist, während selbst in diesem Fall den Deutschen ihre Eigen=
art und Sprache gewährleistet bliebe und deshalb auch für

diese die Gefahr eine geringere und gemäß dieser An=
schauung auch ihr Interesse an Oesterreich ein kleineres ist.

Wohl ist es wahr, wenn irgend eine Nationalität in
Oesterreich=Ungarn Grund hat über ihre Zukunft beruhigt
und unbesorgt zu sein, so ist dies bei der deutschen der
Fall; denn hätte diese lediglich nur ihre Sicherheit im Auge,
so scheint trotz der Fortschritte, die besonders die slavische
Bewegung auf Kosten des Deutschthums in Oesterreich ge=
macht, nach aller Voraussicht kaum eine Lage möglich,
die eine vollkommene Slavisirung der Deutschen zur Folge
hat; aber dieser Gesichtspunkt ist nie der leitende für die
Nation gewesen, die der habsburgischen Monarchie ihren
Charakter gegeben und unerschütterlich treu zu jeder Stunde
zu Oesterreich und seiner Dynastie gestanden ist.

Widerspräche eine Argumentation, wie es die voran=
gehende ist, vor Allem den Intentionen des deutschen Nach=
barstaates und der Allianz mit demselben, in der allein eine
feste Bürgschaft für die Stellung der österreichischen Monarchie
zu finden, so würde auch die Haltung der Deutschen in
Oesterreich und die der Verfassungspartei, die deren parla=
mentarische Vertretung bildet, eher das Gegentheil als eine
solche Annahme beweisen, denn gerade die deutsche Bevölkerung
hat unter allem Wechsel und aller Ungunst der Zeiten den
Gesammtstaat vertheidigt und nicht einen Augenblick ge=
wankt, als es galt, den Kampf für die Integrität von Oester=
reich wider einen deutschen Gegner zu führen, und welche
Fehler auch die Verfassungspartei beging, vor einem Vor=
wurf hat sie sich zu bewahren gewußt, daß sie nationale
Tendenzen berücksichtigt und über nationalen Sonderinteressen
die Pflichten gegen Oesterreich vergessen hat.

Die Verfassungspartei war im Parlament die einzige nicht nationale Partei, die verschieden von allen anderen den Staatsgedanken als solchen erfaßt und sich demselben untergeordnet hat, und wenn die Strömung, die gegenwärtig in Oesterreich am Ruder, eine sehr gefährliche Wirkung erzielen kann, die gefährlichste wäre jene, welche die Verfassungspartei in eine deutsch-nationale verwandelt, und leider ist die Befürchtung nicht ausgeschlossen, daß man in der Absicht eine Eventualität zu vermeiden, diese provocirt und sie hervorrufen kann. Innerhalb der deutschen Bevölkerung in Oesterreich hatten bisher nur einige Heißsporne den national-deutschen Standpunkt vor dem österreichischen betont; diese Richtung stand vollkommen isolirt und nur während der Regierung des Grafen Hohenwart, als im Innern die slavische Bewegung einen mächtigen Impuls erhielt, der unter den deutschen Siegen in Frankreich, unter dem gewaltigen Eindruck des neuerstehenden deutschen Reiches doppelt fühlbar zur Geltung kam, war sie mächtig herangewachsen, ward aber in der nachfolgenden Periode wieder mehr und mehr neutralisirt; die weitaus überwiegende Majorität der Deutschen in Oesterreich hat jederzeit die Begriffe „deutsch" und „österreichisch" zu verbinden gewußt und steht auch heute noch treu den Traditionen, die sie unverbrüchlich bewahrt, jeder Action gänzlich fern, welche den letzteren bei Seite lassen und ihn durch den ersteren ersetzen will.

Trotz alledem aber ist nicht zu verkennen, daß das nationale Moment unter der Befürchtung, daß die Slavisirung in Oesterreich stets mächtiger und nachhaltiger wird, daß sie das Deutschthum verdrängt, und den Charakter des Reiches verändert, auch auf deutscher Seite das Uebergewicht erhält und daß aus der Verfassungspartei, die gegenwärtig eine österreichische ist, eine national=deutsche Partei entstehen kann, so abgeneigt auch einer derartigen Wandlung heute noch die Stimmung der Deutschen in Oesterreich sich zeigt.

Mit einer solchen Veränderung hätte nicht nur der Staatsgedanke seine festeste Stütze verloren, sondern diese nationale Bewegung hätte auch einen ungleich ernsteren Hintergrund, als dies bei den nationalen Aspirationen der anderen Völker der Fall; das bindende Element, die Reichs= partei, wäre verschwunden, die centrifugalen Kräfte wären um eine vermehrt und zwar um eine solche, die absolut nicht ignorirt werden kann, selbst wenn man sie ignoriren wollte, und so wenig die Attractionskraft des Nachbarreiches zu fürchten, so lange die Monarchie den Charakter behält, den sie seit ihrer Entstehung getragen, so gewaltig muß sich dieselbe zum Ausdruck bringen, wenn die Deutschen des öster= reichischen Kaiserstaates nicht mehr in Oesterreich, sondern wenn sie in Deutschland ihren letzten Halt und ihre Zuflucht erblicken. Bei aller Loyalität der deutschen Regierung, ja selbst bei der Absicht, sich soweit nur irgend thunlich, der Ingerenz in österreichische Verhältnisse zu enthalten, wäre eine Situation denkbar, wo unter den treibenden Momenten hüben und drüben ein Schmerzensschrei der Deutschen in Oesterreich nicht mehr übertäubt werden kann und wo er gehört werden muß.

Noch ist die Lage nicht darnach angethan, um eine solche Eventualität ernsthaft in's Auge zu fassen; aber man darf sich nicht verhehlen, daß es ein eminent politisches Interesse ist, welches für die Monarchie mit der Bedingung verbunden, daß die Verfassungspartei eine Reichspartei bleibt und sich

nicht zu einer deutsch-nationalen gestaltet, und man darf die
Bedeutung nicht unterschätzen, welche überhaupt eine kräftige
Vertretung des Reichsgedankens, eine Vertretung des Ge=
sammtstaates im österreichischen Parlament, besonders von
deutscher Seite gegenüber den sprachlichen und nationalen
Verschiedenheiten besitzt. Trotz all' ihrer großen und ver=
hängnißvollen Fehler läßt diese Grundlage ihrer politischen
Existenz die Verfassungspartei als die Trägerin der Staats=
idee, als die einzige Partei erscheinen, die, nationalen Tendenzen
fremd, lediglich die Stellung gewahrt wissen will, die zum
Besten der Monarchie das deutsche Element errungen und
bis in die jüngste Zeit auch unbestritten behauptet hat, als
eine Partei, die den österreichischen Verhältnissen Rechnung
tragend, den Wünschen der einzelnen Völker zu entsprechen
gewillt, soweit dieselben mit der Einheit und mit dem Be=
stande des Reiches vereinbar, die aber nie die Hand dazu
bieten wird, daß, um nationale Velleitäten zu befriedigen,
der Verband gesprengt werde, der Oesterreich zusammenhält,
daß der Gesammtstaat abdankt zu Gunsten der Königreiche
und Länder, daß der Staatsgedanke zurücktritt vor den In=
teressen der einzelnen Nationalitäten.

　　Wie stellt sich gegenüber diesen Zielen das Programm
der „Rechten" dar und welche Verschiedenheit der Ansichten
gelangt in ihren Reihen zum Ausdruck, eine Verschiedenheit,
mit der verglichen die Differenzen in der Verfassungspartei
vollkommen verschwinden, der gegenüber die dort vorhandenen
Gegensätze geradezu geringe genannt werden müssen. Daß
sich diese nationale und sprachliche Divergenz vor der Oeffent=
lichkeit nicht in vollem Maße bemerkbar macht, bewirkt
zuerst das vermittelnde Idiom der deutschen Sprache, die

als unumgänglich nothwendig erkannt auch in den Verhand=
lungen des Reichsraths unentbehrlich erscheint; weiter wird
dieselbe gemildert und theilweise verdeckt durch jene feste
Disciplin, die so schwer auf verfassungstreuer Seite zu er=
reichen, im Lager ihrer Gegner zu finden ist, sobald es sich
darum handelt, einem größeren Zwecke zu liebe kleinere
Unterschiede zurücktreten zu lassen; vor Allem aber wird
diese Divergenz neutralisirt durch das einzige, aber gewichtige
Moment, in welchem alle Fractionen der „Rechten" vereinigt,
durch die Opposition gegen das Bestehende, durch den Kampf
gegen die Verfassungspartei und gegen die constitutionellen
Grundlagen des Staates, wie sie durch diese geschaffen und
gefestigt sind. Nur in diesen ihren negativen Bestrebungen
steht die „Rechte" geschlossen der Verfassungspartei gegen=
über, vertritt sie überhaupt ein klares Programm; in ihren
positiven Zielen geht sie weit auseinander, so weit, daß sie
zerfallen müßte, wenn deren endgültige Definition und
Durchführung bereits einen Gegenstand der Erwägung zu
bilden hätten.

Feudale Großgrundbesitzer, Tschechen und Polen, Slo=
venen, Südslaven und die klerikalen deutschen Abgeordneten
bilden die „Rechte" oder die „Rechtspartei", die aus all'
diesen Elementen zusammengesetzt, im gegenwärtigen Parla=
ment eine Majorität von wenigen Stimmen gegenüber der
Verfassungspartei behauptet.

Betrachtet man nun die einzelnen Fractionen der Rechten
und zwar zunächst die aus dem Compromiß im böhmischen
Großgrundbesitz erwählten Abgeordneten, so repräsentiren
diese glänzende Namen des Hochadels und zweifelsohne einen
größeren Realbesitz, als dies bei den verfassungstreuen Ver=

10*

tretern dieser Curie der Fall; läßt sich doch überhaupt die
Thatsache nicht verkennen, daß die großen Familien in
Böhmen in ihrer Majorität, besonders in ihrer jüngern
Generation weit mehr zur „feudalen" als zur „verfassungs=
treuen" Gruppe der Großgrundbesitzer neigen; aber nicht
darin, daß die Feudalen den größeren Besitz ihr eigen nennen,
liegt das charakteristische Merkmal ihrer Stellung, sondern
in dem Umstand, daß sie nationaltschechische Aspirationen
unterstützen und Bestrebungen fördern, die den Sturz der
Verfassung herbeiführen müssen, daß sie an Stelle der con=
stitutionellen Grundlagen, die für das ganze Reich Geltung
beanspruchen, den Sonderrechten der einzelnen Länder zum
Siege verhelfen wollen.

Ob dieses Vorgehen aus den Motiven entspringt, die
man diesen Abgeordneten gewöhnlich imputirt, die darauf
hinauslaufen sollen, daß sie die Privilegien des Großgrund=
besitzes, das Prestige der alten Familien besser bei den Tschechen
als bei den Deutschen gewährleistet glauben, ob es wirklich
der Haß gegen die neuen Ideen und den Parlamentarismus
ist, der ihre Haltung dictirt, ob man sie mit Recht die
„Feudalen" nennt oder nicht und ob sie in Wahrheit von
ihrer Action ein Wiedergewinnen alter Vorrechte erwarten,
bleibe hier unerörtert und ist auch für die Sache selbst von
geringem Werth; entscheidend ist nicht die Ursache, sondern
das Factum an sich und dieses allerdings läßt die ernstesten
Consequenzen erwarten, wie sie bereits eingetreten sind und
vielleicht in noch höherem Grade eintreten können.

Die Stellung des Adels ist für die österreichische Mon=
archie eine Frage von unendlicher Tragweite, weit wichtiger
als dies vielleicht in irgend einem anderen Lande der Fall.

Ganz abgesehen von ihrer socialen und wirthschaftlichen Be=
deutung hat die Aristokratie des Reiches die Aufgabe, eine spe=
cifisch österreichische Aristokratie zu repräsentiren. „Da Oester=
reich kein einheitliches Naturvolk besitzt, muß man darnach
trachten, ein gemeinsames Staatsvolk zu werden", so hat ein
früheres Mitglied des Cabinets, Auersperg, das Ziel öster=
reichischer Staatskunst definirt, und wenn es auch bisher
nicht gelungen, dieses Problem zu lösen, so war wenigstens
im Lauf der Zeiten das Resultat erreicht, daß eine öster=
reichische Aristokratie existirt, so stolz und mächtig, wie kaum
ein zweiter Staat sie aufweisen kann. In dieser Aristokratie
ist das Bewußtsein zum Durchbruch gelangt, daß sie nicht
den Provinzen, daß sie dem Reiche angehört, sie ist berufen,
dem Reichsgedanken eine feste Stütze gegenüber dem nationalen
Gedanken zu bieten und hat dieser Mission, treu ihren Tra=
ditionen, unter schwierigen Verhältnissen entsprochen.

Indem aber die „feudalen", die „conservativen" böhmi=
schen Großgrundbesitzer, wie sie sich nennen, statt eine conser=
vative Reichspartei zu bilden, dem national=tschechischen
Club sich angeschlossen, haben sie ein gefährliches Präjudiz
geschaffen und eine Veränderung historisch=traditioneller Grund=
sätze in Oesterreich herbeigeführt. Es wäre ungerecht, wollte
man nur einen Augenblick an der höchsten Loyalität dieser
Abgeordneten Zweifel hegen, die mit ihrem ganzen Denken
und Fühlen der Dynastie und dem Reiche ergeben sind; aber
der Weg, auf dem sie Oesterreich reconstruiren wollen, führt
nicht zum Ziel und wird mit einer verderblichen Enttäuschung
enden, die in ihren Folgen verhängnißvoll werden kann.

Den aristokratischen Standpunkt, wenn derselbe über=
haupt in so schwerwiegenden politischen Fragen als der be=

stimmende betrachtet werden darf, hat auch jener Aristokrat
Fürst Carlos Auersperg niemals bei Seite gelassen, den die
verfassungstreuen Großgrundbesitzer in Böhmen mit Stolz
an ihrer Spitze erblicken; aber das Ziel, das seinem von
seltener Hingebung getragenen Wirken vor Augen schwebt,
ist die Kräftigung des Ganzen, dem sich die Theile unter=
zuordnen haben, ist der Bestand des Reiches, dem gegen=
über die Interessen der Provinzen zurücktreten sollen, ist
der Gesammtstaat und die Erhaltung der berechtigten Stellung des deutschen Elements, die nicht erschüttert werden
kann, ohne den Charakter der Monarchie zu verändern, und
diese für ihn leitenden Ideen wurden auch von jenem leider
zu früh seinem Vaterlande entrissenen Aristokraten, vom
Grafen Hieronymus Mannsfeld getheilt, der ein öster=
reichischer Edelmann im besten und schönsten Sinne des
Wortes als der zukünftige Führer der verfassungstreuen Groß=
grundbesitzer in Böhmen betrachtet ward.

Mit dem Eintritt der „feudalen" Großgrundbesitzer in
den tschechischen Club haben die nationalen Bestrebungen
eine mächtige Unterstützung erfahren und die socialen Be=
ziehungen dieser Abgeordneten bringen sich in Sphären zur
Geltung, die von entscheidendem Einfluß auf die Geschicke
des Reiches sind. So lange der „feudale" Großgrundbesitz
sich in der Opposition befand, konnte er mit Fug und Recht
als Sr. Majestät allergetreueste Opposition bezeichnet werden,
als eine Opposition, die eigentlich nur so lange bestand, als
der Monarch die Gnade hatte, sie zu gestatten. Die Partei
der „feudalen" Großgrundbesitzer, deren Mitglieder die ersten
Namen des Reiches tragen, erzogen in unerschütterlicher Er=
gebenheit gegen die Dynastie, mit tausend Banden dem Hofe

verknüpft, fast durchweg aus Personen bestehend, die im
Contact mit der maßgebenden Stelle sind, hat gewiß jeder=
zeit das Bestreben gehabt, einen Conflict zu vermeiden, der
sie in Widerspruch setzen könnte mit jener Tradition, die
für sie stets bestimmend und leitend war, und wenn die
Opposition der „feudalen" Großgrundbesitzer eine bedeutende
und nachhaltige Kraft gewann, so schöpfte sie diese wohl
vorzüglich aus dem Umstand, daß die Majorität ihrer An=
hänger es für ihre Pflicht hielt, d'être plus royal que le roi
und päpstlicher zu sein als der Papst, daß sie die innersten
Gedanken und Wünsche der Krone zu errathen glaubte, deren
Ausführung lediglich durch die momentanen Verhältnisse un=
möglich war. Die größere Anzahl der Mitglieder der
„feudalen" Partei ist in der Anschauung befangen, daß ihre
Haltung an maßgebender Stelle nicht ohne Befriedigung
wahrgenommen wird, und wie man auch über die Motive
und Absichten urtheilen mag, die Thatsache steht unzweifel=
haft fest, daß die Majorität der feudalen Großgrundbesitzer
sich nie zu einer Opposition entschließen würde, von der sie
glaubt, daß sie eine Opposition gegen die Wünsche der Krone
sei. Selbst die am meisten engagirten Führer der „feudalen"
Partei denken loyal genug, um auf eine Opposition zu verzichten,
die den Ansichten des Monarchen entgegen läuft, und wäre
selbst diese Annahme falsch, so würde ihr Anhang sich so redu=
ciren, daß in Wahrheit nur eine kleine Gruppe frondirender
Cavaliere übrig bleibt. Jetzt, wo der feudale Großgrundbesitz bei
dem Mangel einer eigentlichen Regierungspartei eine Stütze des
gegenwärtigen Ministeriums ist, tritt dieser für die Haltung und
für die Bedeutung dieser Fraction unendlich wichtige Factor
natürlich zurück; wenn man aber die Vergangenheit, die

gegenwärtige und vielleicht auch die zukünftige Stellung
dieser Gruppe richtig beurtheilen will, muß mit Momenten
gerechnet werden, die für dieselbe geradezu bestimmend und
ausschlaggebend sind.

Merkwürdige Gegensätze finden sich, seitdem die Vereinigung der feudalen Großgrundbesitzer mit den Nationalen
vollzogen, in dem tschechischen Club zusammen, Gegensätze,
von denen es kaum begreiflich erscheint, wie sie mit einander
bestehen können.

Neben den Hochtorys mit ihrer streng kirchlichen Denkungsart und ihren ständischen Reminiscenzen eine Anzahl „Jungtschechen", die von so fortschrittlichen Tendenzen beseelt, daß
sie sich getrost mit der radicalsten Gruppe der Verfassungspartei messen können und dieselbe vielleicht noch übertreffen;
allerdings werden diese Tendenzen dadurch modificirt, daß
sie bei den Abstimmungen entgegen ihrem ursprünglichen
Programm stets für die Forderungen der „Rechten" votiren
und somit einer Zwangslage gehorchen, die einen ihrer besten
Vertreter veranlaßt hat, auf sein Mandat zu verzichten.
Zwischen diesen beiden Extremen steht das Gros der tschechischen Fraction, das unter Rieger's Führung nach einer jahre-
lang andauernden passiven Opposition in den Reichsrath getreten und dort weit mehr der Parole der „feudalen" böhmischen Großgrundbesitzer als den Forderungen der liberalen
oder ultraliberalen Jungtschechen folgt. Eine andere Richtung
wieder wird durch die mährischen Tschechen repräsentirt, deren
einstiger Führer heute im Rath der Krone sitzt; diese Abgeordneten, die bereits in der früheren Session dem Reichsrath angehörten, haben sich von dem passiven Widerstand
ferngehalten, den ihre stammverwandten Collegen aus Böhmen

inscenirt und standen ursprünglich der Verfassungspartei weit weniger schroff gegenüber als dies gegenwärtig der Fall, wie denn überhaupt die Differenzen zwischen beiden Nationalitäten in Mähren erst in jüngster Zeit die Schärfe erlangt, die leider in Böhmen schon seit Jahren Deutsche und Tschechen von einander trennt.

Nur in einem Punkt, in jenem, der die staatsrechtliche Stellung der Länder der böhmischen Krone berührt, treffen die Wünsche der verschiedenen Gruppen des tschechischen Club zusammen; in allen culturellen und wirthschaftlichen Fragen ist eher das Gegentheil wahr, und es bedarf jener rücksichts= losen Unterordnung, jener parlamentarischen Disciplin, welche die Rechte besitzt, die der Verfassungspartei nur zu häufig fehlt, um ein geschlossenes Vorgehen zu ermöglichen und den Erfolg zu sichern.

Die Hoffnung jener Verfassungstreuen hat sich nicht erfüllt, welche glaubten, daß gerade die Solidarität der materiellen und geistigen Interessen, wie sie zwischen den Deutschen der nördlichen Länder der Monarchie und den Tschechen besteht, eine Verständigung herbeiführen werde; sie hatten den Eintritt derselben in das Parlament mit Freuden begrüßt, weil sie in ihnen einen Rückhalt gegen Ungarn, ein Mittel gegen das Uebergewicht der Großgrund= besitzer, eine Unterstützung in wirthschaftlichen Fragen zu finden gemeint; jetzt zeigt sich diese Anschauung als voll= kommen falsch, so wenig sich leugnen läßt, daß, wenn nicht das nationale Moment in Oesterreich jedes andere zurück= drängen würde, die Voraussetzung, auf der sie basirt, kaum der Begründung entbehrt.

Lag doch die Ansicht nahe, daß die tschechische Nation

die von allen slavischen Völkern des Reiches die höchste Ent=
wickelung besitzt, und in dem Streben für die Erziehung der
Jugend, für die Bildung der heranwachsenden Generation
es an regem Eifer nicht fehlen läßt, sich auf manchem Ge=
biet mit den Deutschen verbinden werde, z. B. um gemein=
sam in dem Geiste zu wirken, der die Schulgesetze, die in
der constitutionellen Periode entstanden, belebt; war doch
die Annahme möglich, daß die Tschechen, die in hervor=
ragender Weise an allen Lasten participiren, welche die
Monarchie zu tragen hat, in finanziellen und ökonomischen
Fragen sich denen anschließen würden, die mit ihnen als die
stärksten Steuerträger fungiren, mit denen sie durch gleiche
Interessen vereinigt sind.

Aber alle diese Factoren traten vor dem nationalen
Gesichtspunkt zurück; um diesen zur Geltung zu bringen,
um für ihre nationalen Forderungen der Unterstützung der
ganzen „Rechten" sicher zu sein, schlossen sich die Tschechen
den anderen Fractionen derselben auch bei solchen Gelegen=
heiten an, wo die Behandlung der in Rede stehenden An=
gelegenheiten ihren inneren Wünschen, ihren eigensten Inten=
tionen widersprach, wo durch den Sieg ihrer Partei Prin=
cipien alterirt und Vorlagen zum Gesetz erhoben wurden,
die in ihren Folgen ebenso schädlich für sie wie für die
Deutschen sind.

Selbst wenn man von den so weit differirenden An=
sichten in Bezug auf die äußere Politik abstrahirt, welche
die nationalen Gruppen der Rechten trennen, bietet fast jede
wichtigere Verhandlung im Parlament Anlaß zu der Be=
obachtung, wie tiefgehend die Meinungsverschiedenheiten inner=
halb der „Rechten" sind, wie langer Zeit es bedarf, dieselbe

zu einen, wie nur das nationale Moment, die allen gemeinsame Gegnerschaft wider die Verfassungspartei sie zusammenhält und sie verbindet; ihre Interessen wie ihre Wünsche
stehen sich schroff gegenüber und geschlossen in ihrer Opposition
gegen die Vertreter der centralistischen Idee, einig in der Negation der staatlichen Grundlagen, welche die Linke verficht,
würde die Rechte zerfallen, sobald es sich darum handelt ein
gemeinsames Programm zu substituiren und statt der Ab-
lehnung dessen, was besteht, das positive Ziel zu bezeichnen,
das sie als Ausgangspunkt ihres Strebens betrachtet.

Weit klarer als dies bei den Tschechen der Fall, hat
die Vertretung der polnischen Abgeordneten, die „polnische
Delegation" wie sie sich mehrfach genannt, ihre Sonderinteressen im Auge behalten und aus einer Lage Nutzen gezogen, die sie nicht selten als das Zünglein an der Wage
bei den Entscheidungen im Parlament, als unentbehrlich für
die Rechte erscheinen ließ, und wenn man die Zeitperiode
seit Activirung der Verfassung überblickt, wird man zur
Einsicht gelangen, daß es die Polen sind, die den größten
Nutzen aus ihr gezogen. Dies hat wohl in der eigenartigen
Stellung der polnischen Abgeordneten seinen Grund, die
während der Dauer des Ministeriums Auersperg in manchen
Fragen der Verfassungspartei zu Seite standen, in anderen
mit einer gewissen Reserve dieselbe bekämpften, die aber nur
in seltenen Fällen unbedingte Parteigänger der anderen
Fractionen der Rechten waren, so daß sie stets als die all-
seitig Umworbenen figurirten. Diese Position, die von ihnen
mit großem Geschick benützt und beobachtet ward, hat erst
seit dem Eintritt der Tschechen ins Parlament eine Veränderung erfahren, da durch denselben das nationale Moment

so maßgebend ward und in Folge dessen die Kluft zwischen
der „Rechten" und „Linken" so bedeutend an Ausdehnung
gewann, daß die Parteien vollkommen geschlossen sich schroffer
als je entgegenstehen und auch die Polen der Zwangslage
sich nicht zu entziehen vermögen, welche die Solidarität im
Kampf gegen die „Liberalen" auf Seite der „Rechten" geschaffen hat. Die Stellung der Polen aber hat hierdurch nicht
gelitten, sondern ist fast dominirend geworden, da die anderen
Fractionen der „Rechten" fortwährend gezwungen sind auf
sie die größte Rücksicht zu nehmen und ihren Wünschen selbst
dort Rechnung zu tragen, wo dies auf Kosten der von ihnen
vertretenen Steuerträger, wie z. B. gelegentlich der Regulirung
der Grundsteuer der Fall, und dieser Einfluß der Abgeordneten aus Galizien bringt sich nicht nur in der Legislative
zur Geltung, deren erster Präsident ein Pole mit einem in
der constitutionellen Entwicklung des Reiches vielgenannten
und mit Recht hochgeachteten Namen ist, sondern auch im
Rath der Krone, wo das in Oesterreich doppelt wichtige
Portefeuille der Finanzen einem Polen anvertraut ist, in welchen ein zweiter ohne ein bestimmtes Ressort aber zur Entscheidung für alle Galizien betreffenden Angelegenheiten berufen wurde.

Wenn man von den Abgeordneten aus Galizien spricht
und unter denselben die Polen versteht, so ist dies eigentlich
erst seit den letzten Wahlen im vollen Sinne des Wortes
wahr; bis zu diesem Zeitpunkt ward Galizien auch durch
eine größere Anzahl Ruthenen repräsentirt, deren Vertreter
gegenwärtig nur noch in der Stärke von drei Mann vorhanden sind.

Wenn etwas im Stande ist die Fortschritte, welche die

Polonisirung in Galizien gemacht, die unumschränkte Herr=
schaft des Polenthums daselbst zu charakterisiren, so braucht
man nur den Ausfall der letzten Wahlen ins Auge zu
fassen. Galizien hat nach der Zählung vom 31. December
1880 eine Bevölkerung von 5,938,461 Einwohnern, von
denen 3,058,400 der polnischen, 2,549,707 der ruthenischen
Nationalität angehören; der Rest sind bis auf ca. 6000 Böhmen,
Slovaken und Rumänen jene 324,336 Deutsche, welche die
deutsche Umgangssprache angegeben haben. Diese Bevölkerung
wählt 63 Abgeordnete, von denen nach dem Resultat der
letzten Wahlen nahezu 60 auf die Polen und 3 auf die
Ruthenen entfallen, die noch im früheren Reichsrath durch
17 Abgeordnete vertreten waren, eine Ziffer, die auch bereits
außer Verhältniß zur numerischen Stärke der ruthenischen
Bevölkerung stand, die aber doch immerhin den Schein einer
Repräsentation beanspruchen konnte.

Jetzt haben 2,549,707 Ruthenen drei Abgeordnete, die
ihre Interessen wahren, und wenn man die Recht und Gesetz
verhöhnenden Wahlacten liest, wenn thatsächlich festgestellt
wird, daß der polnische Bezirkshauptmann bei einer Ge=
fährdung der Wahl des polnischen Candidaten die ruthe=
nischen Wähler einfach durch Gensdarmen abführen ließ,
wenn man die Zusammensetzung der Wahlcommissionen und
deren Ingerenz authentisch und durch Belege erhärtet mit=
theilen hört, wie dies die ruthenischen Abgeordneten im
Reichsrath gethan, so glaubt man einem Roman zu lauschen,
und es ist nicht zu leugnen, daß dies alles ein merkwürdiges
Seitenstück für den Parlamentarismus in Oesterreich ist und
eine eigenthümliche Illustration für jene Toleranz, welche
die Polen gegen ihre slavischen Stammesgenossen, die mit

ihnen dasselbe Land bewohnen praktisch in Anwendung zu bringen wissen. Doppelt ernst wird dieses Vorgehen durch das confessionelle Moment, da die Ruthenen der griechisch=katholischen Kirche angehören, die sich der griechisch=orien=talischen, der russischen nähert und da sie, die „Kleinrussen", sich unter dem Druck der Polen doppelt stark zu dem großen russischen Nachbarland hingezogen fühlen, mit dessen Volk sie stammverwandt, in dem sie ihren Schutz und ihre Hoff=nung erblicken, nachdem Oesterreich sie hülflos ihren pol=nischen Bedrängern überläßt.

Die Bewegung unter den Ruthenen verdient eine Be=achtung, die weit über die Grenzen Galiziens hinausgeht, da die tiefgehende Unzufriedenheit derselben sich im Fall einer auswärtigen Complication in gefährlicher Weise äußern kann.

Die Ruthenen waren treue Unterthanen von Oester=reich und sind es gewiß auch heute noch; dieses arme auf niedriger Culturstufe stehende Volk, dessen Leidensgeschichte unter polnischer Herrschaft eine furchtbare ist, wäre ent=wickelungsfähig gewesen, hätte Oesterreich in seiner ur=sprünglichen Haltung, in seiner culturellen Mission gegen=über demselben beharrt; der namenlose Druck, den gegen=wärtig das vollkommen polonisirte kaiserliche Beamtenthum, den die autonome galizische Verwaltung übt, zwingt ge=waltsam zu russischen Sympathien und erst die Zukunft wird zu entscheiden vermögen, ob bei einem eventuellen Zu=sammenstoß mit einer auswärtigen Macht die alte Treue der Ruthenen noch unerschüttert besteht, ob sie Seite an Seite mit den Polen gegen ihre Stammesgenossen zu fechten

gewillt oder ob ihnen der Augenblick der Gefahr die Erinnerung ihrer blutigen Leiden ins Gedächtniß ruft.

Eine gerechtere Handhabung der Gesetze, ein Schutz
gegen die Willkür ihrer Bedränger, eine Bethätigung des
Factums, daß die Ruthenen Unterthanen der großen österreichischen Monarchie und nicht solche der Polen sind, könnte
manches wieder zum Guten wenden und jenem Element
unter ihnen zum Siege verhelfen, das jederzeit unerschütterlich zu Oesterreich gestanden und den Gesammtstaat vertheidigt hat, das jeder Annäherung an Rußland abgeneigt,
zu Oesterreich und seiner Dynastie halten will, so lange
Oesterreich nicht selbst dasselbe verläßt und verstößt.

Das polnische Element ist herrschend geworden in Galizien und hat das österreichische verdrängt; eine Rückgewin-
nung Galiziens in dem Sinn, daß dasselbe vollkommen seinen
früheren Charakter, den Charakter einer Provinz von Oesterreich trägt, ist ausgeschlossen, und das in Posen täglich mehr
und mehr an Terrain verlierende Polenthum, dessen Stammes-
brüder in Rußland verfolgt und getreten werden, hat in
Oesterreich eine zweite Heimath gefunden und ist unter Habs-
burgs Banner zu neuem Leben erwacht. So eigenartig
diese Erscheinung ist, so wünschenswerth es seinerzeit gewesen wäre, die Bevölkerung des Königreichs Galizien
gänzlich dem Oesterreicherthum zu assimiliren, so involvirt
doch diese Erstarkung der polnischen Nationalität keine Gefahr für die österreichische Monarchie. Wenn Oesterreich
eine auswärtige Action zu bestehen hat, so kann sie aller
Voraussetzung nach nur von Osten, von Rußland kommen,
und diesem Angriff gegenüber ist das Polenthum eine feste
Vormauer, ein zuverlässiger Schirm, jenes Polenthum, das

in der Vertheidigung von Oesterreich sich selbst vertheidigt, dessen letzte Stunde geschlagen hätte, wäre der österreichische Staat zum Untergange bestimmt.

Der Werth aber, den das polnische Element für Oester= reich besitzt, würde vollkommen aufgewogen, wenn ein nume= risch nicht minder starkes, reichstreues und kaiserlich gesinntes Volk, wie es das ruthenische ist, das ebenso wie die Polen das Grenzland gegen Rußland bewohnt, in das Lager der Gegner von Oesterreich getrieben wird, und der Nothschrei der Ruthenen ist eine ernste Mahnung für die Staatsmänner der österreichischen Monarchie wie für die Polen selbst, deren innerstes Lebensinteresse ein starkes Oesterreich verlangt.

Die Abgeordneten des Königreichs Galizien im öster= reichischen Reichsrath würden gut daran thun sich diese Sachlage stets vor Augen zu halten; sie würden in ihrer Heimath gerechter gegen die Ruthenen, im Parlament ge= rechter gegen die Deutschen sein, welche die Bedingungen der eigensten Existenz der Polen verfechten, die nur in einem starken und mächtigen Oesterreich, nur in einem widerstands= fähigen Gesammtstaat zu finden sind.

Unendlich viel, fast eine vollkommene Autonomie hat die Verfassungspartei den Polen geboten und Alles, was ohne Zertrümmerung der Staatseinheit gewährt werden kann, wird jede österreichische Vertretung ihnen darbieten müssen. Aber auch die „polnische Delegation" darf nie der Pflichten vergessen, die sie der österreichischen Monarchie gegenüber hat, die, darüber kann auch der leidenschaftlichste polnische Patriot, der die Wiederherstellung von Polen träumt, wohl kaum in Zweifel sein, den letzten Hort, die letzte Zuflucht der polnischen Nationalität in Europa bildet.

und entgegen den Staaten, die das polnische Bewußtsein unterdrücken, dessen Entwickelung mächtig gefördert hat.

Wohl gibt es ein Feld, auf dem das polnische Element, dessen nationale Sicherheit in Oesterreich vollständig gewährleistet ist, weiten Raum für seine Thätigkeit fände, auf dem die Erfolge, die es zu erringen vermag, zugleich dem gesammten Reiche zu Gute kämen; dies wäre die Hebung der wirthschaftlichen Prosperität seines Heimathlandes, ohne welche auch eine nachhaltige politische Kraftentfaltung unmöglich ist.

Die wirthschaftlichen Verhältnisse Galiziens sind so ernster Art, daß sie Bedenken auch gegen die politische Widerstandsfähigkeit hervorrufen müssen, und wenn man den materiellen Wohlstand als Maßstab nimmt, so ist nicht zu verkennen, daß derselbe im russischen Congreßpolen, obgleich dies in agrikoler Beziehung ursprünglich minder begünstigt als Galizien, ein ungleich höherer als in diesem ist. Abgesehen davon, daß Russisch-Polen eine ausgedehnte und kräftige Industrie besitzt, die in dem österreichischen Theile des einstigen Polen vollständig fehlt, so ist auch der landwirthschaftliche Besitz im allgemeinen dort weit besser situirt, als dies in Galizien der Fall, und da diese Momente nicht lediglich aus dem Schutze, den eine absolute Regierung fast stets der Arbeit gewährt, nicht allein aus den hohen Grenzzöllen oder aus geographischen und Verkehrsgründen resultiren, so wesentlich auch diese Factoren in Rechnung zu ziehen sind, so bleibt als Hauptursache nur die Erklärung übrig, daß in Rußland das polnische Element neben dem deutschen der Ostseeprovinzen als das culturell am höchsten stehende figurirt, dem die Concurrenz über ein ganzes un-

geheures Reich gegen minder gebildete Nationen gestattet ist,
während in Oesterreich das umgekehrte Verhältniß Platz
gegriffen, da hier die Polen den Wettkampf mit hoch=
entwickelten Ländern unter relativ ungünstigen Chancen zu
führen gezwungen sind.

Es ist unendlich schwierig, unter einer Finanzlage, wie
es diejenige der österreichischen Monarchie, mit großen
Mitteln Hülfe zu leisten, besonders da die Kräfte des
Reiches nach allen Seiten in Anspruch genommen sind;
auch darf nicht unerwähnt bleiben, daß immerhin, wenn
man die verfügbaren Mittel betrachtet, nicht wenig für
Galizien geschehen ist; aber das Reich kann und wird sich
nicht der Nothwendigkeit entziehen für die wirthschaftliche
Hebung dieser Provinz weitere und größere Opfer zu
bringen, wenn auch eine wirkliche Prosperität dieses Landes
allein durch die Initiative seiner Bewohner, durch die
culturelle Entwicklung der Bevölkerung zu ermöglichen ist.
Einzelne Ziffern sprechen traurig genug, die das statistische
Bureau des galizischen Landesausschusses unter der Leitung
des Professors Dr. Pilat in einer Abhandlung über
„gerichtliche Feilbietungen bäuerlicher und kleinstädtischer
Realitäten in den Jahren 1875 bis einschließlich 1879"
bekannt gegeben. Die Angaben über die Zahl der Feil=
bietungen sind nach Gerichtssprengeln, innerhalb derselben
wieder nach Ortschaften specialisirt. Im Gerichtsbezirke
Krakau kamen in den Jahren 1875 bis inclusive 1879
1777 Feilbietungen vor; im Sprengel Neusandec 170, in
Tarnow 560, Rzeszow 899, Przemysl 1489, Lemberg 1315,
Zloczow 878, Tarnopol 589, Sambor 1723, Stanislau 431,
endlich in Kolomea 681, zusammen 10,512. Das Bild

wird wesentlich klarer, wenn man die Percentualsteigerung der Feilbietungen seit 1875 berechnet. Hält man die obige Reihenfolge der Gerichtssprengel fest, so ergibt sich folgende Zunahme: 62, 109, 145, 119, 136, 105, 526, 323, 69, 661 und 311 Procent — im Durchschnitt für alle Bezirke eine solche von 139 Procent.

Diese Ziffern zeigen, wie förderlich für Galizien eine Haltung seiner Vertreter wäre, die in erster Linie das wirthschaftliche Moment im Auge hat; von politischen und staatsrechtlichen Veränderungen in Oesterreich materielle Er= folge zu erwarten, ist eine Illusion; ihren nationalen Forderungen ward entsprochen, und was den Polen, ohne das Wohl des Ganzen in Frage zu stellen, gewährt werden kann, wird ihnen jede Partei in Oesterreich gewähren müssen.

Wird jedoch mit ihrem Beistande die Reichspartei ge= schwächt, leidet der Gesammtstaat als solcher Schaden, dann werden sie vielleicht noch mehr als die anderen nationalen Fractionen der Rechten die Folgen für ihr Vorgehen zu tragen haben, das, ihre Stellung anlangend, fast selbst= mörderisch genannt werden kann.

Was nun die letzte nationale Gruppe der „Rechten", die Slovenen und Südslaven, betrifft, so schließen sich diese den föderalistischen Tendenzen mit Eifer an und unterstützen den Kampf gegen das deutsche Element, das ihnen gegenüber die Reichsidee vertritt, mit aller Macht. Jene hohe Cultur aber, jene Entwickelung, deren sich ihre Verbündeten aus Böhmen rühmen dürfen, fehlt ihnen noch; ihre Agitation hat erst seit dem Bestande der Verfassung, seit auch ihnen Gelegenheit geboten, ihre Wünsche zur Geltung zu bringen,

11 *

Bedeutung erlangt, und wenn trotz alledem die slovenische Bewegung, die man vor einigen Decennien kaum gekannt, fortwährend an Boden gewinnt, so ist dies nur unter dem Schutze der freiheitlichen Rechte, welche die Verfassung gewährt, erklärlich, leider aber ist nicht zu verkennen, daß auch den Slovenen gegenüber das Deutschthum, die Vertretung des einheitlichen Oesterreich, Einbuße erleidet, und es ist zu befürchten, daß die nationale Agitation stets neue Kreise erfaßt, wenn ihr gegenüber vollkommene Passivität oder gar eine wohlwollende Haltung beobachtet wird.

Es sind sehr ernste Consequenzen dieser Neutralität, die bereits in den gegenseitigen Beziehungen der Slovenen und Deutschen, in denen der Südslaven und Italiener zu Tage treten, und wenn nicht über diesen Differenzen die Macht einer starken Centralgewalt, die Autorität der Regierung erhalten bleibt, so wird auch in den südlichen Ländern der Reichsgedanke immer mehr und mehr unter den nationalen Ansprüchen und Bestrebungen, unter den föderalistischen Tendenzen verschwinden.

All' diesen nationalen Velleitäten bietet eine Gruppe der Rechten treue Unterstützung dar, die eigentlich eine centralistische ist und sich hauptsächlich aus Ländern rekrutirt, die, jeder föderalistischen Strömung abgeneigt, zu allen Zeiten unerschütterliche Vertheidiger des Reiches und des einheitlichen Oesterreich gewesen sind. Diese, die klerikale Fraction hat, um ihre Ziele zu erreichen, eine Allianz geschlossen, die ihrer ganzen Vergangenheit und ihrem innersten Wesen widerstrebt, ebenso wie ihre Verbündeten, um ihre Zwecke zu fördern, sich bereitwillig dazu hergeben, Forderungen zum Siege zu verhelfen, denen sie ohne die

zwingende Nothwendigkeit der gemeinsamen Action wahr=
scheinlich selbst entgegengetreten wären.

Welche der beiden Gruppen, ob die nationale oder die
klerikale, deren jede die andere für ihre Interessen benutzen will,
zuletzt am besten agirt, wird erst die Zukunft entscheiden;
gegenwärtig, wo eine auf die andere angewiesen, unterstützen
sie sich wechselseitig mit aller Macht, und diese Einigkeit wird
zweifelsohne so lange währen, als es sich um den Kampf gegen
die Verfassungspartei, um deren Zurückdrängen handelt.

Sollte eine Lage kommen, in der die Solidarität dieser
beiden Fractionen der Rechten in einem gemeinsamen
Regierungsprogramme auf die Probe gestellt wird, das
weiter reicht als eine auf den Moment berechnete Actions=
politik gegen die Verfassungstreuen, als ein Vorgehen
von Fall zu Fall, so werden sich sehr bedeutende Differenzen
ergeben und die Einigkeit der Rechten in Trümmer gehen.
Allerdings dürften dann die Chancen der Nationalen weit
günstiger als die der Klerikalen stehen, denn wenn auch
unter einer politischen Constellation, die den Wünschen der
Letzteren entspricht, unter einer Allianz, wo man ihrer be=
darf wie sie derselben bedürfen, ein Theil ihrer Ansprüche
berücksichtigt wird, so scheint doch die dauernde Herrschaft
eines klerikalen Regime in Oesterreich = Ungarn unmöglich,
und mindestens fraglich, ob, selbst wenn die Nationalen das
Heft ganz in die Hand bekämen, ein solches sich über die
ersten Stadien der Regierungsperiode derselben behaupten
könnte. Es ist in der österreichischen Monarchie nicht selten,
daß man, um einen Schritt nach vorwärts zu thun, deren
zwei nach vorn und einen wieder nach rückwärts geht, und
eine Situation, die sich so präsentirt, ist gewiß ebenso wenig

in der Gegenwart wie in der Zukunft ausgeschlossen, aber ein auf Decennien berechnetes klerikales Regiment ist nicht zu erwarten, und käme es ans Ruder, würde es außer an manchen anderen Factoren auch an der Unmöglichkeit scheitern, seine nationalen Bundesgenossen zufrieden zu stellen, ebenso wenig als diesen die Befriedigung der klerikalen Forderungen gelingen würde.

In Oesterreich und im österreichischen Parlament, speciell in der Verfassungspartei war übrigens, wenn auch die ver= fassungstreue Presse, wie leider nur allzu oft, sehr wenig glücklich zu Werke ging, niemals das Streben vorhanden eine anti= kirchliche Action zu beginnen, im Gegentheil ist sogar manches geschehen um gerechten Forderungen zu entsprechen, wie dies z. B. in Betreff der Besserung der materiellen Stellung des niederen Klerus der Fall. Immerhin wird man sehr gut daran thun sich stets vor Augen zu halten, wie wichtig die Wahrung der Form in kirchlichen Dingen ist. Wie wenig kann der Gebildete, der sich, einer leider zur Mode gewordenen Richtung folgend, sehr leicht erhaben dünkt über den positiven Glauben, der religiösen Formen entbehren; um wieviel weniger kann die große Masse auf sie verzichten, für welche sehr häufig in religiösen Angelegen= heiten die Form den Kern repräsentirt, der in allen schweren Stunden des Lebens die Religion der Trost, die erhebende Hoffnung ist. Die liberalen Parteien allüberall und auch in Oesterreich sollten diesen Factor in Rechnung ziehen, der sich immer rächt so oft man seiner vergißt; verlangt doch das dem Menschen innewohnende religiöse Empfinden auch seine äußere Form, für welche keine naturwissenschaftliche Lehre auch nur annähernd Ersatz zu bieten vermag.

Die Ziele, welche die klerikale Partei in Oesterreich ver=
folgt, gehen über diese Forderung hinaus und werden, wohl
nie realisirbar, gewiß nicht auf lange Zeit praktische Bedeutung
erlangen; aber zur Erreichung derselben hat sich die klerikale
Fraction den nationalen Gruppen verbündet, und sie, welche die
höchste Macht im centralistischen Oesterreich, im absoluten ein=
heitlichen Staate besaß, unterstützt jetzt jene Tendenzen, die
auf eine förderalistische Gestaltung des Reiches gerichtet sind.

Betrachtet man die beiden sich entgegenstehenden Par=
teien des österreichischen Parlaments, so bleibt eben trotz
aller Fehler, die sie beging, die „Linke" die Reichspartei,
welche den Staat in jenem einheitlichen Verband zu be=
wahren bestrebt, der aus der geschichtlichen Nothwendigkeit
entsprang, der die Stürme überdauert, welche das Reich be=
drohen, dessen Schöpfung und Festigung sich die erhabene
Kaiserin Maria Theresia zur Aufgabe gestellt, für dessen
Erhaltung ihr großer Sohn Joseph II. gelebt und gestorben.
Eng verbunden und unlösbar verknüpft mit dieser Gestal=
tung der österreichischen Monarchie ist auch die Stellung des
deutschen Elements im Reich, das vermittelnd zwischen all'
den verschiedenen Stämmen und nationalen Aspirationen, als
erster Culturträger der Monarchie dieser den Charakter ge=
geben und, ohne seiner eigenen Nationalität untreu zu
werden, ohne die Rechte der anderen Völker verletzen zu
wollen, doch vor Allem die Pflege des österreichischen Staats=
gedankens im Auge behalten hat. Daß dieser Staat nicht
anders mehr als auf constitutioneller Grundlage gedacht
werden kann, daß die einmal gewährten freiheitlichen Ge=
setze nicht mehr zurückzunehmen sind, daß der Geist des

Jahrhunderts einem Rückschritt widerstrebt, ist die Ueber=
zeugung der Verfassungspartei, die in ihrer Majorität einem
überstürzten Fortschritt entgegen, gewiß Vieles in dieser
Richtung durch eigenen Schaden gelernt und kaum mehr
weiter nach links gedrängt werden kann, so lange das Wahl=
system dasselbe bleibt, so lange die conservativen Elemente
den berechtigten Einfluß im Parlament besitzen, der geradezu
unentbehrlich in Oesterreich ist.

Indem die Verfassungspartei auf diesen Grundlagen be=
harrt, vertheidigt sie zugleich die Dynastie und das Reich
und erst, wenn auch sie zu einer nationalen, zu einer
national=deutschen geworden, hat das Parlament seine letzte
politische Partei verloren, ist auch die Reichspartei in eine
nationale verwandelt.

Auf der anderen Seite die „Rechte", die gewiß in ihren
einzelnen Fractionen von nicht minder patriotischen Motiven
geleitet, doch vollkommen widerstrebende, vielleicht noch nicht
einmal klar erkannte und klar definirte Ziele vor Augen
hat, die, einig in der Opposition gegen die Verfassungspartei,
einig in dem Ansturm gegen die von derselben vertheidigte
Basis des Staates, in dem Augenblick zerfallen muß, wo
sie anstatt der Negation ein positives Regierungsprogramm
für die innere Organisation und für die Beziehungen nach
Außen aufstellen soll. Selbst um ihre negativen Ziele zu
erreichen bedarf sie der Schwächung des deutschen Elements.
Um jene positiven nationalen Wünsche ganz zu befrie=
digen, welche die nationalen Fractionen der Rechten ver=
folgen, müßten die Deutschen der Stellung vollkommen ent=
sagen, die sie Jahrhunderte hindurch in Oesterreich behauptet,
müßte das Reich den Charakter verlieren, den es bis in die

Gegenwart und durch alle Noth der Zeiten getragen. Hier liegt aller Voraussicht nach die Scheide zwischen der klerikalen und nationalen Allianz, die dann ihr Ende erreichen muß, wenn eine von beiden Fractionen zur Einsicht gelangt, daß sie nur den Zwecken der anderen dient. Aber auch wenn dieses Bündniß von Dauer, wenn die Gleichartigkeit der Interessen stärker als ihre Divergenz, so würde der endgültige Sieg der Rechten eine geradezu unhaltbare Situation hervorrufen müssen, denn es dürfte in kurzer Zeit unmöglich sein all' den Ansprüchen zu genügen, denen die Dynastie gerecht werden soll.

Eine weitere Consequenz wäre die Vernichtung der ohnehin erschütterten Centralgewalt, die Zerstörung der gemeinsamen Bande und in naher oder ferner Zukunft als unausbleibliche Folge der Opposition von deutscher Seite eine Attraction des Nachbarreiches, die gegenwärtig weder von Außen noch von Innen zu fürchten ist. Bringen sich je die Wirkungen dieser Attraction zur Geltung, sie würden am deutlichsten fühlbar den nationalen Fractionen der Rechten erscheinen, aber es wäre zu spät ihren Einfluß zu paralysiren, und das, was ohne zwingende Nothwendigkeit hervorgerufen, würde gerade denen zum Verderben gereichen, die seine Ingerenz herbeigeführt. In der Mäßigung der nationalen Aspirationen, in der Erhaltung der Stellung des deutschen Elements, in der Unterordnung unter den Reichsgedanken liegt die Hoffnung auf ein segensreiches Wirken im Parlament, liegt die Garantie für den Bestand des Staates, dessen Lage nach Innen und Außen unendlich schwierig und sorgenvoll ist; werden diese Bedingungen bei Seite gelassen, sind die nationalen Tendenzen stärker als die Staatsidee, finden die

Interessen der einzelnen Länder mehr Beachtung als jene des
Reiches, so treten Gefahren heran, denen mit den vorhandenen Kräften kaum zu begegnen ist.

Ein unerschütterlicher Hort des Reichsgedankens und
der einheitlichen Grundlage des Staates, eine feste Stütze
der parlamentarischen Institutionen war seit dem Inslebentreten des constitutionellen Regime das österreichische Herrenhaus, dessen Mitglieder, erbliche und lebenslängliche, der
Kaiser ernennt. Seit dem Moment, wo sie durch die Verfassung geschaffen ward, hat die Pairskammer in ihrer überwiegenden Majorität jene Ideen unterstützt, die das Programm der Verfassungspartei des Abgeordnetenhauses bilden,
und wenn man diese Partei als ein Ganzes betrachten will,
so muß man vor Allem auch ihrer Vertretung im Herrenhause gedenken, wo sie Namen aus den ersten Familien des
Reiches, Generale, die ein Leben hindurch unter der schwarz-
gelben Fahne gedient, die ersten Autoritäten der Wissenschaft und die Repräsentanten der alten österreichischen
Bureaukratie in ihrer Mitte zählt. In der Majorität
dieser Versammlung fand die Idee des einheitlichen Oesterreich einen mächtigen Schutz und ihr Wirken ließ stets jenen
echt patriotischen Sinn erkennen, von dem ihre gesammte
Thätigkeit getragen ward. Weit entfernt, die durch die
realen Verhältnisse gegebene Grenze zu überschreiten, verschloß
sich die österreichische Pairskammer doch niemals den Anforderungen, die der Geist der Zeit an sie gestellt, und nicht
selten während der Herrschaft der Verfassungspartei war der
Blick ihrer leitenden Persönlichkeiten im Herrenhause ungleich
klarer und weit weniger von persönlichen Momenten beeinflußt als dies bei ihren Führern in der Volksvertretung der Fall.

Diese bewährte Majorität des österreichischen Herren=
hauses existirt nicht mehr; wiederholte Berufungen von
Pairs unter dem Ministerium Taaffe haben das Stimmen=
verhältniß verändert und den Schwerpunkt in eine Mittel=
partei gelegt, die ohne bestimmtes Programm doch weit
näher der Rechten als der Verfassungspartei der Pairs=
kammer steht; leider aber ist damit ein gutes Stück öster=
reichischer Tradition zu Grabe getragen und eine Institution
geschädigt worden, die sich in Oesterreich, verschieden von der
Beurtheilung der ersten Kammern in anderen Staaten, nicht
nur der Hochachtung, sondern auch aufrichtiger Sympathie
und einer nicht gewöhnlichen Popularität erfreute. All' jene
kleinen häufig persönlichen Momente, die im Abgeordneten=
hause ihre Wirkung äußerten, die in allen Ländern mehr
oder weniger vorhanden nicht wenig dazu beitragen, den
Respect vor dem Parlamentarismus zu mindern, kamen in
der Pairskammer nicht zum Ausdruck oder traten unkenntlich
dem großen Publikum vollkommen zurück; die Popularität
des Tages vermochte nicht den Einfluß zu üben, den sie auf
die erwählten Vertreter des Volkes besitzt, und das klare und
patriotische Vorgehen des Herrenhauses war vorzüglich die
Ursache, daß das Ansehen, aber auch die Bedeutung desselben
weit über das gewöhnliche Niveau emporgehoben ward.
Mehrfach fanden wenig glückliche Actionen der Volksver=
tretung im Herrenhause die erwünschte und dringend ge=
botene Correctur, und in großen politischen Fragen waren
nicht selten die Pairs und ihre Unterstützung, der Club des
linken Centrums im Abgeordnetenhause die einzige Bürg=
schaft für den Erfolg. Besonders stark trat der Einfluß
des Herrenhauses in den Delegationen hervor, jener eigen=

artigen österreichischen Institution, die ihre Fortexistenz nur
dem Umstand verdankt, daß sie unentbehrlich und absolut
nichts Besseres an ihre Stelle gesetzt werden kann, die aber
geradezu ein Unicum unter den parlamentarischen Einrich=
tungen Europas genannt werden muß.

Den constitutionellen Vertretungen beider Reichshälften
fehlt, wenigstens direct, die Ingerenz auf das wichtigste
Gebiet, der Einfluß auf die auswärtige Politik, und wie wenig
glücklich sich auch zumeist die Einwirkung parlamentarischer
Körperschaften auf die äußeren Angelegenheiten erwiesen, so
ist es doch immerhin ungewöhnlich, daß der Minister des
Auswärtigen in keinem der beiden Parlamente Sitz und
Stimme hat, in keinem derselben gehört werden kann, sondern
nur durch das Medium der Delegationen mit ihnen verkehrt.
Diese Delegationen, die in einer Stärke von je 60 Mann
aus den beiden Reichstagen von Oesterreich und Ungarn in
der Art gewählt werden, daß je 40 Delegirte das österreichische
und das ungarische Abgeordnetenhaus, je 20 die beiden ersten
Kammern entsenden, sind das alleinige Forum für die aus=
wärtige Politik und haben allein über die Summen zu ent=
scheiden, welche das Militärbudget, die gemeinsame Armee
in Anspruch nimmt; sie sind nicht etwa Commissionen der
beiden Reichstage, deren Beschlüsse durch das Plenum annul=
lirt werden können, sondern vollkommen selbständige Cor=
porationen, deren Entscheidungen respectirt werden müssen,
die sich ziffermäßig im Budget der beiden Vertretungen zur
Geltung bringen. In wenig Wochen erledigt die Delegation
die wichtigsten Fragen und die Beschlüsse, welche sie faßt,
sind ausschlaggebend für die finanzielle Situation der beiden
Theile der Monarchie.

Es ist nicht zu verkennen, daß eine solche Institution unendlich geschickt gehandhabt werden muß, wenn sie überhaupt bestehen soll; auch läßt sich nicht in Abrede stellen, daß bei einer so geringen Anzahl von Delegirten, von denen ein Drittheil die ersten Kammern entsenden, der Einfluß der Regierung naturgemäß jederzeit ein großer und mächtiger ist, aber immerhin ist diese Institution das einzige Band, das die Parlamente von Oesterreich und Ungarn verknüpft, und wenn man die gemeinsame Armee, wenn man die gemeinsamen Beziehungen erhalten will, so erübrigt eben Nichts als das Mittel der Delegationen, wenn deren ganze Existenz auch nur aus den eigenartigen Verhältnissen der österreichisch-ungarischen Monarchie erklärt werden kann.

Der mächtige Einfluß, welchen das Herrenhaus in der Delegation besitzt, gab vielfach Anlaß zur Opposition, besonders zu jener Zeit, als die Majorität der Verfassungspartei im Unterhause die bosnische Occupation und die mit derselben verbundenen Kosten bekämpfte; gegenwärtig sind diese Differenzen geschwunden und ein Contact zwischen der Verfassungspartei der beiden Kammern geschaffen, der, wenn er jederzeit bestanden, gewiß manchen Fehler verhütet hätte. Es ist kaum anzunehmen, daß in Zukunft die Majorität im Herrenhause der verfassungstreuen Partei gehören wird; die künftige Gruppirung entzieht sich jeder Voraussicht, wie überhaupt die größte Gefahr, die das gegenwärtige Regime in Oesterreich birgt, in der Unberechenbarkeit desselben liegt. Daß die Absichten des Ministerpräsidenten persönlich die lautersten, die besten und ehrlichsten sind, darüber ist gar kein Zweifel erlaubt, aber die Verhältnisse in Oesterreich sind stärker als jede Individualität, und Graf Taaffe steht heute schon an

einer anderen Stelle als dies ursprünglich der Fall und wird
am Endpunkt seiner Politik angelangt, kaum selbst mehr den
Ausgangspunkt zu erkennen vermögen.

Es ist das Unglück des constitutionellen Regime in
Oesterreich, daß die Gegensätze so schroff und die Mittel=
parteien so schwach, daß für eine Regierung in kürzerer
oder längerer Frist die Perspective vorhanden ist, entweder
die eigene Partei zu verlieren oder weiter gedrängt zu werden
als sie ursprünglich gewollt, und das Ministerium Taaffe,
dem eine eigentliche Regierungspartei vollkommen fehlt, kann
nur von Fall zu Fall eine Majorität gewinnen, die eben
von Fall zu Fall durch die „Rechte" beschafft werden
muß. Hierin liegt aber auch die Grenze für seine Action,
denn entweder die „Rechte" wird durch die ihr gewährten
Concessionen so stark, daß sie stärker ist als das
Ministerium selbst, oder die Regierung tritt den stets größeren
Ansprüchen entgegen und dann ist eine Lage geschaffen, die
sie bei dem Mangel einer zuverläßigen Stütze im Parlament
nicht mehr zu beherrschen und zu lenken vermag. Wenn ein
Regierungswechsel in Oesterreich eintreten sollte, so ist dieser
für den Moment nur in der Richtung denkbar, daß ein
Ersatz des gegenwärtigen Ministeriums durch Mitglieder der
hohen österreichischen Bureaukratie erfolgt, die meist zur Ver=
fassungspartei gezählt werden darf und sich in ihren An=
schauungen mit der conservativen Fraction derselben trifft.
Die Etablirung eines eigentlichen Parteiregime ist kaum zu
erwarten, aber auch die Berufung eines Beamtenministeriums
dürfte bei dem gefährlichen Zersetzungsproceß, der in der
Bureaukratie begonnen, nicht ohne Schwierigkeit zu voll=
ziehen sein.

Ob je wieder eine Veränderung eintreten wird, die die Verfassungspartei ans Ruder bringt, ist schwer zu bestimmen; daß aber keinesfalls eine solche Veränderung in so naher Zukunft vorauszusetzen, als dies von mancher Seite für möglich gehalten wird, ist selbst bei der Unberechenbarkeit österreichischer Verhältnisse und bei der raschen Wandelbarkeit derselben anzunehmen, wenn auch die Erfahrung zeigt, daß ein Wechsel in Oesterreich sich meist in dem Moment vollzieht, wo man ihn am wenigsten erwartet. In Oesterreich pflegt die Opposition von den Fehlern zu leben, die die Regierungspartei begeht, und die Regierung bemüht sich durch eigene Fehler die Fehler früherer Perioden vergessen zu machen. Verlangt nun auch die Gerechtigkeit es auszusprechen, daß das Ministerium Taaffe und die gegenwärtige Majorität sich mit größerer Vorsicht als die Verfassungspartei zur Zeit ihrer Macht benehmen, so wird immerhin die Action der Rechten unendlich schwierig, sobald sie über die Opposition gegen die Verfassungspartei hinausgehend sich über definitive Ziele einigen soll, und es ist nicht ausgeschlossen, daß nachdem auch die Rechte ihren Kreislauf vollendet und die Erinnerung an die Fehler der Verfassungspartei verblaßt, unter einer veränderten Constellation diese einmal wieder als die rettende, als die Partei der Zukunft erscheint.

Die Verfassungspartei bildet gegenwärtig nur einen Club im Reichsrath, der den Namen der „vereinigten Linken" trägt, der alle verschiedenen Elemente der ganzen Partei umfaßt und keine nationale Tendenz zum Ausdruck bringt, so unentbehrlich für den Bestand der Monarchie er auch die Wahrung der Stellung der Deutschen in Oesterreich erachtet.

Diese Vereinigung, neben welcher nur noch eine relativ

geringe Anzahl von Abgeordneten, sogenannten „Wilden"
exiſtirt, die der Verfaſſungspartei hinzuzurechnen iſt, involvirt
eigentlich einen nicht zu unterſchätzenden Sieg der gemäßigten
Elemente der Verfaſſungspartei, wenn auch erſt die Zukunft
entſcheiden kann, ob ſie von Dauer und widerſtandsfähig iſt;
ſollte ſie auf der Baſis, auf der ſie entſtand, erhalten werden,
ſo läßt ſich hoffen, daß ſie die Fehler vermeiden wird, welche
die Verfaſſungspartei früher beging, und daß ſie endlich ge=
lernt, was ſie in der Zeit ihrer Herrſchaft nie zu erlernen
vermocht, die Pflicht gegen eine Regierung aus ihrer Mitte,
die Einigkeit, die man nicht nur in der Oppoſition, die man
vor Allem bethätigen muß, wenn ein Miniſterium aus der
Partei ſich am Ruder befindet.

    Es mag vielleicht ſehr überflüſſig erſcheinen, ſich mit
der Frage zu beſchäftigen, was die Verfaſſungspartei zu thun
hat, wenn ſie jemals wieder zur Herrſchaft gelangt, da dieſer
Fall möglicherweiſe nie mehr eintreten wird, und ſicher
iſt es, daß wenn er eintreten ſollte und ihr Regime Dauer
beanſpruchen will, dies nur zu erreichen iſt, wenn irgend eine
Fraction der Rechten ſich wenigſtens in der Art der Ver=
faſſungspartei nähert, daß ſie neutral zwiſchen der Rechten
und Linken ſteht und mindeſtens in manchen Fragen eine
Unterſtützung der „Linken" bildet, da die nationale Be=
wegung, darüber iſt gar kein Zweifel möglich, derart erſtarkt,
daß ein Regime, das lediglich als Parteiregime zu betrachten
wäre, das als einzige Stütze die Verfaſſungspartei beſitzt,
ſich dauernd kaum mehr behaupten und halten kann.

    Wenn es trotzdem nothwendig iſt, ſich mit der Zukunft
der Verfaſſungspartei und der Eventualität einer Regierung
aus oder mit derſelben zu beſchäftigen, ſo findet dies ſeine

Erklärung darin, daß in ihr heute noch die einzige Partei
zu erblicken ist, in der das staatliche Moment das nationale
überwiegt, daß sie deshalb für die österreichische Monarchie
und speciell für die diesseitige Reichshälfte nicht eine regierungs=
fähige oder eine oppositionelle Partei, sondern eine politische
Nothwendigkeit bedeutet, für die gegenwärtig gewiß kein
besserer Ersatz vorhanden, für die auch in Zukunft nur sehr
schwer ein besserer Ersatz zu beschaffen ist.

Mit den Versuchen, welche die jetzige Regierung
unternimmt, die in der Wahlreform ihren Ausdruck finden,
lassen sich vielleicht momentane Erfolge erzielen, ein bleibender
Nutzen aber wird kaum erreicht, vielmehr ist die Befürchtung
nicht ausgeschlossen, daß sie sehr ernste Consequenzen hervor=
rufen können. Diese Wahlreform wird ihre Wirkung in
doppelter Richtung äußern, erstens, daß anstatt der vom
fideicommissarischen und allodialen Großgrundbesitz gemeinsam
gewählten Abgeordneten in Zukunft besonders erwählte Ab=
geordnete des fideicommissarischen und allodialen Besitzes
in der Volksvertretung erscheinen, und zweitens „daß durch
das Wahlrecht der sogenannten „Fünfguldenmänner", durch
die Ermäßigung des Census eine neue Gruppe ihren Einzug
in die Legislative hält; zwei Momente von hoher Bedeutung,
denen gegenüber die Neuerung gänzlich verschwindet, daß
von nun ab der böhmische Großgrundbesitz nicht mehr in
Prag, sondern in fünf verschiedenen Städten von Böhmen
wählt, daß hiedurch derselbe nicht mehr als Ganzes sondern
durch seine beiden Fractionen, aller Wahrscheinlichkeit nach
aber, Dank der getroffenen Eintheilung, hauptsächlich durch
die „conservative" oder „feudale" Gruppe vertreten wird.
Diese Wahlreform ist eine Concession nach Rechts und nach

Links, sie muß und wird die Mitte schwächen und involvirt
eine Verstärkung, die aller Voraussetzung nach hüben und
drüben einer extremen Richtung zu Gute kommt.

Für das so wichtige in Oesterreich fast unentbehrliche
Wahlrecht des Großgrundbesitzes aber bedeutet die Wahlreform
eine große Gefahr; wer zu viel verlangt, kommt nur allzu
leicht in die Lage Nichts zu erhalten und Alles zu verlieren,
und wenn auch in einer Situation, wie es die gegenwärtige
ist, sich scheinbar das Ansehen und der Einfluß der Vertretung des Großgrundbesitzes kräftigen werden, so ist doch
andererseits durch diese Veränderung die Discussion über das
Wahlrecht des Großgrundbesitzes auf die Tagesordnung gesetzt,
eine Discussion, die nicht mehr verstummen und in einem
gegebenen nahen oder fernen Moment sich sehr unglücklich
für den Großgrundbesitz wie für den Constitutionalismus in
Oesterreich zum Ausdruck bringen wird. Der fideicom-
missarische böhmische Großgrundbesitz, der bereits eine sehr
starke und vollberechtigte Repräsentation in der Pairskammer
hat, erhält nun auch in der Volksvertretung ein entscheiden-
des Wort und dieses „Zu viel“ kann leicht dahin führen,
daß der Großgrundbesitz überhaupt eines Tages das ihm
eingeräumte besondere und bevorzugte Wahlrecht verliert, da
die Gründe, die für dasselbe sprechen, vom staatlichen Standpunkt aus gewiß unwiderlegbar sind, von den einzelnen
Fractionen des Reichsraths aber, je mehr die Reichspartei
oder die Mittelparteien an Kraft verlieren, kaum vertheidigt
oder acceptirt werden dürften.

Das Wahlrecht der „Fünfguldenmänner“, die Ermäßigung des Census wird zweifelsohne ebenfalls einen momentanen Erfolg der Regierung, eine Schwächung der ihr oppo-

sitionell gegenüberstehenden Verfassungspartei mit sich führen, aber auch hier entzieht sich die letzte Consequenz noch jeder Voraussicht und die Zukunft erst wird zu entscheiden vermögen, ob der erzielte Gewinn nicht zu theuer erkauft.

Gewiß unterliegt es keiner Frage, daß als wünschenswerthes Ziel des Constitutionalismus die Einführung des allgemeinen Wahlrechts ohne jede Einschränkung erstrebt werden muß; aber jeder Fortschritt in dieser Richtung ist ohne ernste Gefahr nur dann zu erreichen, wenn die allgemeine Bildung bereits zum Gemeingut der weitesten Kreise geworden, wenn alle Schichten des Volkes bereits an ihr participiren. Daß eine gewisse, wenn auch noch so bescheidene Wohlhabenheit im innigen Zusammenhang mit der Möglichkeit der Ausbildung steht, ist nicht zu verkennen, und in einem Staat mit Ländern von so verschiedener Bildung und Cultur, wie dies in Oesterreich der Fall, scheint es dringend geboten doppelt vorsichtig bei der Verbreiterung des Wahlrechts zu sein. Jede Verbreiterung des Wahlrechts in Oesterreich, die vorzeitig eintritt, wird als Resultat die Herrschaft der Phrase, die bereits jetzt, vorzüglich Dank der Presse, einen traurigen Einfluß übt, das Aufstellen unklarer und unmöglicher Programme hervorbringen müssen; sie wird aber auch der nationalen Bewegung mächtigen Vorschub leisten, und in einzelnen Ländern wie z. B. in Mähren das deutsche Element bleibend zur Minorität verurtheilen.

Wer die Stellung der Deutschen in Oesterreich und damit das Reich selbst erhalten will, kann nicht im Zweifel sein, daß ein Wahlrecht, das einfach die Stimmen zählt ohne sie zu wägen, in Oesterreich unmöglich ist ohne das deutsche Element zu gefährden, das der Monarchie ihren Charakter gegeben,

das hervorragend an Intelligenz, an geistiger und wirthschaft=
licher Kraft in Oesterreich eine Bedeutung besitzt, die nicht
allein nach der Kopfzahl bestimmt werden kann, obgleich auch
diese fast 40°₀ der gesammten Bevölkerung von Cisleithanien
beträgt. Gleichzeitig aber ist die deutsche Bevölkerung in Oester=
reich, und diese Thatsache darf nicht vergessen werden, auch die
hauptsächlichste Vertretung der Bourgeoisie, und die Repräsen=
tation des Großgrundbesitzes, wie sie bisher im Reichsrath
bestand, war dieser Bourgeoisie ungleich näher verbunden
als dies in Zukunft, nach Einfügung des Fideicommiß=
besitzes als selbständigen Wahlkörpers der Fall sein wird. Aller
Voraussicht nach dürfte die Verfassungspartei eine doppelte
Einbuße erfahren, erstens jene, die ihr durch die Ver=
änderung der Wahlordnung des Großgrundbesitzes droht und
zweitens diejenige, welche die Ermäßigung des Census im
Gefolge hat, da durch diese eine Anzahl Sitze fast mit Sicher=
heit in die Hände der Nationalen, der Klerikalen oder ultra=
fortschrittlicher Elemente gelangen wird. Die Verfassungs=
partei, die als Vertretung der deutschen Bevölkerung nicht
zum mindesten auch eine Vertretung des Bürgerthums war,
hat ihrer Mission in vieler Beziehung gewiß nicht ent=
sprochen und viele Erwartungen getäuscht; vor Allem wohl
Dank einer Führung, die ihre Aufgabe darin fand unter allen
Verhältnissen populär zu sein und um jeden Preis populär
zu bleiben, die weit weniger die Führung selbst als den
Schein einer solchen besaß, weil sie kaum je den Muth fassen
konnte sich der gerade herrschenden Strömung und den Schlag=
worten der Presse zu widersetzen und besonders bestrebt war
„d'être le fournisseur de sa majesté le public." Auch
hat diese Führung nicht selten des weiten Blickes entbehrt,

der zur Leitung einer großen politischen Partei unbedingt erforderlich ist, und so unantastbar die persönliche Integrität des Führers, so zweifellos und hervorragend sein Talent, die Thatsache ist nicht in Abrede zu stellen, daß sich dieses Talent vor Allem in einer rein kritischen und negativen Thätigkeit gefiel und seinen Ruhm in dieser Richtung suchte und fand.

Aber dieses Nichtgenügen manchen Ansprüchen gegenüber kann unmöglich ein Grund dafür sein, das Element zu schädigen, das den eigentlichen Kern der Verfassungspartei bildet, und wenn sich auch zeitweise leichter mit der Rechten oder mit weiter linksstehenden Fractionen regieren läßt, so wird doch vor Allem unter Zeitverhältnissen, wie es die jetzigen sind, wenn man nicht nur über die nächste Verlegenheit hinwegkommen will, sondern das bleibende Beste des Staates im Auge hat, eine besondere Rücksicht der Vertretung gezollt werden müssen, die mehr als die anderen Gruppen eine Vertretung des Bürgerthums ist, doppelt in einem Staat, in dem so wenig Bürgerthum wie in Oesterreich vorhanden, doppelt in einem Staat, der so viele centrifugale Elemente wie Oesterreich besitzt. Sowohl jene Schwärmer, und auch diese Richtung scheint wenigstens vereinzelt im österreichischen Reichsrath vertreten, die da glauben, die Bourgeoisie sei corrumpirt und überlebt und eine Reform an Haupt und Gliedern könne nur durch den Adel erfolgen, der sich dem vierten Stande oder ultrafortschrittlichen Elementen verbinden müsse, wie diejenigen, die da meinen, daß man in Oesterreich Adel und Bürgerthum gleichzeitig umgehen könne, daß die Zukunft lediglich vom vierten Stand zu erwarten sei, dürften eine sehr schwere Enttäuschung erleben und eines Tages ihren

Irrthum bereuen; das Bürgerthum ist nicht corrumpirt und nur, wo dasselbe seine Aufgabe erfüllt, nur dort, wo dasselbe zwischen der Aristokratie und dem Arbeiter steht, wo Alle gemeinsam und jeder dieser Factoren des staatlichen und politischen Lebens in seinem Kreise dem Staate dient, wird die Arbeit, wird die bürgerliche und politische Wohlfahrt ge= deihen. Die Verfassungspartei hat eine gute Sache leider nur allzuoft sehr unglücklich vertreten; der Individualitäten, die sich zur Geltung bringen wollten, waren zu viele; die Führung, stets bestrebt populär zu bleiben, weit mehr ge= führt als führend, nur in der Negation ihrer Aufgabe ge= wachsen, stand zu oft unter dem Einfluß derjenigen, von denen sie fürchtete übertroffen und in der Gunst der Presse oder der sogenannten öffentlichen Meinung entthront zu werden; ob die Partei gegenwärtig glücklicher organisirt und mehr ihrer Mission zu entsprechen vermag als dies früher der Fall, wird erst die Zukunft entscheiden; möchten aber wenigstens zum Besten der Monarchie selbst im schlimmsten Fall die großen Principien gerettet werden, denen die Partei ihr Entstehen verdankt, deren das Reich zu seiner Erhaltung bedarf.

Unter den Personen, die gegenwärtig eine Art Führer= schaft in der Verfassungspartei besitzen und speciell unter den jüngeren Kräften derselben tritt besonders der Deputirte der Egerer Handelskammer Dr. von Plener, der Sohn des ein= stigen Finanzministers von Plener hervor; ein Mann von festem und ausgeprägtem Charakter, von hoher Ehrenhaftig= keit, der mit dem Muth seiner Ueberzeugung ein nicht ge= wöhnliches Talent vereint; nur ist zu wünschen, daß der Parteimann und der Redner in ihm nicht den Politiker in den Hintergrund dränge, von dem man hoffen darf, daß er seinem Vaterlande noch große Dienste zu leisten vermag.

Es ist nicht zu leugnen, der Parlamentarismus in Oester= reich ist in mancher Beziehung ein künstlicher und wird nur langsam und vorsichtig, wenn man nicht die innersten In= teressen des Staates gefährden will, diese künstliche Gestaltung aufgeben können. Allüberall in Oesterreich ragt noch die Vergangenheit in die Gegenwart hinein, wir sind zu ab= solutistisch um liberal regiert zu werden und zu liberal als daß man uns absolutistisch regieren kann; wir sind zu ungleich an Sprache, Bildung und Cultur, als daß für uns alle derselbe Maßstab gegeben und möglich wäre und so lange nicht wenigstens bis zu einem gewissen Grade sich dieser Ausgleich vollzogen, so lange wird man mit dem künstlichen Parlamentarismus, wie er in Oesterreich besteht, vorlieb nehmen müssen, der mit der Initiative einer selbstbewußten Regierung und mit der Unterstützung einer richtig geführten und wohl disciplinirten Partei noch sehr viel Gutes zu wirken vermag, dessen Auf= gabe es ist das Terrain vorzubereiten, auf dem eine nächste Generation, die der künstlichen Stützen vielleicht nicht mehr bedarf, einst weiter bauen und schaffen kann.

Juden in Oesterreich.

Kaum eine Veränderung, die sich auf wirthschaftlichem oder socialem Gebiete vollzog, erscheint in ihren Consequenzen mehr in die Augen springend als jene, die in der Stellung der israelitischen Bevölkerung allüberall und speciell in Oester=reich=Ungarn innerhalb der letzten Decennien stattgefunden hat. Aus Unterdrückten und Geduldeten, aus Heimathlosen und Verfolgten sind die Juden binnen weniger Jahrzehnte gleichgestellte und gleichberechtigte Bürger des Reiches ge=worden und die Möglichkeit der freien Entwickelung hat es bewirkt, daß sie in vielen Zweigen des öffentlichen Lebens als nicht zu unterschätzende Mitarbeiter und Concurrenten, in einigen sogar dominirend und herrschend auftreten können.

Es ist ein ungeahnter Aufschwung, den in verhältniß=mäßig sehr kurzer Zeit die Position der israelitischen Be=völkerung genommen, ein Aufschwung, der so schnell und in so bedeutendem Maße eingetreten, daß man sich fragen muß, ob er nicht wenigstens in einzelnen Fällen fast zu rasch und zu gewaltig für die Emancipirten, und ob ihn nicht ernste Gefahren für diese selbst wie für die Gesammtheit der Be=völkerung begleiten können. Daß diese Verbesserung der Stellung der Israeliten, die überall stattgefunden, bei dem relativ starken Procentsatz derselben sich in der österreichisch=

ungarischen Monarchie noch in ganz anderer Weise zur Geltung
bringt, als dies z. B. in England, Frankreich und Italien,
ja selbst in Deutschland der Fall, ist leicht zu erklären, ebenso
wie die Thatsache, daß bei der oft noch sehr niedrigen Bil=
dungsstufe der christlichen Bevölkerung in einigen Theilen des
Reiches die Concurrenz des unleugbar begabten und uner=
müdlich thätigen jüdischen Elements weit größere Erfolge
erzielen muß, als dies unter anderen Verhältnissen der Fall
sein würde.

Verschieden, wie es die österreichischen Völker sind, sind
auch die Juden der Monarchie, und neben dem Juden, der
voll und ganz den Begriff des Staates erfaßt, dem sein
Glauben nur den Ausdruck religiöser Ueberzeugung repräsen=
tirt, findet sich die jüdische Bevölkerung nicht selten in einer
Anschauung befangen, die ihr den Glauben als Basis der
gesammten geistigen und politischen Existenz und den Staat
nur als zweiten und minderberechtigten Factor erscheinen
läßt. Neben dem Israeliten, der im öffentlichen Dienst
seine besten Kräfte dem Lande weiht; neben dem Manne der
Wissenschaft, dessen ernstes Streben den edelsten Zielen gilt;
neben dem Jüngling, der in der Armee militärische Disciplin
und die Pflicht gegen das Vaterland erfüllen lernt; neben
dem Industriellen, der Tausende fleißiger Hände beschäftigt,
und dem Kaufmann, der den Producten österreichischen Ge=
werbfleißes ein weites Feld zu eröffnen strebt; neben dem
Speculanten, der häufig den sittlichen Kern und die Form
seiner Religion vergessen hat, in seinen Fehlern und
Schwächen aber vielfach als Typus der Bekenner derselben
betrachtet wird; neben all' den Elementen, denen das Juden=
thum nur eine Confession oder eine pietätsvolle Erinnerung,

sehr häufig leider und gewiß nicht zum Glück auch in reli=
giöser Beziehung ein überwundener Standpunkt ist, finden
sich in einigen Ländern der österreichischen Monarchie noch
breite Schichten der israelitischen Bevölkerung vor, denen
noch gar nicht klar geworden, mit welchen Gütern der
moderne Staat sie so reichlich beschenkt, die in einer Ortho=
doxie und Intoleranz erzogen sind, gegen welche die Unduld=
samkeit vergangener Zeiten nicht zu erröthen braucht, die
ihren Gesichtskreis nicht über die engen Grenzen ihres
Ghetto zu erheben vermögen, denen ihr Glaube den Staat
und auch die Heimat ersetzt.

Fremde unter dem Volk, in dessen Mitte sie leben, ver=
gessen sie nur allzu oft die Pflichten, die der Mensch vom
Menschen, die der Staat von seinen Bürgern zu fordern be=
rechtigt ist, und wenn auch die Gründe, die diese Erscheinung
hervorgebracht, in einem tausendjährigen Druck ihre natur=
gemäße Erklärung finden, so wird doch die Thatsache selbst
dadurch in Nichts alterirt, und leider ist der Beweis nur
allzu häufig erbracht, daß die politische und sociale Er=
ziehung in manchen Kreisen der jüdischen Bevölkerung noch
zu beenden, vielfach erst zu beginnen und durchzuführen ist.
Wenn man die niedere Bildung, das wenig entwickelte Pflicht=
gefühl eines Theiles der Juden in einzelnen Ländern von
Oesterreich=Ungarn betont, soll damit gewiß nicht aus=
gesprochen werden, daß das Niveau, auf dem dort die christ=
liche Bevölkerung lebt, etwa ein höheres und besseres sei;
im Gegentheil gibt gerade die tiefe kulturelle Stufe, auf der
in einigen Provinzen der Monarchie die große Masse steht,
wenigstens theilweise die Erklärung auch für jene Fehler,
für die man mit mehr oder weniger Recht speciell die Juden

verantwortlich macht. Wäre ihre Assimilirung in diesen
Ländern schon gänzlich vollzogen, würden sie selbst darauf
verzichten, sich in erster Linie als Juden zu fühlen, so dürften
die Consequenzen, die ihre Thätigkeit begleiten, sehr häufig
eine andere Beurtheilung finden, da es gewiß auch vielfach
tüchtige Eigenschaften sind, die einem begabten und mäßigen
Bruchtheil der gesammten Population eine weit über seine
Zahl hinausgehende Bedeutung und Macht verleihen.

　　Der Einfluß, den die jüdische Bevölkerung gewonnen,
bringt sich vor allem im wirthschaftlichen Leben zum Aus=
druck, und es ist absolut unmöglich, sich den geschäftlichen
Verkehr in Oesterreich=Ungarn ohne die Mitwirkung der Juden
zu denken; es sind große und hervorragende Verdienste, die
sich die unternehmenden und rührigen Israeliten auf dem
Gebiete industrieller und kaufmännischer Thätigkeit erworben,
und wenn man den Aufschwung sieht, den trotz aller gegen=
theiligen Meinung innerhalb der letzten Jahrzehnte die ge=
sammte wirthschaftliche Entwickelung des Reiches genommen,
wenn man das Bahnnetz in's Auge faßt, das selbst die ent=
legensten Theile der Monarchie dem großen Verkehr eröffnet
hat, wenn man die Masse der Arbeit betrachtet, die jetzt fast
allüberall Erwerb und Nahrung gibt, und an eine nicht zu
lange hinter uns liegende Periode denkt, in welcher der
Arbeitsmangel eine fortwährend wiederkehrende und sehr
häufig bis zur äußersten Nothlage gesteigerte Calamität war,
so muß man erkennen, wie wenig in dieser Beziehung die
Vergangenheit das ihr gezollte Lob verdient, wie Vieles sich
zum Guten verändert hat, und man wird auch dem rastlos
thätigen jüdischen Element gerecht werden müssen, das einen
sicher nicht unbedeutenden Antheil an dieser Besserung der

gesammten Verhältnisse und an der Hebung der allgemeinen Erwerbsthätigkeit beanspruchen darf.

Gewiß, daß der speculative Zug, den gegenwärtig der kaufmännische Beruf so vielfach trägt, der wohl hauptsächlich durch den Umschwung seine Erklärung findet, der sich in Verkehr und Absatz vollzogen, für den man aber speciell die Juden verantwortlich macht, die Zahl und Intensität der Krisen vermehrt, und daß es schwere Nachtheile sind, die zeitweilig für die Gesammtheit ebenso in wirthschaftlicher als in socialer Beziehung durch jene Institution entstanden, die man als eine Domaine der Juden zu betrachten gewöhnt, die von den Einen als Basis des ganzen geschäftlichen Verkehrs, von den Anderen als „Giftbaum" bezeichnet wird, die weder das Eine noch das Andere ist, aber unter besonderen Verhältnissen sowohl das Eine wie das Andere werden kann.

Nicht nur an den Börsen von Oesterreich=Ungarn, an allen Geldmärkten des Continents und bis zu einem gewissen Grad auch in England, spielt das jüdische Element die tonangebende Rolle; es übt einen hervorragenden Einfluß auf den gesammten Verkehr, auf die gesammte commercielle Entwicklung aus, und es erscheint als der erste und bedeutendste Repräsentant des mobilen Capitals, das in einem Staat, der wie Oesterreich=Ungarn in einzelnen Theilen relativ noch wenig entwickelt ist, überhaupt einen weit größeren Werth im Verhältniß zum immobilen Vermögen und für die wirthschaftliche Thätigkeit im Allgemeinen besitzt, als dies in weit vorgeschrittenen Ländern unter gleichartigeren Productions= und Lebensbedingungen der Fall.

Wie man auch über Werth oder Unwerth der Börse

denkt, ihre Nothwendigkeit ist anerkannt, ihre Bedeutung bewiesen; ihr Einfluß aber bringt sich nicht nur auf wirth= schaftlichem, sondern auch auf socialem Gebiete zur Geltung und hat sich speciell in der österreichischen Monarchie zeit= weilig in sehr unglücklicher und moralisch schädigender Weise geäußert.

Nicht nur, daß die Sucht nach leichtem Gewinn in weite Kreise getragen und der Werth der wirklichen Arbeit beträchtliche Einbuße erfährt, nicht nur, daß eine Verschie= bung zu Gunsten des mobilen Capitals stattfindet, die eine ungesunde Wirkung ausüben muß; es tritt auch ein Element im socialen Leben hervor, das häufig ohne Bildung und Pflichtgefühl, durch einen glücklichen Wurf emporgekommen, auf sein Vermögen gestützt, sich für berechtigt hält, Alles zu wagen und Alles zu verletzen, und in Oesterreich und seiner Hauptstadt macht sich dasselbe weit mehr geltend, als dies wünschenswerth und thunlich erscheint. So wie ein Parvenu als Pflicht erkennen muß, durch weise Benützung der ihm gewordenen Glücksgüter eine moralische Entschul= digung für seine Schätze zu finden, so hat die jüdische Ge= sellschaft die Pflicht, die Welt mit ihrem Reichthum zu versöhnen; eine Versöhnung, deren sie umsomehr bedarf, als ihre Beurtheiler nicht nur den Reichthum als solchen, nicht nur die Art seines wahren oder vermeintlichen Erwerbs, sondern auch den Umstand in's Auge zu fassen gewillt, daß derselbe Solchen zu eigen ist, die vielfach als Eindring= linge betrachtet, sich noch das Vaterland zu verdienen haben, das erst seit einer kurzen Periode ihnen gleiche Rechte gewährt, in dem jedoch der Capitalbesitz, den sie erlangt, bereits die durchschnittliche Wohlhabenheit weit übersteigt. Jede Macht, die nur auf dem Gelde basirt, muß bei der Masse, die von rein menschlichen Motiven geleitet wird, wie bei den besser Denkenden Entrüstung und Haß erregen, wenn sie nicht durch die versöhnenden Attribute gemildert erscheint, die sie in eine wohlthätige und fördernde verwandeln, und wie der Parvenu verletzt, der mit seinen frisch erworbenen Schätzen eine Stellung usurpirt, zu der ihn Nichts berechtigt als dieser Besitz, so beleidigt sehr häufig ein großer Theil der jüdischen Gesellschaft durch einen Reichthum, der in provocirender Weise zur Schau getragen, ebenso durch seinen Mangel an wahrem Geschmack, wie durch die herausfor= dernde Art des Auftretens unangenehm berührt; denn er erweckt die Empfindung, daß der Betreffende Alles für er= laubt und Alles für käuflich hält.

Es gibt kein Wort des Tadels hart genug für Jene, die täglich mit frecher Stirn jedes bessere Gefühl verhöhnen und die öffentliche Meinung mit Recht erregen; diese Ele= mente haben ihre Glaubensgenossen weit mehr geschädigt, als irgend eine Agitation sie zu treffen vermocht, und da der Staat kein Mittel hat, um sie zu strafen, so bleibt nur die sociale Hilfe übrig, sie allüberall moralisch zurückzuweisen und ihnen gegenüber jene hermetische Abgeschlossenheit zu beobachten, die schon vom Standpunkt der Selbsterhaltung in diesem Falle besonders eine Pflicht der besseren israeli= tischen Gesellschaft ist.

Noch weit schmerzlicher muß sich ein solches Auftreten dort zur Geltung bringen, wo, wie in Oesterreich, die wirth= schaftliche Entwicklung noch ungenügend, und die allgemeine Wohlhabenheit auf relativ niederer Stufe steht; dort tritt zu dem verletzten besseren Gefühl auch noch der Haß gegen

den Parvenu, der gestützt auf sein Geld eine widerwillig
ertragene Herrschaft übt, dort verschwinden die komischen
Seiten dieses Auftretens vor dessen ernsten Consequenzen und
nur die korrumpirende und provocirende Wirkung bleibt
zurück.

Im hohen Grade interessant ist die Beobachtung, wie
verschieden die öffentliche Meinung dieselben Dinge beurtheilt;
den Schwächen und Fehlern des Adels bringt sie ein mildes
Verzeihen entgegen, ja mit einer gewissen Sympathie begleitet sie speciell in Oesterreich jene Extravaganzen, in deren
Uebung so häufig aristokratische Kreise ihr Vorrecht und die
Weihe ihrer Stellung erblicken; dem Parvenuthum gegenüber und speciell in Bezug auf die jüdische Gesellschaft und
die Matadore der Börse, verwandelt sich in Betreff der
Fehler die Duldung in Haß und Spott und jene freundlich-
verzeihende Sympathie erscheint durch eine kühl ablehnende
Haltung ersetzt.

Wenn von einem Parvenuthum der Börse gesprochen
wird, so darf man für dasselbe natürlich weder die Börse
als solche und ihren legitimen Verkehr, noch jene socialen
Kreise verantwortlich machen, die sich berechtigter und wahrer
Achtung erfreuen; daß aber weit mehr als wünschenswerth
in Oesterreich ein Element in den Vordergrund getreten, das
vielfach als Typus der jüdischen Gesellschaft betrachtet wird,
daß dasselbe eine Stellung usurpirt, die weder seiner Zahl
noch seiner Bedeutung entspricht, ist nicht zu verkennen,
und ebensowenig der Schaden, den es den Juden bringt, und
da für dieselben noch immer eine Art des solidarischen
Urtheils besteht, werden zugleich mit den Schuldigen auch
bis zu einem gewissen Grad Jene verurtheilt, die vollkommen

unbetheiligt, durch das gleiche Bekenntniß mehr unter deren Treiben leiden, als diejenigen, die dasselbe mit Spott oder mit Haß verfolgen können.

Das „Hepp, Hepp", das vielleicht den armen Hausirer begleitet, athmet zuweilen viel weniger Haß als der Gruß, der dem gestern noch unbekannten aber heute emporgekom= menen Glückskind der Börse entgegentönt, und wenn man seine Achtung dem arbeitenden Juden zollen muß, der uner= müdlich thätig den Lohn der ehrlichen Arbeit findet, dem Parvenuthum gegenüber versagt die Sympathie, und der gesunde Sinn des Volkes bäumt sich dagegen auf.

Man thut nicht gut daran, diese scheinbar minder wich= tigen Momente zu unterschätzen; sie spielen eine weit größere Rolle als man gewöhnlich glaubt und wie Hervorragendes im ganzen wirthschaftlichen Leben der Monarchie das jüdische Element unleugbar leistet, wie groß seine Bedeutung auf industriellem und commerciellem Gebiet und sein Einfluß auf den gesammten Verkehr, so sind doch neben seiner wohl= thätigen und fast unersetzlichen Thätigkeit auch sehr arge Schäden entstanden und diese Schäden, wirthschaftlicher wie socialer Art, zeigen sich sehr häufig in den Provinzen wie in der Reichshauptstadt, deren Anziehungskraft für die Juden aus allen Theilen des Reiches eine unendlich starke ist, eine Erscheinung, die übrigens ebenso wie in Oesterreich=Ungarn auch in Deutschland beobachtet werden kann.

Aber nicht nur auf wirthschaftlichem Gebiete allein tritt dem Beobachter, speciell in Wien, der Einfluß entgegen, den das jüdische Element sich in relativ kurzer Zeit in den ver= schiedensten Sphären und Zweigen menschlicher Thätigkeit errungen hat.

13*

Unter den Autoritäten der medicinischen, wie der juri=
stischen und philosophischen Fakultät, hört man die Namen
jüdischer Docenten und Professoren, Namen von so gutem
und reinem Klang, daß es ihnen zuweilen sogar gelingt, mit
jenem Theil ihrer Epigonen zu versöhnen, der in einer nicht
gewöhnlichen Ueberschätzung seiner unbedeutenden Personen
und Talente sich nur durch die Unerzogenheit seines Wesens
zur Geltung bringt.

Besonders die Freigebung der Advocatie hat in dieser
Beziehung sehr unglücklich gewirkt und das Rechtsgefühl der
Bevölkerung ist gewiß nicht durch den Umstand gehoben
worden, daß Alles und Jedes seinen Vertheidiger findet
und zwar nicht den Anwalt, den die mildere Auffassung des
Gesetzes dem Angeklagten gibt, sondern einen bereitwilligen
Freund, der seine Dienste jederzeit und für jede Handlung
zur Verfügung stellt.

Man vergißt nur allzuoft, daß es nicht genügt, den
wissenschaftlichen Anforderungen seines Standes zu ent=
sprechen, sondern daß auch sociale und moralische Pflichten
zu beobachten sind, wenn nicht das Ganze Schaden erleiden
soll; da aber sehr häufig weder die sociale, noch die mora=
lische Erziehung derjenigen vollendet ist, denen ihr Bildungs=
gang bereits eine verantwortliche Thätigkeit gestattet, so
ergeben sich nicht selten Mißstände sehr ernster Art, und
da ein bedeutender Procentsatz speciell in der Advokatie sich
aus der jüdischen Bevölkerung rekrutirt, so findet man die
Ursache dieser Schäden vor Allem in der verhältnißmäßig
sehr starken Ingerenz der Israeliten begründet.

Auch hier existirt eben keine Regel und läßt sich kein
solidarisches, sondern nur ein individuelles Urtheil fällen,

und wie häufig gerechtfertigte Klagen ertönen mögen, auch
das Gegentheil wird gewiß seine Bestätigung und jede
Richtung ihre Vertreter finden, so daß hier der Tadel und
dort das Lob ihre volle Berechtigung beanspruchen dürfen.

Daß sich die Juden in so großer Zahl, wie dies gegenwärtig
der Fall, den juridischen Studien zuwenden, datirt erst aus neuerer
Zeit. Den Grundstock des israelitischen Elements an den Univer=
sitäten bildeten lange Jahre hindurch die Hörer der medi=
cinischen Facultät. „Es gibt jüdische Familien, sagt Berthold
Windt in einem Aufsatz: „Die Juden an den Mittel= und
Hochschulen Oesterreichs seit 1850", in welchen Vater, Sohn,
Enkel und Urenkel Aerzte waren. Die Medicin ist gewisser=
maßen eine kosmopolitische Wissenschaft, die man allerorts
üben kann und deshalb vom Gesichtspunkte des Studiums
wie der Nützlichkeit, die praktischeste. Zudem ist der größte
Theil der israelitischen Studirenden arm, es muß daher
ihre Sorge sein, sich so bald als möglich selbständig zu
machen, wozu dem Arzte die meiste Gelegenheit gegeben
ist. Sofort nach dem Inkrafttreten des Staatsgrundgesetzes
vom Jahre 1867 und der neuen Advokatenordnung vom
Jahre 1868, durch welche die Ausübung der Advokatie frei=
gegeben wurde, nahm das Universitätsstudium der Israeliten
plötzlich eine andere Richtung. Das von denselben ziemlich
gleichgültig gelassene philosophische Studium erfreute sich
wegen der Möglichkeit der Anspruchsberechtigung auf ein
Lehramt, lebhafter Aufmerksamkeit; an den juristischen
Studien aber schwoll die jüdische Hörerzahl geradezu rapid
an. Die Hörsäle für medicinische Wissenschaften leerten sich
ebenso continuirlich, als jene für Rechtsgelehrsamkeit sich
füllten. Zudem wurde das medicinische Studium durch die

Rigorosenordnung vom Jahre 1872 namhaft erschwert, so
daß auch dieser Umstand auf den israelitischen Nachwuchs
der medicinischen Schulen nachtheilige Wirkung übte, wie
eine gleiche Nachwirkung der neuen medicinischen Studien=
ordnung auch in der Frequenz der Studirenden anderer
Confessionen unverkennbar ist."

Immerhin aber stellt sich für die Juden ihre Thätigkeit
auf dem Gebiete der Medicin, auf dem sie von alters her
stets wesentliche Erfolge errungen, auch heute noch günstiger
dar, und wenn auch ein großer Theil der jüdischen Studiren=
den zweifelsohne nicht genügend vorbereitet, Dank den Ver=
hältnissen, unter denen er groß geworden, geradezu nicht in
der Lage ist, den socialen und moralischen Anforderungen
seines zukünftigen Standes zu entsprechen, woraus gewiß
die größten Uebelstände entstehen, so hat doch — ganz ab=
gesehn von den hervorragenden israelitischen Professoren, auch
im Allgemeinen der so bedeutende Nachwuchs an jüdischen
Aerzten bei dem Mangel, der in einzelnen Provinzen der
Monarchie bisher überhaupt an Aerzten bestand, eher vor=
theilhaft als schädigend gewirkt. Wenn man bedenkt und
weiß, wie schwer der jüdische Arzt in kleinen Städten oder
auf dem flachen Lande — sei es in einer deutschen, slavischen
oder magyarischen Gegend — sein Brot, die Achtung und
das Vertrauen der Bewohner gewinnt, und wie oft er doch
dieses Ziel erreicht, so wird man der Aufopferung und Aus=
dauer gerecht werden müssen, die in den meisten Fällen zu
dieser Thätigkeit gehört. Wenn aber in den Provinzen die
Wirksamkeit der Juden speciell auf medicinischem Gebiet viel=
fach zu hohem Nutzen gereicht, so stellt sich dies in Wien
und in den großen Städten des Reiches nicht selten wohl

anders dar. Ist die Zahl der Advocaten und Aerzte hier schon an und für sich ganz unverhältnißmäßig hoch, so wird dieselbe noch über Gebühr durch einen jüdischen Nachwuchs vermehrt, der, Dank der gewaltigen Anziehungskraft der großen Städte auf das israelitische Element, bei den ganz ungenügenden Bedingungen der materiellen Existenz, leider nicht selten sehr traurige Consequenzen zur Folge hat und ebenso sich selbst wie seine Berufsgenossen schädigen muß.

Das sind Erscheinungen, die nur allzu oft gerade in Wien zu Tage treten; eine Besserung dieser Verhältnisse kann aber nur von der Zeit erwartet werden, da an eine Regelung auf gesetzlichem Wege kaum zu denken und eine solche schwer durchzuführen wäre.

Wenn man von der Reichshauptstadt und der Thätigkeit und Macht der Juden auf verschiedenen Gebieten spricht, so könnte man einen Vorwurf auf sich laden, wollte man ihre Leistungen in der Musik und in der darstellenden Kunst vergessen. Es gibt kaum eine Stadt, in der Musik und Theater eine so hervorragende Rolle spielen als dies in der frohsinnigen Residenz an der Donau der Fall, wo die Bevölkerung mit einer ungewöhnlichen, vielfach gewiß über das berechtigte Maß hinausgehenden Theilnahme Alles verfolgt, was die Bühne betrifft. So viele Antipathie nun auch gegen die Juden sich geltend macht, hier erfreuen sich einige derselben der ungetheiltesten Sympathie und das Interesse, das in einer häufig kaum begreiflichen Weise alle Ereignisse auf den Theatern begleitet, bringt auch ihrem Wirken die Anerkennung entgegen, welche diese Bevölkerung so gern den hervorragenden Künstlern der Bühne gewährt.

In den socialen Beziehungen der Residenz bei all' den

Ereignissen, die das bewegte Leben der Großstadt bringt,
tritt das jüdische Element mit seinen guten und schlechten
Seiten hervor; das warme Empfinden, das leicht erregte
Interesse hier, der ungezügelte Erwerbstrieb, die rücksichtslose
Härte dort zeigen nur allzuoft, welche Gegensätze die jüdische
Bevölkerung in sich vereint und wie unmöglich es ist, soli=
darisch über die Juden ein Urtheil zu fällen.

An den besten und edelsten Bestrebungen Antheil zu
nehmen, das Gute warm zu unterstützen, auch wo es nicht
an die Oeffentlichkeit gelangt, gereicht einer großen Anzahl
jüdischer Familien zum wahren Verdienst, und diese Ver=
dienste können auch nicht durch jene geschädigt werden, die,
alle Pflichten vergessend, erbarmungslos die Noth ihrer
Nebenmenschen benützen, für welche eine Moral nicht existirt,
für die ein Gesetz nur die Bedeutung hat, auf die beste und
gefahrloseste Weise seine Umgehung zu versuchen.

Aber auch im geistigen Leben der Monarchie und speciell
der Reichshauptstadt beansprucht das jüdische Element einen
hervorragenden Platz, und wenn man die Tagesliteratur ins
Auge faßt, so muß man gestehen, daß die Stimme des
Publikums nicht gerade irre geht, wenn sie dieselben vielfach
als von Juden geschrieben und häufig als Producte jüdischer
Geistes= und Denkungsart betrachtet.

Wer den geistigen Zug unserer Zeit in gewisser Richtung
charakterisiren wollte, würde zu dem Resultat gelangen, wir
alle lesen zu viel Zeitung und verhältnißmäßig zu wenig
Bücher, und die Art des Lebens in Oesterreich, speciell in
Wien, wo ein großer Theil der Bevölkerung die Journale
in öffentlichen Localen liest, weit mehr als dies z. B. in

Deutschland der Fall, unterstützt den Einfluß der periodischen Presse und absorbirt für deren Studium eine Zeit, die häufig besseren Zwecken zu widmen wäre.

Sehr viel Talent ist in der österreichischen und besonders in der Wiener Journalistik vorhanden; wäre der Charakter derselben so ausgeprägt wie dies Talent, ihr Wirken wäre von den besten Erfolgen begleitet und die Macht, die sie in weiten Kreisen besitzt, würde auf einer berechtigten Grundlage basiren; ihr Charakter aber verträgt weder den Maßstab, der an die dort aufgewandte Begabung noch denjenigen, der an ihre technische Vollendung gelegt werden darf, und wie viel Gutes sie auch gewirkt, wie viel sie täglich noch wirken mag, auch das Sündenregister der Wiener Presse ist groß, doppeltgroß, weil ihr Talent in jeder Richtung die größten Erfolge gestattet hätte.

Ein berühmter Jurist, Franz von Holtzendorff, hat den Ausspruch gethan:

„Die Presse macht die öffentliche Meinung in der Mehrzahl der Fälle. Zu allen Zeiten gering, ist die geistige Selbständigkeit der Menge durch das moderne Zeitungswesen noch mehr verringert worden."

Dieser Satz, der mehr oder minder überall den faktischen Verhältnissen entspricht, ist für Oesterreich zur unumstößlichen Wahrheit geworden. Nicht die öffentliche Meinung ist es, welche die Ueberzeugung, die sie gewonnen, in der Presse zum Ausdruck bringt, sondern in den meisten Fällen schafft die Presse eine öffentliche Meinung, die nach und nach von der Menge adoptirt, bewußt oder unbewußt zur Ueberzeugung wird.

Aber nicht nur der großen Masse, sondern auch dem

Parlament gegenüber hat die Journalistik eine Stellung
errungen, die ihre ursprüngliche Aufgabe in Bezug auf den
Constitutionalismus, nämlich die bewegenden Ideen, die
aus der Mitte der Legislative hervorgehen sollen, zur
Geltung zu bringen, vollkommen verändert und umgestaltet
hat; denn statt diese Ideen zu empfangen werden sie meist
von der Presse dem Parlament inspirirt, und wer die Ge=
schichte des österreichischen Parlamentarismus kennt, weiß
auch den Einfluß zu beurtheilen, den die Journalistik auf
dessen Entschlüsse übt und weiß, wie vieles lediglich mit Rück=
sicht auf die sogenannte öffentliche Meinung geschehen, das
den ursprünglichen Intentionen vollkommen fern gelegen;
wer die Geschichte des Parlamentarismus in Oesterreich kennt,
weiß wie maßgebend das Lob oder der Tadel der Zeitungen
auch für die hervorragendsten Parlamentarier war und ist,
wie selten die Presse Inspirationen seitens des Parlamentes
empfangen, wie häufig aber das Parlament ihren Inspi=
rationen gehorsam Folge geleistet hat.

Dies ist eine Erscheinung, die, vielleicht zusammen=
hängend mit dem parlamentarischen Leben aller Länder,
wohl nirgend so stark wie in Oesterreich zu Tage tritt. Erst
die letzten Jahre haben begonnen das Parlament von der
Journalistik ein wenig zu emancipiren und der Verfassungs=
partei, die, mit den tonangebenden Wiener Blättern am
meisten liirt, unter deren Pression sehr große, kaum wieder
gut zu machende Fehler begangen, eine größere Selbständig=
keit zurückzugeben.

In hohem Grade vollendet in der Form, interessant
durch die Reichhaltigkeit des Stoffes, den sie behandelt, nicht
heikel in der Wahl ihrer Mittel, übt die Wiener Presse einen

ungewöhnlichen Einfluß nicht nur in der Residenz und inner=
halb der ganzen Monarchie, vielfach auch über die Grenzen
des Reiches aus, und da selbst die minder Eingeweihten
wissen, daß es vielfach Israeliten sind, die als Redac=
teure und Mitarbeiter fungiren, ein Umstand, den natürlich
die klerikalen und autonomistischen Gegner entsprechend ver=
werthen, so wird dieser Einfluß auch auf Rechnung der Juden
gestellt, und die große Macht, welche die Journalistik besitzt,
als gleichbedeutend mit der zunehmenden Macht der Juden
betrachtet. Schon dieser Umstand wird es erklären, daß im
allgemeinen für die Presse in Oesterreich eine warme Sym=
pathie oder Anerkennung nicht besteht; eher vielleicht würde
das Gegentheil sich noch mit größerem Rechte behaupten
lassen; aber weder dies noch die Thatsache, daß in der öffent=
lichen Meinung ein Theil der Presse für solidarisch mit
den Interessen der Börse, für betheiligt an finanziellen Ge=
schäften gehalten wird, hat den Einfluß derselben zu brechen
vermocht, und erst in jüngster Vergangenheit ist, hervor=
gerufen durch die Macht der Ereignisse, ein Umschwung
eingetreten, der eine größere Selbständigkeit des öffentlichen
Urtheils und eine freiere Bewegung des Parlamentes ge=
stattet.

Nichts wäre irriger als anzunehmen, daß die Blätter,
welche von der Regierung gewonnen zeitweilig deren Inten=
tionen vertreten, worunter natürlich die eigentlichen Amts=
blätter nicht zu verstehen sind, höher stünden als die
Mehrzahl der anderen Journale; die einseitige Regierungs=
presse ist naturgemäß das Gegenstück der einseitigen Partei=
presse und gerade der rasche Wechsel der Anschauungen,
die Unverzagtheit, mit der eine Schwenkung vollzogen ward,

ebenso wie die unerklärbare Hartnäckigkeit in der Vertheidi=
gung von Dingen, die absolut nicht zu vertheidigen waren,
haben den Glauben an die Integrität der Journalistik er=
schüttert, wenn diese Umstände auch noch immer nicht stark
genug erschienen, um die Macht derselben zu brechen.

Das Verhältniß der Juden im allgemeinen zur Presse
anlangend ist nicht zu verkennen, daß der hervorragende Ein=
fluß der letzteren den Israeliten in Oesterreich große Dienste
geleistet, die in ihr eine Vorkämpferin ihrer Rechte, eine
mächtige Vertretung ihrer Interessen fanden; freilich wurden
sie aber auch mit verantwortlich gehalten, wenn, ein leider
nicht seltener Fall, Uebergriffe stattfanden, und die Fehler
und Auswüchse im Zeitungswesen wurden als specifische
Eigenschaften jüdischer Geistesart und jüdischer Denkungs=
weise aufgefaßt und beurtheilt.

Nicht selten ward das Uebergewicht der Journalistik,
das sehr häufig auch von denen mit Mißgunst beobachtet
wird, die ihr Einfluß und Stellung verdanken, als der Aus=
druck einer Macht empfunden, die von einem fremden Element
geübt und getragen, das eigentliche Denken und Fühlen des
Volkes nicht in seiner ursprünglichen Form und Reinheit
zur Geltung gelangen läßt, und wenn man eine Erklärung
hiefür sucht, pflegt man die Einwirkung der Juden auf die
periodischen Blätter als Ursache zu nennen.

Auch ist nicht zu vergessen, daß die Presse jederzeit das
Ihre gethan, um in allen Angelegenheiten, welche die Israeliten
betrafen, einen Standpunkt einzunehmen, der nicht immer
richtig und praktisch, nicht immer vollständig objectiv genannt
werden kann, daß sie sehr häufig Bestrebungen vertrat, die
ohne Schädigung anderer Interessen kaum zu vertreten waren,

und so ward auch ihrerseits der Schein einer Solidarität
erweckt, die in so ungerechter Weise sehr oft bei Beurtheilung
der Juden zur Anwendung gelangt.

Erwägt man ferner, wie wenig glücklich die Presse sehr
häufig bei Besprechung confessioneller Fragen, wie leicht sie
der Pflichten vergißt, welche allen Confessionen gegenüber
zu beobachten sind, so wird wohl mancher Angriff erklärlich,
der gegen die Journalistik als solche und gegen ihre jüdischen
Mitarbeiter laut geworden ist.

Den oft erhobenen Vorwurf, die schwere Anklage aber,
daß sie nicht patriotisch sei, verdient die Wiener Presse bei
all' dem gerechten Tadel, den man in vieler Beziehung aus=
sprechen darf, in Wahrheit nicht; doch äußert sich ihr Pa=
triotismus in einer Form, die man in Oesterreich nur allzu
häufig findet, von der sich wohl kaum bestimmen läßt, ist
sie von der Bevölkerung in die Journale getragen, oder geben
dieselben einer Neigung des Volkes nach, oder treffen sich
Bevölkerung und Presse darin, daß sie das Raisonnement
als den unzertrennlichen Begleiter des Patriotismus er=
scheinen lassen.

Der Pessimismus, den schweres politisches Unglück groß=
gezogen, wie der Optimismus, der in dem guten und sorgen=
losen Charakter der österreichischen Völker eigentlich liegt,
bringen sich beide in gleicher Weise je nach den Ereignissen
des Tages und nach der Stellung der Parteien in den Jour=
nalen zur Geltung, und da die Schwankungen in Oesterreich
größer und gewaltiger als in irgend einem anderen Staat,
so nimmt auch der Kampf der Meinungen weit heftigere
Formen an und unter diesen Extremen verschwindet schein=
bar der Patriotismus, der vielleicht nicht immer jener straffe

und jederzeit pflichtbewußte, jener geklärte und erzogene
Patriotismus ist, dem Deutschland seine Erfolge verdankt,
der aber in der österreichischen Monarchie in einer unbewußten
und treuen Hingebung an die Dynastie und das Reich, in
einer tiefsinnigen Sympathie seine Wurzeln findet und auch
von der Presse bethätigt wird, freilich sehr häufig mit jener
österreichischen Eigenthümlichkeit, daß man das Große
und die Erfolge vergißt und das Schwere noch schwerer
erscheinen läßt, als es in Wahrheit ist, daß man dann ebenso
leicht in allzu sanguinischen Hoffnungen lebt und wiederum
ernste Momente unterschätzt. All' diese Stimmungen und
Anschauungen äußern sich in der Presse mit all' der
Heftigkeit des „Für" und „Wider", wie sie die österreichischen Verhältnisse mit sich bringen, in einer Presse,
deren Mitarbeiter ein Element, das sehr häufig jener
geistigen Nüchternheit entbehrt, die man ihm gewöhnlich
vindicirt, und leidenschaftlich oft jene Grenzen überschreitet,
welche als unüberschreitbar festzuhalten sind. Gewiß ist,
daß die Presse nicht dazu beigetragen, die wohl vorhandene
Anlage zu einer nur auf den Moment berechneten Kritik zu
mildern, sondern daß sie derselben stets neue Nahrung verschafft und damit eine nicht ungefährliche Neigung entwickelt
und großgezogen hat, die sich nur allzu häufig fühlbar macht
und leicht vollkommen falsche aber gewiß erklärbare An-
nahmen hervorrufen kann.

An vielen Fehlern der Journalistik trägt zweifelsohne
die Anonymität die Schuld, wie sie sich nach und nach als
Gesetz und Regel herausgebildet hat und fast unantastbar geworden ist. Nicht blos dem Richter gegenüber sondern auch
gegenüber dem lesenden Publikum kommt der Presse eine

Anonymität zu Gute, die eigentlich dem Wesen der Jour=
nalistik vollkommen, widerspricht, deren ganzes Dasein ja
durch den Geist der Oeffentlichkeit begründet ist; und wenn
sich auch behaupten läßt, daß die Anonymität unentbehrlich,
so kann man ebenso gut den Beweis erbringen, daß sie
nicht mißbraucht werden darf, ohne nachtheilig auf die
Interessen des Staates wie der Gesellschaft zu wirken.

Wäre das Publikum stets unterrichtet, wer zuweilen
öffentlich Kritik zu üben sich für berechtigt hält, es würde
oft anders urtheilen, als dies faktisch geschieht, und doch ist
der Schaden, den eine ungerechte Kritik zu stiften vermag,
sehr häufig noch vollkommen verschwindend gegen das Un=
heil, das durch die Irreleitung der öffentlichen Meinung in
wirthschaftlicher und politischer Beziehung, das im socialen
Leben entstehen kann, wenn dieselben Blätter, die keinen An=
stand nehmen ein strenges Sittengericht über politische Gegner
zu halten, selbst ihre ethischen Pflichten vergessen.

Daß dieser Satz nicht allgemein gelten kann, daß eine
strenge Auffassung der Pflichten in ehrenhaftester Weise ge=
wiß auch bei vielen Vertretern der Wiener Journalistik vor=
handen, ist selbstverständlich; leider wird dieselbe aber auch
vielfach vergessen, und wenn diejenigen, die am besten die
Fehler der Presse kennen, nicht öfter diese Fehler zu rügen
wagen, so findet dies die Erklärung darin, daß sie die Macht
dieser Feindschaft zu beurtheilen vermögen und den Kampf
mit derselben scheuen.

Von seltener technischer Vollendung und hoch entwickelt
in der Form, reich an Geschick und Talent verstehen die
Wiener Blätter den Kreis ihrer Leser zu fesseln, die öffent=
liche Meinung in ihrem Bann zu halten; ihre Sprache unter=

scheidet sich vortheilhaft von dem Ton, der einen großen
Theil der nationalen Provinz = Journale beherrscht, aber
auch ihre Fehler treten deutlich zu Tage und erst, wenn
diese überwunden, werden sie der veredelnden Aufgabe gerecht
werden können, welche die Presse eines freien Staates zu
erfüllen hat.

Wirft man nun noch einen Blick auf die politische
Richtung der Wiener Journale, so wären dieselben fast aus=
nahmlos unter dem Begriff „verfassungstreu" zu subsumiren,
ein Begriff, der allerdings die weiteste Deutung zuläßt und
sehr verschieden interpretirt werden kann; ist es doch über=
haupt eine merkwürdige Erscheinung, daß in einem con=
stitutionellen Staate eine Partei für sich den Namen einer
Verfassungspartei in Anspruch nimmt, was zu der Consequenz
berechtigt, daß in diesem selben constitutionellen Staat andere
Parteien bestehen, welche die Verfassung bekämpfen, eine
Argumentation, die leider vollkommen wahr.

In jener weiten Deutung also, welche die Bezeichnung
„verfassungstreu" zuläßt, ist fast die gesammte Wiener Presse
mit diesem Epitheton zu benennen, ja gerade die tonangebenden
Journale haben in dieser Richtung selbst bei sehr strenger
Auffassung des Begriffes niemals geschwankt, und wenn sie
auch schwere Irrthümer begangen in den Rathschlägen, die
sie ertheilt, in der Pression, die sie auf ihre Partei geübt,
wenn sie auch mitverantwortlich sind für deren politische
Fehler, die Verfassung als solche haben sie hoch gehalten
und ihre freiheitlichen Errungenschaften eher zu viel als zu
wenig vertheidigt.

Da es aber in Oesterreich auch Ministerien gegeben hat
und geben könnte, die ebenfalls für sich das Beiwort ver=

faſſungstreu beanſpruchen, die aber bis auf den Namen
nichts mit der Sache der Verfaſſung gemeinſam haben, da dieſe
Regierungen ferner die Macht beſitzen, Wiener Journale zu
beeinfluſſen und ihren Anſchauungen dienſtbar zu machen,
ſo exiſtiren auch Blätter in der Reichshauptſtadt, welche
den Begriff verfaſſungstreu nach dem Geſchmack der jeweiligen
Regierung zur Geltung bringen und zwar in einer Definition,
die gewaltig abweicht von dem Programm, das die urſprünglichen
Ideen der Partei der Verfaſſung enthält, in einer Definition,
die ebenſo gut das Gegentheil deſſelben bedeuten kann, wenn
ſie auch fortwährend ſuchen wird, ſich hinter dem Schild der
Verfaſſungstreue zu decken.

Zu verkennen aber iſt ſicher nicht, daß jener Theil der
Wiener Preſſe, der ganz und voll im Lager der Verfaſſungspartei ſteht, weit mehr ſeiner eigenen Ueberzeugung folgt als
jener, der nach den Intentionen der jeweiligen Regierung
den Begriff der Verfaſſungstreue definirt, und was auch
immer geſchehen mag, die großen Principien, welche die
Verfaſſungspartei in ihren conſervativen wie in ihren
fortgeſchrittenen Fractionen die ihrigen nennt, wird die
Wiener Preſſe vertreten müſſen, wenn ſie ſich nicht in Wider-
ſpruch ſetzen ſoll zu ihrer patriotiſchen Pflicht, wenn ſie
nicht ihre Macht verlieren, wenn ſie ſich nicht ſelbſt aufgeben will.

Unter dem Titel „Juden in Oeſterreich" eine Abhandlung über die Preſſe zu finden mag eigenthümlich berühren;
faktiſch aber entſpricht die Annahme einer beſtimmenden
Einwirkung der Israeliten auf die Journaliſtik der Reichshauptſtadt einer ſehr weit verbreiteten Anſchauung, die den-
ſelben noch einen viel größeren Einfluß auf die Blätter der

öſterreichiſchen Reſidenz wie auf die Journale in Prag
und Brünn, ja auf die ganze verfaſſungstreue Preſſe und
damit auf die öffentliche Meinung überhaupt vindicirt
als ſie aller Wahrſcheinlichkeit nach wirklich beſitzen;
wenn es aber wahr iſt, daß es vielfach Iſraeliten ſind,
welche die tonangebenden Wiener Blätter ſchreiben, wenn
es wahr iſt, daß Juden vor allem die Intereſſen der
Verfaſſungspartei, die politiſche Stellung derſelben in der
Preſſe vertreten, ſo iſt auch die Thatſache wahr, daß ſie
damit der Ueberzeugung der weitaus überwiegenden intelli=
genten Majorität ihrer Glaubensgenoſſen Ausdruck verleihen,
ſoweit dieſelben in der Lage ſind, ihre Anſchauung frei und
ungehindert zu äußern.   Denn trotz aller Fehler, welche die
Verfaſſungspartei beging, darf ſie unbeſtritten das Eine in
Anſpruch nehmen, daß ſie ſtets das Reich als Ganzes vor
Augen gehabt; in dieſer Tendenz aber findet ſie die iſraelitiſche
Bevölkerung an ihrer Seite, die darin ebenſo einer natür=
lichen Attraction als den Motiven der Selbſterhaltung folgt.

Es iſt das deutſche Element, das den Kern der Ver=
ſaſſungspartei bildet, welche die Einheit des Reiches, ſoweit
dieſe nach der dualiſtiſchen Geſtaltung überhaupt noch be=
ſteht, zu ſichern bemüht, es iſt das deutſche Element, das,
wie kein anderes, ſich rühmen darf, jederzeit ſeine Nationalität
mit dem öſterreichiſchen Bewußtſein in Einklang gebracht zu
haben, das die Monarchie auf der Grundlage belaſſen will,
die trotz aller inneren und äußeren Stürme bisher das Reich
getragen und ſeinen Beſtand gewährleiſtet hat.

In dieſen Beſtrebungen aber wird den Deutſchen die
volle Unterſtützung der iſraelitiſchen Bevölkerung zu Theil,
die nicht in einer einzelnen Provinz und nicht in einem

isolirten Idiom, die in dem ganzen weiten Reich ihre Heimath
sucht und der Nation sich assimilirt, deren gewaltige und
siegreiche Cultur auch in den finstersten Winkel des letzten
galizischen Ghetto einen Strahl ihres Lichtes geworfen hat,
und wohl ist es eine eigenthümliche Fügung des Geschickes,
daß in demselben Moment, wo im deutschen Reich eine
heftige Bewegung gegen die Juden begonnen, in der öster=
reichischen Monarchie eine Action gegen die Deutschen be=
trieben wird, die sich naturgemäß auch gegen die Juden
richtet, deren Sprache bis an die letzten Grenzgebiete die
deutsche ist, wenn diese Sprache auch sehr häufig ebenso
der Reinheit wie des Wohlklanges entbehrt. Für die
Juden aber entsteht hieraus die wenig verlockende Per=
spective, zugleich als Juden wie als Deutsche verfolgt zu
werden, und ob man mit Haß oder Wohlwollen ihnen be=
gegnet, wer Oesterreich und seine Verhältnisse kennt, muß
wissen, daß mit jeder jüdischen Schule, die in Böhmen,
Galizien oder in Ungarn geschlossen wird, auch ein Vorposten
deutscher Bildung und Sprache verschwindet, und wie wenig
sympathisch diese Vertretung auch vielfach berühren mag, die
Thatsache selbst bleibt deshalb bestehen und wird durch die
Erfahrungen der letzten Zeit nur allzu häufig bestätigt.

Wenn man aber noch andere Motive als die gewaltige
Attraction, welche deutsche Cultur und Sprache ganz von
selbst ausüben müssen, auffinden will, so würde schon jener
eminent praktische Blick genügen, der die Juden auszeichnet,
um ihre politische Haltung zu erklären; den Principien,
welche die Verfassungspartei die ihrigen nennt, verdanken
auch sie die Garantie ihrer bürgerlichen und religiösen
Gleichberechtigung und jede Erschütterung der bestehenden

14 *

Ordnung involvirt für sie naturgemäß auch eine mehr oder
minder große Gefahr.

Will man aber das materielle Moment berücksichtigen,
so wissen die Juden nur allzu gut, daß lediglich unter
gesicherten politischen Verhältnissen die wirthschaftliche
Prosperität gedeiht, daß ihre eigene Existenz, die Zukunft
ihrer Kinder nur dann verbürgt und gewährleistet ist, wenn
ihnen die Möglichkeit geboten, in einer Sprache zu ver-
kehren und ihre Kinder in einer Sprache zu erziehen, die sie
in innigem Contact mit deutscher Sitte und Bildung erhält;
sie wissen nur allzu gut, daß, je begrenzter der Raum, dem
ihre Thätigkeit gehört, je geringer das Gebiet, welches das
Idiom beherrscht, das sie zu sprechen gezwungen, um so
geringer auch die Erfolge sind, die sie zu erringen vermögen,
und wäre nicht die natürliche Attraction schon stark genug,
so müßte das eigenste Interesse die Juden lehren, jene
Nationalität in Oesterreich zu unterstützen, deren Sprache
alle Theile der polyglotten und vielgliederigen Monarchie
verbindet, die den Staatsgedanken auf ihre Fahne geschrieben,
welche wenigstens die Länder diesseits der Leitha in einem
geschlossenen Verbande erhalten will, und das alte Reich der
Habsburger nicht ungewissen Experimenten und Gefahren
aussetzen mag.

Selbst in Ungarn, wo das Magyarenthum und die
Magyarisirung eine bedeutende Anziehungskraft auf die
Juden übt, zeigt sich, daß sie den Begriff des großen
Vaterlandes erfaßt, daß sie den hohen Werth der Verbindung mit Oesterreich erkennen und die Eigenschaft
magyarischer Bürger mit der des österreichischen Staats-
angehörigen zu vereinen verstehen, daß sie in dem **ganzen**

weiten Reiche ihre Heimath finden, in einem Reiche, dem sie, wie kaum einem anderen, zu unvergänglichem Danke verpflichtet sind.

Die Gerechtigkeit aber verlangt es, zu sagen, daß die Kluft, welche die übrigen Nationalitäten der österreichischen Monarchie von den Juden trennt, faktisch nicht breiter ist, als jene, welche die Deutschen und Juden scheidet; daß die Deutschen kaum größere Sympathieen den Juden entgegenbringen, als dies bei den anderen Nationen der Fall, aber die siegreiche germanische Cultur und ihr eigenstes Interesse assimiliren die Letzteren unwillkürlich den Deutschen, mit denen sie zusammen für dieselben Ziele in Oesterreich kämpfen.

Langsamer vielleicht als irgend ein anderes Volk gestand gerade das deutsche den Israeliten Freiheit und Gleichberechtigung zu, das aber, was die Juden errungen, blieb ihnen unter aller Ungunst der Zeiten gewahrt, und jenes Rechtsgefühl, das die Deutschen beseelt, bildet eine weit festere Grundlage für die Gleichstellung, die sie erlangt, als die wechselnde Sympathie oder Antipathie von Nationen, welche je nach den Eingebungen des Augenblicks ihre Haltung bestimmen, ohne daß andrerseits ihnen bisher jene hohe und erhaltende Mission zu Theil geworden, auf welche die Deutschen der österreichischen Monarchie mit gerechtem Stolze verweisen können.

Den vorerwähnten Gründen entsprechend gehören auch sämmtliche israelitische Abgeordnete des österreichischen Reichsrathes, außer zwei in Galizien gewählten Deputirten, der Verfassungspartei, und zwar den gemäßigten Elementen, theilweise sogar der conservativen Fraction derselben an und jene Voraussetzung, daß die Juden allüberall

als Verbündete einer Richtung zu finden sind, welche den
Fortschritt und zwar den Fortschritt ohne Berücksichtigung
der bestehenden und gegebenen Verhältnisse will, die radicalen
Anwandlungen zugänglich stets mehr und mehr dem Ra=
dicalismus sich nähert, findet nach der Parteistellung der
Juden im österreichischen Abgeordnetenhause keinen Halt. Es
ist natürlich und leicht zu erklären, daß die Juden, so lange
sie unterdrückt und zurückgesetzt, durch die ihnen gezogenen
Schranken gebunden, allüberall auf Seite Derjenigen
kämpften, von denen sie eine Beseitigung der bestehenden,
ihnen feindlichen Gesetze erwarten, von denen sie den Umsturz
der Hindernisse erhoffen konnten, die ihrer Emancipation
und Gleichberechtigung erschwerend im Wege standen. Die
Emancipation der Juden war seiner Zeit allüberall ein
Programmpunkt der fortschrittlichen Parteien, und indem
die Juden für diese ihnen nächstliegende Frage, die ja nur
ein Theil eines Ganzen war, zu wirken versuchten, mußten
sie naturgemäß auch für die Forderungen sich engagiren,
die dem Gesammtprogramme der liberalen oder extremen
Fractionen entsprachen. Wer in der Unterdrückung groß
geworden, sympathisirt sehr leicht mit Allem, das anders
ist als jene Welt, die ihn umgab; wer die Freiheit nicht
kennt, begeistert sich instinctiv für alle Schattirungen der=
selben, und da die gegenwärtig im Mannesalter stehende
jüdische Generation noch unter dem Einflusse vergangener
Zeiten erzogen, bringen sich diese Momente in ihr zum
Ausdruck, wozu sich noch das rasche Erfassen, das warme
Empfinden und jene kritische Geistesrichtung gesellt, die un=
leugbar eine Eigenthümlichkeit des israelitischen Elementes
und seiner Denkweise bildet. Die Nothwendigkeit, sich den

liberalen Parteien anzuschließen, und der Dank, den sie
denselben schulden, haben gleichmäßig dazu beigetragen, die
Juden zu Bundesgenossen der fortschrittlichen Richtung zu
machen, wo und auf welchem Gebiete diese zu Tage trat;
ihr Fühlen und Denken wie ihre Berufsthätigkeit, die
Gesetzgebung, die sie fern hielt von Grund und Boden, alles
hat wesentlich mitgewirkt, sie zu Alliirten der fortschritt=
lichen, der extremen Doctrinen werden zu lassen, umsomehr,
da auch die Erfolge, die sie erzielen konnten, stets nur auf
einem Gebiete zu erringen waren, das selbst mit seinen
kosmopolitischen Tendenzen bewußt oder unbewußt zum
Verbündeten liberaler Ideen wird, auf dem Gebiete des
mobilen Capitals, während die hauptsächliche und wahrhafte
Grundlage des conservativen Denkens, der Besitz von Grund
und Boden, ihnen verschlossen und unerreichbar war. Nach
der Ansicht von Tausenden ist im parlamentarischen, über=
haupt im politischen Leben der Begriff „Jude" vollkommen
identisch mit fortschrittlichen und radicalen Tendenzen, un=
gefähr so wie der „Advocat" in den Köpfen einer großen
Menge von Menschen einen bestimmten Typus politischer
Richtung charakterisirt, aber diese Anschauung ist doch nicht
mehr wahr, und auch unter den Juden wird mehr und
mehr eine conservative Richtung zur Geltung kommen,
so daß jene Annahme, welche wähnt, daß die Juden
stets nur in einem Lager zu finden sind, immer hin=
fälliger und haltloser wird.

Kaum wird mit zwei Schlagworten ein größerer Unfug
getrieben, als mit den Bezeichnungen „liberal" und „con=
servativ", von denen die letztere gewiß nichts weniger be=
deutet als das Eintreten für rückschrittliche Tendenzen; wahr=

haft conservative Gesinnung schließt sicherlich ein wahrhaft liberales Fühlen nicht aus, ebenso wenig als eine wirklich liberale Ueberzeugung einer conservativen Denkweise entgegensteht, und wenn man innerhalb der Parteien, die sich nach diesen Begriffen gruppiren, in jeder einzelnen Frage genau den Standpunkt „conservativ" oder „liberal" definiren wollte, würde man zu sehr merkwürdigen Resultaten gelangen.

Ein klerikaler, ein reaktionärer Jude ist ein Unding und eine Absurdität, ein conservativer Jude widerspricht in gar keiner Art den Bedingungen seiner gegenwärtigen Existenz und je eher auch auf diesem Gebiet mit der Tradition gebrochen wird, daß die Juden nur im ultra-fortschrittlichen und radicalen Lager zu finden, je eher wird auch hier der Thatsache Rechnung getragen, daß die Juden keine bestimmten Typen mehr sind, oder aufhören müssen solche zu bleiben, und wenn die politische Richtung eines Theiles derselben eine conservative ist, so haben diese nicht nur das Recht sie zur Geltung zu bringen, sondern sie müssen auch den Muth besitzen, dieser ihrer Ueberzeugung sowohl nach der einen, wie nach der anderen Seite hin Ausdruck zu verleihen.

Beobachtet man die gesammte Situation der Juden in Oesterreich-Ungarn, so ist nicht zu verkennen, daß dieselbe unter dem Eindruck der Bewegung im deutschen Reich und in Rußland, unter der tiefgehenden Erbitterung, welche die nationale Agitation hervorruft, die sie fast allüberall auf verfassungstreuer und deutscher Seite findet, weit mehr die Gemüther beschäftigt als dies noch vor wenigen Jahren der Fall, und wenn man unter diesen Ursachen auch noch die Macht in Rechnung zieht, die im ganzen wirthschaftlichen Verkehr und in der Presse die Juden gewonnen haben, ihre Thätig-

keit in fast allen Arten und Zweigen des bürgerlichen Berufs,
die Bedeutung, die sie, auf diese Faktoren gestützt, im socialen
Leben erlangt, so ist es eine natürliche Consequenz, daß sie,
die von der öffentlichen Meinung vor allem als Träger des
Capitals, als Herren desselben betrachtet werden, eine heftige
Gegnerschaft hervorrufen müssen, daß ihr Einfluß jetzt viel
mehr empfunden wird, als zu einer Zeit, wo er an und
für sich geringer, noch weit weniger von der allgemeinen
Aufmerksamkeit verfolgt und beachtet ward.

Wenn nun einerseits diese Gegnerschaft durch den po=
litischen Einfluß, den die Juden üben, dann durch die Ver=
schiedenheit der Nationalitäten, die sie in Oesterreich minder
isolirt erscheinen läßt als dies in Ländern mit einem Volks=
stamm der Fall, vor allem aber durch den guten und wenig
zum Haß geneigten Charakter der österreichischen Völker ge=
mildert wird, so treten doch andrerseits all' jene Umstände
doppelt stark hervor in einem Staat, wo der allgemeine
Wohlstand nur spärlich entwickelt, wo selbst im reichen
Großgrundbesitz — Ausnahmen natürlich zugestanden —
relativ wenig Baarcapital existirt und die verfügbaren Mittel
selten im rechten Verhältniß stehen zum immobilen Besitz,
wo ein wohlhabender christlicher Bürgerstand nur in einigen
Provinzen und auch dort nicht auf jener breiten Schicht
vorhanden, die für den Staat erwünscht, ja nothwendig ist,
wo der Bauer gewiß in einzelnen Ländern auf höherer Stufe
steht, in manchen aber noch weit zurückgeblieben, mit Noth
und Sorgen zu kämpfen hat, wo die Armuth noch immer
ganze Gebiete beherrscht, und die große Masse unendlich
schwer ihr tägliches Brot durch harte Arbeit erwirbt.

Wenn nun Jene, welche die Juden als die vorzüglichsten,

ja als die alleinigen Träger des Baarcapitals betrachten,
die Thatsache vergessen, daß in einigen Provinzen der öster=
reichisch=ungarischen Monarchie ein nach Tausenden zählendes
jüdisches Proletariat besteht, dessen Armuth geradezu
schreckenerregend ist, so sorgen wiederum vielfach die Juden
dafür, daß ihr Capitalbesitz sich zur Geltung bringt, und
zwar nicht nur durch die Verwerthung des Capitals als
solchen, sondern auch durch die Art wie sein Gebrauch in
die Augen springt, und wenn man die letzte Consequenz all'
dieser Erscheinungen ziehen wollte, so müßte man zu dem
Resultat gelangen, daß es nicht eine Bewegung gegen die
Rasse ist, die sich hier zeigt, wenn sie sich scheinbar auch so
darstellen mag, sondern daß es Momente von höchster socialer
Bedeutung sind, welche die Judenfrage neuerdings wach=
gerufen, daß die materielle und sociale Macht, welche in
überraschend kurzer Zeit die Juden erlangt, die ebenso ihre
Freunde, wie ihre Gegner mit Sorge und Unruhe erfüllt,
eine Agitation gezeitigt, deren Ende noch gar nicht abzusehen,
die aber gewiß nicht jene Höhe erreicht, nicht jene große
Gefahr für die Zukunft bergen würde, wäre die Assimilirung
der Juden bereits erfolgt, wäre das jüdische Element bereits
aufgegangen in den Nationen, mit denen und unter denen
es lebt.

Wohl ist es wahr, die vollkommene Assimilirung eines
nicht unbedeutenden Bruchtheils der israelitischen Bevölkerung
ist durchgeführt und damit der Beweis erbracht, daß diese
möglich und zu erhoffen ist, wenn sie sich auch in Ländern
mit einem sehr zahlreichen jüdischen Element naturgemäß
weit langsamer vollziehen muß als dies z. B. in England
und Frankreich der Fall, wo der Procentsatz der Juden im

Verhältniß zur Einwohnerzahl weit geringer und schwächer
ist; wer aber die englischen und französischen Israeliten und
jenen allerdings kleinen Bruchtheil der jüdischen Gesellschaft
in Deutschland und Oesterreich kennt, der unter exceptionell
glücklichen und für eine frühere Periode ausnahmsweisen
Verhältnissen herangewachsen, vollständig sich auch im Denken
und Fühlen assimilirt hat, wird sich der Ueberzeugung nicht
verschließen, daß die Verschmelzung erreichbar ist, wenn sie
auch bei der Masse der Juden leider noch immer nicht ein=
getreten, obgleich allein von ihr ein Ausgleich der bestehenden
Gegensätze, die definitive Beseitigung einer sonst unendlich
schwierigen und wahrscheinlich sehr ernsten Frage zu er=
warten ist.

Wenn man der noch nicht vollzogenen Assimilirung ge=
denkt und diese unleugbar traurige Erscheinung mit Recht
verurtheilt, so dürfen auch die Gründe nicht vergessen werden,
welche dieselbe wohl hauptsächlich verhindert und zurück=
gehalten haben.

Erst eine kurze Zeit ist vorüber, seitdem die Juden des
Glückes theilhaftig geworden, ein Land ihr Vaterland nennen
zu dürfen, eine kurze Zeit ist vorüber, seitdem eine mildere
und gerechtere Auffassung sie aus Geduldeten und Aus=
gestoßenen in Bürger des Staates verwandelt hat, und wenn
der Jude dort, wo seine Welt das Ghetto, wo seinen Wissens=
drang der Talmud befriedigen mußte, wo nichts als der
niedrigste Handel ihm offenstand, noch nicht voll und ganz
sich assimilirt, so trägt wohl nicht zum mindesten an diesem
Fehler eine jetzt vorübergegangene Periode die Schuld.

Sein Glauben allein verband ihn den Einzigen, welche
gleich unglücklich und gleich verlassen wie er als seine Glau=

bensgenossen sein Elend verstanden und so ward ihm dieser
Glauben auch der Ersatz des Staates, der ihn verstieß, und
wo der Jude über das engbegrenzte Gebiet des Glaubens
hinausging, ward sein Streben kosmopolitisch und verwan=
delte ihn selbst zum Kosmopoliten. So erklärt sich der
Vorwurf des Kosmopolitismus, den man nicht ohne Un=
recht den Juden macht; aber, indem der moderne Staat den
Israeliten die Stellung als gleichberechtigte Bürger gewährt,
hat er die Ursache dieses Kosmopolitismus erkannt und das
Mittel gegen denselben gefunden.

Das Vaterland aber, das die Juden gewonnen, hat
weder Raum für ein Judenthum, das etwas anderes ist, als
der Ausdruck einer religiösen Ueberzeugung, das etwa einen
Staat im Staate bedeuten will, noch für einen kosmo=
politischen Zug, der die engere Heimath und die Pflichten
gegen dieselbe vergißt; es verlangt von seinen Bürgern, daß
sie sich voll und ganz assimiliren.

Noch ist ein weites Stück Weg zurückzulegen, ehe die
Spuren tausendjähriger Knechtschaft verwischt, ehe speciell
in der österreichischen Monarchie die Masse der Juden voll=
kommen mit der Bevölkerung verschmilzt, mit der sie die=
selben Rechte genießt, dieselben Pflichten zu tragen hat; aber
wenn man das noch nicht befriedigende Resultat zu tadeln
gewillt, so darf auch die Ursache nicht vergessen werden, und
wenn man vergleicht, was eine relativ kurze Periode voll=
bracht, ist auch die Hoffnung berechtigt, daß der begonnene
Proceß zur endlichen Durchführung gelangen, daß jene gänz=
liche Assimilirung der israelitischen Bevölkerung in Oesterreich=
Ungarn stattfinden wird, welche im eigensten Interesse dieser
selbst, wie im Interesse des Reiches liegt.

Kein objectiver Beobachter wird behaupten wollen, daß der englische und der französische Israelit vollkommen dieselbe Individualität wie der polnische Jude besitzt; daß der spanische oder der deutsche Israelit, ja daß der Jude aus den nördlichen Ländern der österreichischen Monarchie dem Juden der östlichen Länder gleicht, alle werden in einer zweiten oder dritten Generation weit mehr den Völkern sich assimilirt haben, denen sie jetzt verbunden, als den Stammesgenossen, mit denen sie ursprünglich durch die Gleichartigkeit der Rasse vereint, denen sie aber fremd geworden sind, und wenn ein Contact noch gegenwärtig besteht, der weiter geht als der religiöse Verband, so werden aller Voraussicht nach wenige Decennien der Emancipation vollbringen, was ein Jahrtausend der Sclaverei nicht zu erreichen vermocht, den Sturz des Judenthums, wo es mehr sein will als eine Confession, die vollkommene Assimilirung seiner Bekenner mit den Nationen, in deren Mitte sie leben.

Gewiß ist die vollkommene Verschmelzung der Juden besonders dort, wo sie ein starkes Procent der Bevölkerung bilden, kein leichter Proceß, aber die Weltgeschichte hat andere Aufgaben gelöst, und die Vermischung, die so häufig zwischen arischen Völkern stattgefunden, wird sich zweifelsohne auch zwischen Ariern und Semiten vollziehen, wie sie sich vielfach ja schon vollzogen hat. Wenn man England, das uniformste Land unter den europäischen Staaten, ins Auge faßt, wird man zur Einsicht gelangen, wie vollkommen ein Aufgehen der Rassen in einer relativ kurzen Zeit stattfinden kann, jenes England, in dem Angelsachsen, Normannen und Celten sich gänzlich assimilirt, dessen Zustand

Thierry unmittelbar nach der normannischen Eroberung da=
hin beschreibt:

„ein Volk in das andere gezwängt, eine Gesellschaft
über die andere gesetzt, zwei Länder innerhalb derselben geo=
graphischen Umgränzung", und wo nach 150 Jahren doch
jeder Gegensatz durch die Vermischung der Rassen ver=
schwunden war.

150 Jahre allerdings hat die vollkommene Verschmel=
zung der Juden mit den anderen Nationen nicht mehr Zeit;
sie darf nur noch eine Frage von wenigen Jahren, kaum
mehr eine Frage von Decennien sein; wer aber kann den
Proceß, der sich hier abwickeln soll, mit jener gewaltigen
Umwälzung vergleichen, die England erlebt; handelt es sich
doch nur um die Verschmelzung einer Minorität, in der be=
reits breite Schichten vollkommen assimilirt, in der die
Zähigkeit, die der Sclaverei widerstand, vor der Emancipa=
tion hinsinken muß.

Würde die vollkommenste Vereinigung der Juden mit
den Völkern, unter denen sie leben, das gänzliche Aufgehen
derselben in diese Nationen nicht bald zu erzielen sein, so wäre
die Gefahr imminent, besonders dort, wo wie in der öster=
reichischen Monarchie ein starker Procentsatz von Juden lebt;
denn Eigenschaften, die mehr als ein Jahrtausend der
Knechtschaft entwickelt und großgezogen, sind nicht mit einem
Schlage zu bannen und jener auf bedenkliche Höhe gesteigerte
und mit seltener Fähigkeit verfolgte Trieb zum Erwerb, der
dadurch entstand, daß das ganze Fühlen und Denken eines
gewiß begabten und fleißigen Volkes nur auf den materiellen
Gewinn concentrirt und gerichtet ward, da man ihm jedes
andere Gebiet verschloß, involvirt durch die Besitzverände=

rungen, die er hervorruft, Gefahren, die gewiß nicht zu
unterschätzen, unter Verhältnissen wie in Oesterreich=Ungarn
zu sehr ernsten Conflicten führen müssen.

Vieles ist auch in dieser Beziehung immer anders ge=
wesen und stand wohl zu jeder Zeit der Regel fern, und
wäre den Juden die Gerechtigkeit widerfahren, individuell
beurtheilt zu werden, würde man vielleicht darüber streiten
können, ob die Regel oder die Ausnahme sich mehr zur
Geltung gebracht, aber unverkennbar ist durch die erzielte
Erstarkung auch die Kraft gewachsen und sollte die Pro=
gression so fortschreiten, wie sie sich gegenwärtig entwickelt,
ohne daß eine vollkommene Assimilirung erreicht wird, so
müßten geradezu unleidliche Zustände speciell in Oesterreich=
Ungarn entstehen.

Sehr interessant sind die Verhältnißziffern der jüdi=
schen Bevölkerung, wie sie sich nach der Zählung vom
31. December 1880 stellen, welche in den im Reichsrathe
vertretenen Königreichen und Ländern 1,005,563 Juden
ergibt, gegen 355,695 im Jahre 1830, gegen 393,955 im
Jahre 1840, gegen 476,423 im Jahre 1850, gegen 620,896
im Jahre 1857, und gegen 822,220 im Jahre 1869. Die
Zunahme der Juden zeigt 1857 gegen 1850 4,3 %; doch ent=
spricht dieses bedeutende Wachsthum nach der Ansicht des
Regierungsraths G. A. Schimmer in seiner Arbeit „Die
Juden in Oesterreich nach der Zählung vom 31. Decem=
ber 1880" der auch die nachfolgenden Ziffern entnommen
sind, nicht den wirklichen Verhältnissen, sondern hat darin
seinen Grund, daß alle früheren Zählungen in Betreff der
jüdischen Bevölkerung mangelhaft und die des Jahres 1857
zum erstenmal verläßliche Resultate ergab; das Jahr 1869

weist gegen 1857 eine Zunahme von 2,7 %, das Jahr 1880
gegen 1869 eine solche von 2,1 % aus, während das Wachs=
thum bei den übrigen Bekenntnissen ein sehr geringes war:
1857 gegen 1850 nur 0,4 %, 1869 gegen 1857 nur 0,9 %,
1880 gegen 1869 nur 0,6 %. In Niederösterreich ist die
Zahl der Juden von 52,350 im Jahre 1869 auf 95,058 im
Jahre 1880 gestiegen, was eine Vermehrung um 42,708 =
81,5 % ergibt, die allerdings fast ganz auf Wien entfällt,
das eine Zunahme von 32,313 = 80,2 % aufweist. Der
ganze Rest kommt fast auf die Bezirkshauptmannschaften,
welche den größten Theil der Vororte Wiens begreifen, nämlich
Hernals und Sechshaus, von denen die erste eine Zunahme
von 4888, die zweite eine solche von 2103 Juden zeigt.
Die Stadt Wien weist nach der Zählung von 1880 72,543
Juden gegen 40,230 im Jahre 1869 aus, die mit Wien ver=
bundenen Bezirkshauptmannschaften Hernals und Sechshaus
hatten am 31. December 1880 erstere 7037 gegen 2149,
letztere 5295 gegen 3192 Juden im Jahre 1869, eine Zu=
nahme, die sich zweifelsohne weit mehr aus der Einwande=
rung und dem starken Zuzug aus den östlichen Ländern der
Monarchie, aus Ungarn und Galizien als aus der internen
Vermehrung ergibt. Uebrigens ist auch das Wachsthum der
anderen Bekenntnisse in diesen beiden Bezirkshauptmann=
schaften besonders stark, das in der von Hernals 71,68 %,
in der von Sechshaus 46,19 % beträgt, während dasselbe im
Durchschnitt für Niederösterreich 15,35 % ergibt.

In Böhmen ist die jüdische Bevölkerung in 41 Bezirken
gewachsen, in 48 zurückgegangen; die Gesammtziffer derselben
beträgt 93,622 Personen gegen 89,933 im Jahre 1869 und
weist somit eine geringe Zunahme von 3689 Personen aus,

welche faſt ganz auf Prag entfällt, wo die Ziffer der Juden von 13,056 im Jahre 1869 auf 16,571 im Jahre 1880, ſomit um 3515 Perſonen geſtiegen iſt. Die Zunahme der jüdiſchen Bevölkerung in Böhmen beträgt von 1869 bis 1880 nur 4,1 %, während die der anderen Bekenntniſſe in dem gleichen Zeitraum 8,17 % ergibt. In Mähren iſt die jüdiſche Bevölkerung in 11 Bezirken gewachſen, in 20 zurückgegangen, die Geſammtzahl der Juden weiſt 44,175 am 31. December 1880 gegen 42,899 im Jahre 1869, ſomit eine Zunahme von 1276 Perſonen aus, von denen 928 auf Brünn entfallen, wo die jüdiſche Bevölkerung von 4505 im Jahre 1869 auf 5433 im Jahre 1880 geſtiegen iſt. Auch in Mähren iſt die Zunahme der jüdiſchen Bevölkerung weit geringer als diejenige der anderen Bekenntniſſe, die von 1869—1880 eine Vermehrung von 6,73 % zeigt, während ſie ſich bei den Juden nur auf 2,97 % ſtellt. Das enorme Wachsthum der jüdiſchen Bevölkerung in Wien, die Vermehrung derſelben in Prag und Brünn gegenüber dem theilweiſen Rückgange und der geringen Zunahme der Juden in den kleinen Städten und auf dem flachen Land demonſtriren deutlich die Anziehungskraft der größeren Städte auf das jüdiſche Element und zwar nicht nur auf die wohlhabendere Claſſe deſſelben, ſondern auch auf die minder bemittelte und ſpeciell auf das Proletariat in den öſtlichen Ländern, welches in der Reichshauptſtadt eher Gelegenheit zum Erwerb und zum Lebensunterhalt zu finden hofft; es iſt aber nicht zu verkennen, daß auch die ſo geringe Vermehrung der Juden in Böhmen und Mähren ſich nicht zum geringſten Theile dadurch erklärt, daß die Einwanderung nach Wien hier gleichfalls einen ſtarken Procentſatz abſorbirt, ſo daß ſich haupt-

sächlich aus diesem Zuzug von allen Seiten die geradezu ab-
norme und unverhältnißmäßige Zunahme in Wien herleiten
läßt, wo unter dem Eindrucke der Verfolgungen in Rußland
und unter den Erschwerungen, welchen die Juden in Rumänien ausgesetzt sind, notorisch sogar aus diesen Ländern
eine ungewöhnlich starke Vermehrung der jüdischen Bevölkerung stattgefunden hat.

In Schlesien ist die Zahl der Juden von 6142 im
Jahre 1869 auf 8580 im Jahre 1880, somit um 2438 Personen gestiegen, was gleichfalls durch die starke Einwanderung
aus Galizien und Ungarn erklärt wird; die Zunahme entfällt hauptsächlich auf die Städte Troppau und Bielitz und
auf die Bezirke Teschen und Freistadt, während die Bezirke
Freiwaldau und Freudenthal eine Abnahme zeigen. Ein
sehr bedeutendes Wachsthum der jüdischen Bevölkerung haben
seit 1869 jene beiden Provinzen erfahren, welche seit jeher
einen abnorm starken Procentsatz an Juden hatten, nämlich
Galizien und die Bukowina, und es ist ganz zweifellos, daß
hier die Einwanderung aus Rußland und Rumänien den
größten Antheil an dieser Zunahme hat. Die Zahl der
Juden in Galizien ist von 575,918 im Jahre 1869 auf
687,592 im Jahre 1880, somit um 19,39% gestiegen,
während die anderen Bekenntnisse nur ein Wachsthum von
8,33% ergeben; auch hier entfällt die Vermehrung speciell
auf die Städte, unter denen die relativ größte Zunahme
die Stadt Borislaw im Bezirke Drohobycz zeigt, deren
Volkszahl durch die Eröffnung der Petroleumgruben von
4965 auf 9318 gestiegen ist, wobei die Judenschaft von 3755
auf 7494 sich hob; dagegen hat die Stadt Brody nur eine
Vermehrung von 1,17% erfahren, was wiederum mit dem

Rückgange des Handels in dieser Stadt zusammenhängt, welcher durch die Aufhebung des Zollausschlusses einen sehr schweren Schlag erhalten hat.

Der Antheil der Juden an der Gesammtbevölkerung, besonders der kleineren galizischen Städte, stellt sich überhaupt in Ziffern dar, welche man außer in Galizien, der Bukowina, in Rumänien und Rußland kaum noch anderswo findet, welche man außerhalb dieser Länder auch kaum verstehen und glauben wird; so participiren an der Gesammtbevölkerung von Wiznitz die Juden mit 91,12 %, 80,43 % beträgt ihr Antheil in Borislaw, 80,40 % ihr Antheil in Sadagora. In Zaleszczyk bilden sie 79,17 %, in Brody 76,31 % der Einwohnerschaft; in einer großen Anzahl von Orten bewegt sich ihr Antheil an der Gesammtbevölkerung zwischen 50 und 60 %, in den beiden Hauptstädten Galiziens beträgt ihr Antheil in Krakau 30,67 %, in Lemberg 28,21 %. In der Bukowina ist die Zahl der Juden vom Jahre 1869 bis 1880 von 47,772 auf 67,412, um 19,646 Personen, um 41,10 %, ganz besonders durch die Einwanderung aus Rumänien gestiegen; die jüdische Bevölkerung von Czernowitz hat sich von 9552 auf 14,449, um 51,01 % vermehrt, der Antheil der Juden an der Gesammtbevölkerung beträgt in Czernowitz 31,76 %. Uebrigens hat auch in Galizien und der Bukowina die Zahl der Juden auf dem flachen Lande mehrfach abgenommen, wie in den Bezirken Buczacz, Drohobycz, Przemysl und Zaleszczyk oder ist nur sehr unbeträchtlich gestiegen, wie in Sambor, Tarnow und Sereth, so daß auch in Galizien und der Bukowina sich vielfach die Vermehrung der Israeliten in den Städten durch den Zuzug aus den Landgemeinden vollzogen hat.

15*

Eine Ausnahme von der Regel, daß die jüdische Be=
völkerung nach den größeren Städten gravitirt, findet in
Triest statt, wo die Zahl der Juden von 4254 auf 4025
gesunken, somit eine Abnahme von 229 erfahren hat; im
Gebiet von Triest, wo auch eine sehr bedeutende Vermehrung
der anderen Bekenntnisse sich vollzogen, ist die Zahl der
Juden von 167 im Jahre 1869 auf 553 im Jahre 1880
gestiegen; immerhin ergibt die gesammte Vermehrung der
jüdischen Bevölkerung in Triest und Gebiet von 1869—1880
nur 0,20 %, während die Zunahme der anderen Bekenntnisse
in diesem Zeitraum 14 % ergibt. Läßt sich also in Triest
und Gebiet fast eine Stagnation der jüdischen Bevölkerung
beobachten, so ist sogar in Vorarlberg ein Rückgang zu con=
statiren, da dort die Zahl der Juden von 251 im Jahre 1869
auf 182 im Jahre 1880 gesunken ist; die anderen Bekennt=
nisse haben in derselben Zeit eine Vermehrung von 4,27 %
in Vorarlberg erfahren.

Vorarlberg ist bereits eine jener Provinzen der öster=
reichischen Monarchie, in welcher der Procentsatz der jüdischen
Bevölkerung ein so niedriger ist, wie er überhaupt nur
selten in den europäischen Staaten gefunden wird. Gleiche
Verhältnisse zeigen auch Oberösterreich, wo neben einer
Bevölkerung von 759,823 Einwohnern anderer Bekennt=
nisse 1056, Steiermark, wo neben 1,210,585 nur 1782 Juden,
Görz und Gradiska, wo neben 208,428 Christen 301 Juden
leben. Noch niedriger stellt sich der Procentsatz in Salzburg,
wo neben 163,451 Angehörigen der anderen Bekenntnisse 115,
in Tirol, wo neben 804,163, 360 Juden, in Dalmatien,
wo neben 475,851 nur 283 Juden zu finden sind, während
Kärnthen mit 114 Juden neben 348,556, Istrien mit 81

neben 287,887 und Krain mit 96 neben 481,080 Bekennern der anderen Confessionen eine fast verschwindende Ziffer von Juden neben der christlichen Bevölkerung zeigen.

An der Gesammtbevölkerung von ganz Cisleithanien participiren die Juden nach der Zählung vom 31. December 1880 mit 4,544 %, d. h. mit mehr als 4 1/2 % gegen 4,0311 %, welche ihr Antheil im Jahre 1869 betrug; auf die einzelnen Provinzen berechnet, variirt ihr Antheil an der Gesammtbevölkerung von fast 12 % in der Bukowina bis zu 1/50 % in Krain. An die Bukowina, welche den höchsten Satz von 11 13/16 % ihrer ganzen Einwohnerzahl an Juden ausweist, schließt sich Galizien an mit 11 11/20 %, Nieder-österreich mit 4 2/25 %, Triest und Gebiet mit 3 1/4 %, Mähren mit 2 1/20 %, Böhmen mit 1 2/3 %, Schlesien mit 1 1/3 %; damit ist die jüdische Bevölkerung in ihrer Masse erschöpft, denn das nächste Land Vorarlberg zeigt nur noch 1/6 %, Steiermark 1/7 %, Görz und Gradiska 1/7 %, Ober-österreich 1/7 %, Salzburg 1/14 %, Dalmatien 1/17 %, Tirol 1/25 %, Kärnthen 1/33 %, Istrien 1/34 %, und in Krain sinkt, wie schon oben bemerkt, die jüdische Bevölkerung sogar bis auf 1/50 % der Gesammteinwohnerzahl herab. Für die Länder der ungarischen Krone ergibt sich nach der Zählung vom 31. December 1880 eine jüdische Bevölkerung von 642,680 Personen gegen 542,186 Juden im Jahre 1869, und be-trägt die Zunahme innerhalb des letzten Decenniums daher 82,494 Personen, was einer Vermehrung um 13 1/5 % ent-spricht, während das Wachsthum der Gesammtbevölkerung nur 1,21 % repräsentirt. Im Jahre 1869 bildeten die Juden 3,52 %, nach der Zählung des Jahres 1880 aber 4,01 % der Gesammtbevölkerung der Länder der

ungarischen Krone. Auch hier tritt besonders das Wachsthum der jüdischen Einwohnerschaft in den Städten hervor,
wie z. B. in der Hauptstadt Budapest, wo nach den Angaben des hauptstädtischen statistischen Bureau unter einer
Gesammtziffer von 360,551 Personen 70,879 Juden nach
der Zählung des Jahres 1880 leben, während die Zählung
von 1869 ein weit geringeres Contingent von Juden, nämlich 44,890, ergab.

Dieselbe Erscheinung, die enorme Zunahme der jüdischen
Bevölkerung in den großen Städten zeigt übrigens auch das
deutsche Reich, in welchem die jüdische Bevölkerung der
Provinz Brandenburg, welche in diesem Fall mit Berlin
ziemlich identisch ist, im Jahre 1840 13,747 Personen,
1871 bereits 47,484, im Jahre 1875 56,987, im Jahre
1880 aber 66,245 Personen betrug, von denen auf Berlin
53,949 entfallen. Die jüdische Bevölkerung Berlins betrug, wenn man die letzten zwei Decennien ins Auge faßt,
im Jahre 1861 18,953 Juden, im Jahre 1864 24,280,
1867 27,607, 1871 36,015, 1875 45,464, 1880 bereits
53,949 Juden, welche Ziffern bedeutend die übrigens auch
sehr starke Vermehrung der anderen Bekenntnisse in der
deutschen Reichshauptstadt übersteigen und unverhältnißmäßig
höher sind als die durchschnittliche Zunahme der Juden im
preußischen Staate, deren Anzahl 1861 304,900, 1867
313,300, 1871 325,587, 1875 339,790, 1880 363,790
betrug.

Dagegen findet im deutschen Reich, gerade in jener
Provinz, welche seit jeher die stärkste Judenziffer auswies,
in der Provinz Posen, eine consequente Abnahme der jüdischen
Bevölkerung statt, da in dieser Provinz die Judenschaft,

welche 1840 77,102 Personen betrug, auf 61,982 im Jahre 1871 und auf 56,609 im Jahre 1880 gesunken ist.

Betrachtet man neben der numerisch so starken Vermehrung des israelitischen Elements in Oesterreich auch die geistige Arbeit desselben, speciell die Zunahme der jüdischen Studirenden an den Mittel= und Hochschulen, die energische Ausnützung aller gebotenen Bildungsmittel seitens der Judenschaft, so findet man geradezu überraschende Resultate, die einerseits gewiß den Juden zur Ehre gereichen, andererseits aber auch deutlich demonstriren, ein wie großer Procentsatz der israelitischen Bevölkerung in allen Zweigen des öffentlichen Lebens, der von Jahr zu Jahr sich steigern wird, binnen einer relativ sehr kurzen Periode sich allüberall zur Geltung bringen muß. Nach dem bereits erwähnten Aufsatze von Berthold Windt „Die Juden an den Mittel= und Hochschulen Oesterreichs seit 1850" betrugen die Israeliten im Jahre 1850 unter den Zöglingen der österreichischen Mittelschulen etwas mehr als $5,5\%$ der gesammten Schülerzahl, welche Ziffer schon sehr bedeutend ihr percentuales Verhältniß zu der Bevölkerung der anderen Bekenntnisse überstieg; auf 335 Juden entfiel ein Mittelschüler, während 30 Jahre später im Jahre 1880 der gleiche Antheil über $14,6\%$ gewachsen war, so daß unter je 92 israelitischen Einwohnern einer eine Mittelschule besuchte. An den Universitäten stieg in denselben Jahren von 1850—1880 der relative Antheil der Juden von $6,8\%$ auf $16,9\%$ und an den technischen Hochschulen von $7,3\%$ auf $16,8\%$ der Gesammthörerzahl an; die Vermehrung der israelitischen Schüler an den Mittelschulen beträgt seit 1850—1880 nahezu das Achtfache, nämlich 1252 gegen 9641, während die übrigen Confessionen nicht ganz auf das

Dreifache von 21,313 auf 56,294 gestiegen sind. An den Universitäten sind, natürlich blos die weltlichen Facultäten gemeint, die Juden von 334 auf 1452 und an den technischen Hochschulen von 309 auf 543 angewachsen, gegenüber der Anzahl der übrigen Bekenntnisse, die an den Universitäten sich von 4575 auf 7131 vermehrten und an den technischen Hochschulen von 3917 auf 3236 zurückgegangen sind, welch' letzterer Umstand jedoch mit der Gründung der Staats= gewerbeschulen zusammenhängt, deren sehr bedeutende Schüler= zahl sich fast ausschließlich aus dem christlichen Element rekrutirt, so daß hier faktisch kein Rückgang sondern zweifels= ohne eine starke Zunahme, wenn auch in anderer Art ein= getreten ist. Uebrigens hat auch die Zahl der israelitischen Hörer der technischen Hochschulen so variirt, daß sich bestimmte Schlüsse kaum ziehen lassen, denn sie betrug im Jahre 1854 schon 348, war im Jahre 1868 auf 162 gesunken und steht 1880 auf 543, so daß die Zunahme gegen 1854 relativ nicht sehr bedeutend ist.

Merkwürdig ist der Umstand, daß von den israelitischen Mittelschülern im Schuljahre 1879—1880 72,7% die Gymnasien und nur 27,3% die Realschulen frequentirten, daß sie also weit mehr die humanistischen als die realistischen Studien verfolgen, und nur wo der industrielle oder mercan= tile Charakter eines Landes in den Vordergrund tritt, scheint sich dies eigenartige Verhältniß zu Gunsten der Realschulen zu ändern, da in Böhmen 25,5%, in Niederösterreich 29,9%, in Mähren 34,5%, im Küstenlande 41,5% und in Schlesien 45,7% die Realschulen besuchen, während dies in Galizien nur bei 14,9% der israelitischen Mittelschuljugend der Fall ist. Besonders markant tritt das Streben der Israeliten nach besserer Erziehung und Bildung hervor, wenn man die einzelnen Provinzen ins Auge faßt. In Schlesien entfallen auf je 27 israelitische Bewohner 1 Gymnasiast, auf je 32 ein israelitischer Realschüler, während bei den andern Bekenntnissen nur auf 454 Bewohner 1 Gymnasiast, auf 686 1 Realschüler kommt; in Niederösterreich auf 30 Juden 1 Gymnasiast, auf 70 1 Realschüler, bei den anderen Bekenntnissen auf 380 1 Gymnasiast, auf 591 1 Realschüler; in Mähren auf 40 Juden 1 Gymnasiast, auf 77 1 Realschüler, bei den anderen Bekenntnissen auf 399 1 Gymnasiast, auf 725 1 Realschüler; in Böhmen auf 52 Juden 1 Gymnasiast, auf 151 1 Realschüler, bei den anderen Confessionen entfallen auf 371 1 Gymnasiast, auf 1016 1 Realschüler. Im Küstenlande ergibt sich folgendes Resultat: Auf 62 Juden 1 Gymnasiast, auf 88 1 Realschüler, die anderen Bewohner weisen auf 549 einen Gymnasiasten, auf 742 einen Realschüler aus; in der Bukowina kommt auf 122 Israeliten 1 Gymnasiast, auf 298 1 Realschüler, die anderen Bekenntnisse haben auf 610 einen Gymnasiasten, auf 2780 einen Realschüler; in Galizien entfällt auf 324 Juden 1 Gymnasiast, auf 1862 1 Realschüler, während bei den anderen Confessionen in Galizien sich auf 626 Bewohner 1 Gymnasiast, auf 4715 1 Realschüler ergibt. Neben dieser so bedeutenden Zahl israelitischer Schüler in den vorgenannten Ländern ist deren Ziffer in den Alpenländern und in Dalmatien geradezu verschwindend. In allen diesen Provinzen zusammen waren im Jahre 1850 nur 9 jüdische Gymnasiasten neben 4882 Christen, die Jahre 1858, 1859 und 1860 weisen nur je einen jüdischen Schüler neben 5640, 6061 und 6348 Gymnasiasten der anderen Bekenntnisse aus; in den Jahren 1861

bis 1865 variirt die Zahl der jüdischen Schüler zwischen
4 und 10, zeigt in den Jahren 1869 und 1870 circa 20,
im Jahre 1879 51 Juden neben 6516 und 1880 59 Juden
neben 6859 christlichen Gymnasiasten. Jüdische Realschüler
sind in sämmtlichen Alpenländern und in Dalmatien im
Jahre 1850 gar nicht vorhanden, im Jahre 1853 finden sich
deren 7 neben 840 Christen, im Jahre 1857 sinkt ihre Zahl
auf 4, das Jahr 1880 zeigt 48 jüdische neben 2096 christ=
lichen Realschülern. Die Hochschulen anlangend, wobei natür=
lich nur die weltlichen Facultäten berücksichtigt werden können,
befanden sich im Jahre 1880 unter der Gesammtzahl der Stu=
direnden an der Universität zu Czernowitz 26 % Israeliten, an
der Wiener Universität 25 %, an der von Prag 13,1 %, in
Lemberg 13 %, in Krakau 8 %, an der Universität in Graz
erscheinen nur einzelne, an der in Innsbruck nur sporadisch
Juden immatrikulirt; es waren in Innsbruck seit 1850 an
der juristischen Facultät bloß im Jahre 1880, an der medi=
cinischen bloß in den Jahren 1872 und 1876 je ein, und
an der philosophischen Facultät bloß im Jahre 1870 zwei
israelitische Hörer inscribirt.

Die vorstehenden Ziffern aus jenen Provinzen, in
welchen die jüdische Bevölkerung sehr zahlreich oder zahl=
reicher vertreten, zeigen deutlich, mit welcher Energie die
Judenschaft in Oesterreich beflissen ist, von allen Bildungs=
mitteln Gebrauch zu machen, und es wäre im höchsten
Grade zu wünschen, daß auf diesem Gebiete ein Wettstreit
der gesammten Bevölkerung entstünde, der gewiß von segens=
reichen Consequenzen für den Staat und seine Bürger be=
gleitet wäre. Glücklicherweise hat sich allüberall auf dem
Gebiete der Schule ein heilsamer Fortschritt zur Geltung

gebracht; möchte derselbe von Dauer sein und nicht durch die Maßregeln einen Stillstand erfahren, welche die Majorität des gegenwärtigen österreichischen Reichsrathes zu beschließen für geboten erachtet hat!

Noch in einer anderen Richtung ist die Statistik in Betreff der Juden sehr interessant, nämlich in Bezug auf den Procentsatz, den sie dem Heere zuführen, da sie nach der Behauptung ihrer Gegner ein weit geringeres Contingent zur Vertheidigung des Vaterlandes stellen, als dies im Ver= hältniß zu ihrer Zahl der Fall sein sollte. Dieser Vorwurf ist unleugbar wahr, aber es ist nicht zu verkennen, daß hier eine bedeutende Besserung eingetreten und ein Fortschritt bemerkbar ist, der weit über die verhältnißmäßige Ver= mehrung hinausgeht und mit Sicherheit annehmen läßt, daß in einer nicht allzu langen Zeit diese Differenz vollkommen verschwindet, die wohl hauptsächlich daher entstand, daß die physische Ausbildung der überwiegenden Majorität der israelitischen Bevölkerung, Dank ihrer Lebensweise und ihrer Beschäftigung, vielfach zurückgeblieben, und daß sie sich hauptsächlich aus Provinzen rekrutirt, wo ihre ganze Er= ziehung sie bisher wenig befähigen konnte, dem militärischen Berufe zu genügen, wie notorisch gerade unter den Juden in Galizien die Zahl der Untauglichen eine unverhältnißmäßig große ist.

Nach der Zählung des Jahres 1869 betrug der Antheil der Juden an der Gesammtbevölkerung der Monarchie 3,85 %, ihr Antheil an der Gesammtzahl der gemeinsamen activen Armee im selben Jahre aber nur 1,28 %, wie dies der Artikel von Eduard Bratassević „über die confessionellen Verhältnisse der österreichisch=ungarischen Armee" im siebenten

Jahrgange der statistischen Monatsschrift ergibt. Im Jahre
1880 war dieser Antheil von 1,28 % auf 2,82 % gestiegen,
hatte sich also weit mehr als verdoppelt, während die
jüdische Bevölkerung der österreichisch-ungarischen Monarchie
inzwischen nur von 3,85 % auf 4 1/3 % gestiegen war, woraus ein
gewiß nicht zu unterschätzender Fortschritt zu folgern ist. Wenn
man die Zählung der activen Armee vom 31. December 1880
als Grundlage nimmt, so ergibt sich ein Stand von
271,474 Mann, worunter 7652 Israeliten, und die so
bedeutende Besserung des percentualen Antheils läßt hoffen,
daß auch die noch vorhandene Differenz baldigst und gänzlich verschwinden wird, was um so mehr zu wünschen, da
gerade der allgemeinen Wehrpflicht und der Heranbildung
in der Armee ein großer Theil der Aufgabe zufällt, die
darin besteht, die Juden vollkommen zu assimiliren, sie ganz
und gar mit der übrigen Bevölkerung zu verschmelzen.

Wenn es erlaubt ist, von den Juden in Oesterreich
einen Blick auch auf ihre Glaubensgenossen in anderen
Staaten zu werfen, so zeigt sich, daß dieser am meisten in
Preußen erhobene Vorwurf ziffermäßig gewiß nicht der Begründung entbehrt, daß aber auch hier noch vielfach in der
ungenügenden physischen Ausbildung die Ursache dafür zu
finden ist, daß auf je 10,000 der jüdischen Bevölkerung nur
39,97 Soldaten kommen, während auf 10,000 Mann des
evangelischen 107,51, auf je 10,000 des römisch-katholischen
Glaubensbekenntnisses 93,10 Mann entfallen, wobei auch
zu berücksichtigen ist, daß das Verschließen der Officiers-
carriere gerade nicht sehr animirend auf die Juden zu
wirken vermag, da das preußische Heer in der activen
Armee gar keinen, in der Reserve nur relativ wenige jüdische

Officiere besitzt. Uebrigens waren gerade in sehr schwerer
Zeit die Juden in Preußen ihrer Pflicht gegen ihr Vater=
land in dieser Beziehung treu eingedenk, wie dies, ganz ab=
gesehen von der Betheiligung der Israeliten in ganz Deutsch=
land an den Kämpfen der Jahre 1870—1871, bereits die
Befreiungskriege bewiesen haben. Die Bevölkerung der
Juden belief sich 1812 in dem damaligen preußischen Staate
auf etwa 31,000 Seelen, worunter ungefähr 9000 Männer.
Die Zahl der jüdischen Freiwilligen betrug ungefähr 500,
so daß auf 18 Männer ein Freiwilliger kam. Einer der
ersten mit dem eisernen Kreuze geschmückten Krieger war
ein Jude, Günzberg, und von den Berliner jüdischen
Freiwilligen erhielten sechs das eiserne Kreuz: der Premier=
lieutenant S. A. Benda, die Secondelieutenants H. Fleiß,
J. Epenstein, F. Oppert, M. Löbel, Manché; außer den
Genannten wurden zu Lieutenants befördert: Nathan
Mendelssohn, Joseph Henoch, Anker, Isert, Muno=Burg,
der 1853 als Major der Artillerie gestorben ist, der einzige
Jude, der es im preußischen Heere zum Stabsofficier
gebracht hat.

Und wenn man ein vollgültiges Zeugniß will, so wird
wohl ein Brief dafür gelten, den der Staatskanzler Fürst
Hardenberg am 4. Januar 1815 dem Grafen von Groote
schrieb: „Die Geschichte unseres letzten Krieges wider Frank=
reich hat bereits erwiesen, daß die Juden des Staates, der
sie in seinen Schutz aufgenommen, durch treue Anhänglichkeit
sich hervorthun. Die jungen Männer jüdischen Glaubens sind
die Waffengefährten ihrer christlichen Mitbürger gewesen, und
wir haben unter ihnen Beispiele des wahren Heldenmuthes und
der rühmlichsten Verachtung der Kriegsgefahren aufzuweisen,

sowie die übrigen jüdischen Einwohner, namentlich auch die
Frauen, in Aufopferung jeder Art den Christen sich an=
schlossen."

Die vorstehenden Daten und Worte zeigen, daß die in
der angedeuteten Richtung den Juden gegenüber erhobenen
Vorwürfe nur sehr bedingt wahr, vielfach durch natürliche
Ursachen ihre Erklärung finden; daß aber die antisemitische
Bewegung, wie sie gegenwärtig begonnen, neben diesen
unberechtigten zugleich manchen berechtigten Klagen Ausdruck
verleiht, ist nicht zu verkennen und würde gewiß auch viel=
fach von Juden zugestanden, falls sie sich nicht gegen diese
im allgemeinen, nicht gegen die Gesammtheit derselben,
sondern nur gegen Jene richten wollte, über welche die
bessere jüdische Gesellschaft selbst ihr verdammendes Urtheil
spricht. Denn eine Thatsache steht doch wohl fest, daß man
nicht solidarisch die Juden beurtheilen kann und wenn es
gelingen würde, jene Elemente der israelitischen Bevölkerung
heranzuziehen, welche mit Schmerz die Fehler verfolgen, die
ihre Glaubensgenossen begehen, könnte man vielleicht noch
eher praktische Resultate erzielen, als sie die antisemitische
Bewegung, wie sie jetzt betrieben wird, zu erreichen vermag.

In der Form, in der sie sich leider zur Geltung bringt,
wird sie gar keinen positiven Erfolg aufweisen können und
höchstens die eine Consequenz nach sich ziehen, daß die Masse
der Juden, die bereits in Bürger des Staates sich umzu=
wandeln begann, in ihren Hoffnungen erschüttert, wieder
dazu gelangt, sich als Juden und nur als Juden zu fühlen,
daß aber auch der Muth jener Minorität gebrochen wird,
die bereits ein Vaterland gewonnen zu haben vermeinte, die
vollkommen assimilirt oder in der Assimilirung begriffen,

plötzlich wieder zu Fremden degradirt werden soll. Das ist aber gerade das Gegentheil dessen, was man erstrebt, denn je rascher der Moment eintritt, der die vollkommene Ver= schmelzung der Israeliten mit den anderen Völkern bringt, eine Verschmelzung, die gar nicht schnell genug stattfinden kann, um so rascher werden auch die Vorwürfe gegen die Juden verstummen und eine Frage zur Lösung gelangen, die, wenn sie nicht bald überhaupt verschwindet, unendliche Gefahren in sich birgt.

Die sociale, wirthschaftliche und politische Erziehung breiter Schichten der israelitischen Bevölkerung in der öster= reichischen Monarchie ist noch nicht beendet, und der Staat wird gut daran thun, seine Aufmerksamkeit Verhältnissen zu schenken, deren endgiltige Besserung gewiß im allseitigen Interesse liegt.

Für die Gesetzgebung als solche existirt kein Unterschied der Religion; seit jenem Tage, an dem die Gleichheit vor dem Gesetze beschlossen, ist diese Frage definitiv gelöst, und wenn ein Gesetz in seiner praktischen Anwendung unter kon= kreten Bedingungen öfter den Juden als den Christen be= rührt, wird man vermeiden müssen, dasselbe von einem sepa= raten Standpunkt aus zu betrachten und sich auch von jüdischer Seite zu hüten haben vor einer Solidarität, über welche die Israeliten sehr häufig sich gewiß bei ihrer Be= urtheilung mit vollem Rechte beklagen dürfen. Wohl ist es richtig, daß die einzig wahre und dauernde Sanirung vieler Uebelstände in der Gesundung der wirthschaftlichen Ver= hältnisse, in der Erziehung des Volkes liegt wie in der Hebung seiner intellectuellen und moralischen Kraft, einer Erziehung und Hebung, deren in einzelnen Theilen des Reiches

in gleicher Weise die christliche wie die israelitische Bevölkerung
bedarf; dieser Fortschritt aber kommt nicht über Nacht, und
theoretischen Principien und liberalen Grundsätzen zu Liebe,
bis sich derselbe vollzogen, auf jene Palliativmittel verzichten,
die wenigstens einige Hilfe zu bringen vermögen, wäre gänzlich
falsch, ebenso falsch als die Frage vom confessionellen Stand=
punkt aus zu beurtheilen, da sie einfach eine Frage der
bürgerlichen Wohlfahrt und Sicherheit ist.

Wenn man z. B. das Wuchergesetz betrachtet, das in
seiner letzten Session der österreichische Reichsrath beschloß,
so ist es vollkommen gleichgültig, ob es mehr jüdische als
christliche oder mehr christliche als jüdische Wucherer gibt,
und leider wahrscheinlich, daß dasselbe, wenn man die prak=
tische Anwendung nimmt, nicht jenen großen Nutzen gewährt,
den man von ihm erwartet; aber wenigstens das eine Gute
wird es erreichen, daß es von Fall zu Fall dem Richter die
Möglichkeit bietet, zu Gunsten dessen zu interveniren, den
man leider selten den Unschuldigen, aber wenigstens sehr
häufig den Unglücklichen nennen kann, und wenn jenes
Odium, das aus der Executirung derartiger Urtheile den
Gerichten erwächst, auch nur in einzelnen Fällen vermieden
und wenigstens die Handhabe zur Verfolgung des Schuldigen
wie zur Beschützung des Unglücklichen gegeben wird, so ist
schon damit ein nicht zu unterschätzender Vortheil erzielt, der
der Gesammtheit zu Gute kommt.

Wenn in Oesterreich immer regiert würde, wie regiert wer=
den soll, und überall jene feste Hand zu fühlen wäre, die doppelt
nothwendig in einem Staat mit Völkern von so verschiedener
Cultur und Bildung wie dies in Oesterreich=Ungarn der Fall,
so dürften manche Schäden, die sich in den socialen Ver=

hältnissen zeigen von selbst verschwinden, und wenn dies schon von der österreichischen Reichshälfte gilt, so ist es noch weit mehr in Ungarn wahr, wo einige Umstände den Glauben erwecken müssen, daß die Polizei der vollkommen passive und unbetheiligte Zuschauer bei dem Treiben unlauterer Elemente ist, einem Treiben, das nicht gerade geeignet erscheint das moralische Ansehn der österreichisch-ungarischen Monarchie zu fördern und zu erhöhen. Die Executive, die Polizeigewalt und die Gerichte müssen zusammen wirken, wenn zum allgemeinen Besten Resultate erzielt werden sollen; gehen diese beiden Faktoren nicht Hand in Hand, ist die Polizei ihrer Aufgabe nicht gewachsen oder in einer Toleranz befangen, die gar nichts mit liberaler Auffassung der Vorschrift gemeinsam hat, ist die Gesetzgebung ungenügend, sind die Gerichte dadurch nicht in der Lage, den Anforderungen der Polizei zu entsprechen, so müssen sehr arge Mißstände entstehen, die in keinem europäischen Staate geduldet werden dürfen. Gelegenheit macht Diebe, und wenn man allüberall die Versuchung ungestraft herantreten läßt, darf es nicht Wunder nehmen, wenn sie fortwährend Opfer verlangt, und auch die Wiener Polizei könnte manchen Schaden verhüten, der seine gefährliche Wirkung in den socialen Verhältnissen äußert.

Strenge Handhabung der Gesetze und eine kräftige Unterstützung der Behörden durch die richterliche Gewalt würde vieles Unglück beschwören und von wem immer Gefährdung droht, ob Juden oder Christen ihre Urheber sind, die Gesellschaft wird dankbar der Executive verpflichtet sein, die mit fester Hand die Verwaltung führt und diejenigen in Schranken zu halten versteht, die, auf welchem Gebiet immer, das öffentliche Rechtsgefühl, die allgemeine Wohlfahrt bedrohen.

Die gegenwärtige und zukünftige Stellung der Juden
ist in einigen Ländern eine Frage von höchster Bedeutung
geworden und wächst in anderen zu einer solchen von ele-
mentarer Gewalt heran; nur die vollständige Assimilirung
kann eine definitive Erledigung bringen; jede andere Action
wird nur eine vorübergehende Wirkung äußern und vielleicht eher nachtheilige als günstige Resultate erzielen.

Was aber ist unter jener Assimilirung zu verstehen, die
eine gänzliche Ausgleichung der Unterschiede, eine vollkommene
Vereinigung der Juden mit den Völkern unter und neben
denen sie leben, herbeiführen soll? Diese Assimilirung ist
nur als eine vollständige Vermischung zu denken, welche das
Aufhören der Juden als eigenartigen und eigengearteten
Bruchtheil innerhalb der gesammten Population zur Voraussetzung oder richtiger vielleicht zur Folge hat; sie muß
die Gleichartigkeit im Denken und Fühlen, die Gleichartigkeit aller Bedingungen des Lebens herbeiführen können und
eine so vollkommene Verschmelzung bewerkstelligen, daß kein
anderes unterscheidendes Merkmal als die Verschiedenheit
des religiösen Bekenntnisses übrig bleibt.

Es würde allen Erfahrungen der Geschichte widersprechen,
wäre die Attraction der weit überwiegenden christlichen
Majorität nicht stark genug, die jüdische Minorität zu absorbiren; wenn dieser Proceß sich bisher so langsam vollzog,
so trägt vielleicht weit weniger die Zähigkeit der Juden als
die Beschränkung, in der sie gehalten wurden, an diesem
langsamen Fortschritt die Schuld; erst durch die Emancipation, die den wirklichen Contact zwischen Juden und
Christen geschaffen, die überhaupt erst den Juden die Möglichkeit gab, jene Verbindung mit der Außenwelt zu erlangen,

die ihre Wirkung auf ihr eigenes Leben zu äußern vermag,
hat eine neue Periode begonnen; durch die Emancipation
hat aber auch erst der christliche Geist, mit dem die modernen
Staaten so innig verbunden, seine Kraft den Juden gegen=
über zu bethätigen vermocht, und es war kaum möglich, daß
die Resultate dieser Berührung bereits allüberall klar und
deutlich ans Licht treten konnten.

Diese Assimilirung kann sich nur vollziehen auf Kosten
des specifischen Judenthums oder dessen, was man als
solches zu bezeichnen pflegt; der Charakter der jüdischen
Bevölkerung wird sich allüberall dem Charakter der anderen
Völker anschmiegen, vollständig sich anpassen und ganz in
demselben aufgehen müssen, und wenn sich das Judenthum
stark genug erweist, einige seiner besten und trefflichsten
Seiten auch auf die andere Bevölkerung zu übertragen, so
wird dies gewiß nicht zum Nachtheil sondern nur zum Vor=
theil der letzteren geschehen.

Die jüdische Religion kann kaum ein Hinderniß
dieser Vereinigung bilden; nicht in der Confession als
solcher liegt eine Schranke, sondern sie war in dem Umstand
zu finden, daß das Judenthum seinen Anhängern weit mehr
war als ein religiöses Bekenntniß, daß es ihnen Staat und
Heimath, Vergangenheit und Zukunft ersetzen mußte.

Es wäre eine große Gefahr, wenn die Assimilirung sich
in der Art vollzöge, daß das eine Bekenntniß verloren ginge,
ohne daß ein anderes für die Bekenner desselben an seine
Stelle träte; unsere Zeit bedarf mehr vielleicht als irgend
eine frühere Periode der positiven Religion, und ob es die
eine oder die andere ist, Nichts wäre verfehlter, als wenn
an Stelle der einen oder der andern die vollständige Apathie,

der Indifferentismus oder der Nationalismus erscheinen
würden.

Alles was der Staat thun kann, um im Wege der
Legislative und der Erziehung eine vollkommene Assimilirung
der Juden herbeizuführen, muß in seinem eigenen Interesse
geschehen und es ist zu wünschen, daß alle Institutionen, die
dazu beitragen können, stets mehr und mehr sich einleben
mögen. Unter diesen aber steht die Mischehe obenan, die
den besten Uebergang bildet, um jene vollständige Vereinigung
eintreten zu lassen, die sich speciell in Ländern mit sehr
starker israelitischer Bevölkerung gar nicht schnell genug
durchführen läßt, die Mischehe, die fast ausnahmslos die
zweite Generation dem Judenthum entziehen und diese den
anderen Bekenntnissen zugewandt haben wird, da das Schwer-
gewicht nach dieser Seite drängt und der praktische Blick
der Juden dieselben veranlassen wird, wenn sie sich einmal
zur Mischehe entschlossen, auch ihre Kinder von jenen Schranken zu befreien, die faktisch oder moralisch den Juden noch
immer im Wege stehen.

Wo, wie in der österreichisch-ungarischen Monarchie
mehr als 1,600,000 Juden leben, wo eine starke jüdische
Bevölkerung vorhanden, wie im deutschen Reich, hat die
Frage der gegenwärtigen und zukünftigen Stellung der
Israeliten, hat deren vollkommene Assimilirung eine ganz
andere Bedeutung als dies z. B. in England und Frankreich
der Fall. Als dort die Juden in das sociale und wirthschaftliche Leben traten, waren diese Länder bereits hoch
entwickelt, erfreuten sich dieselben bereits einer materiellen
und culturellen Blüthe, wie sie in weiten Theilen des öster-

reichischen Kaiserstaales noch heute fehlt und in naher Zu=
kunft auch kaum erhofft werden kann.

Man darf aber nicht vergessen, daß die culturelle Ent=
wickelung des jetzigen deutschen Reiches wie der habsburgischen
Monarchie vor zwei und einem halben Jahrhundert eine
gewaltsame Unterbrechung erlitten hat, deren Spur noch jetzt
vorhanden, die sich heute noch rächt und daß, wo das cul=
turelle und materielle Niveau minder hoch, sich die Concurrenz
eines begabten und unermüdlich thätigen Elements bei einer
verhältnißmäßig starken Vertretung desselben ganz anders
zur Geltung bringt als dort, wo bereits eine alte und ge=
festigte Cultur, Wohlstand und Reichthum in breiten Schichten
vorhanden, wo der geringe Bruchtheil der jüdischen Popu=
lation naturgemäß von einer hochstehenden und culturell
fortgeschrittenen weit überwiegenden christlichen Majorität
angezogen und absorbirt werden muß. In der österreichisch=
ungarischen Monarchie ist die Judenfrage keine religiöse An=
gelegenheit, sondern eine solche von höchster politischer, socialer
und wirthschaftlicher Bedeutung, und je schneller es gelingt,
die vorhandenen Gegensätze verschwinden zu machen, die voll=
kommene Assimilirung der Juden herbeizuführen, um so eher
wird ein Problem seine Lösung erfahren, das unter allen
Verhältnissen gelöst werden muß.